神と宇宙の真相

出口王仁三郎

出口王仁三郎聖師

出口王仁三郎聖師

出口王仁三郎聖師

政教一致

瑞月懸天空

まえがき

丹波《たんば》穴太《あなを》の極貧の農家に生れた一人の青年、成長して三千世界の真理を説く。

大宇宙の中の太陽系、その中の地球は神秘に満ちている。この大宇宙がどのように想像され地球が出来てきたのか、その根元を求めて人類は随分努力を重ねて来た。その結果近年、科学物理学は世界的に極微の新素粒子、量子から巨大な宇宙へ、そして極小の、動植物の細胞（ＤＮＡ）、鉱物等が研究され、先端技術は神の領域に達しているとの報道がある。

たしかに科学は大きな社会を造り上げ、論理的政治、経済、宗教、教育、医学、文化等、智慧が集積される。しかし便利さの中には過度の競争から、大切な人間の感性、感情、精神性、霊性を弱体化をさせることもある。天はあくまで清く地はあくまで濁っている、その天地の間は善悪美醜相混じているのがこの現界です。

出口聖師は明治三十年八月下旬（1897・27歳）、産土《うぶすな》の小幡神社《おばたじんじゃ》（第九代・開化天皇を祭祀。）に秘かに参籠《さんろう》して神教を請《こ》うこと二十一日間、その上りに「神の黙示」の神教を賜り、また翌年の三十一年旧二月九日、神から高熊山での一週間の霊界探検を命じられ、この黙示と共に宇宙創成を知悉《ちしつ》される。

勿論これは、霊的宗教的教示でもあり、科学的物理学的ではない。しかし、宗教と科学は本来は合致するもので、合致しなければ宗教は虚偽に陥ってしまい、科学は物質に堕落し地球を破壊させることも出来る。

「神の黙示」は、「霊・力・体」の三大原則で、神は無限絶対無始無終肉眼では見ることも、物質の尺度で測ることもできないもので「隠身《かくれみ》」という。この神は万物の大祖神、天地の創造主で、「宇宙の本源は活動力にして即ち神なり」、「人は活動力の主体、天《てん》地《ち》経綸《けいりん》の司宰者《しさいしゃ》なり。活動力は洪大無辺にして宗教、政治、哲学、倫理、教育、科学の源泉なり」、「人は神の子神の生き宮なり。而してまた神と為り得るものなり」、「人は神にしあれば神に習いて能《よ》く活動し、自己を信じ、他人を信じ、依頼心を起こすべからず」、「世界人類の平和と幸福のために苦難を意とせず、真理のために活躍し実行するものは神なり」、「神は万物普遍の活霊にして、人は神業経綸《しんぎょうけいりん》の主体なり。霊体一致して茲に無限無極の権威を発揮し、万世の基本を樹立す」と『霊界物語』第67巻第6章

「浮島の怪猫」に示され、宇宙は人類のために想像された活動体で、これら宇宙の真理を知ることは現代社会が未来に向うための根本原理となる。

高熊山の修業では、「現世の状態を如何に思うぞ。真理は深く包まれて一点の光もなく、徳義は破れ人心は腐敗し、自由競争の悪習は最早頂点に達したり。このまま放任しおかんか、世界の滅亡を招くべし。因《よ》りて神界より汝《なんじ》を卑《いや》しき農夫の家に降して、世の辛酸《しんさん》を嘗《な》めしめ千辛万苦《せんしんばんく》を与えて世の救い主と為さんとの神慮《しんりょ》なり」、「今や世界の文明は日に月に進歩する一方にある。いわゆる物質的文明の壮年時代である。理化学上の新発明は、神秘の鍵をもって神門を開きたるがごとくに進歩し、種々の方面に大競争の状態を現出し、……文明利器の交通機関は益々完全に備わりて、衣食住は贅沢に流れ、世界の各政府は学術を貴重して科学的智育の普及をはかり、今日より甚だしきはなし。皆物質的文明の進歩を謳歌《おうか》している。これ向後惨憺《こうごさんたん》たる世界の滅亡をきたすべき大原因なるべし。すべて精神的神教的文明の相伴わざる物質的文明は、最も恐怖戦慄《きょうふせんりつ》すべきものである。……等の教示を受け、人類救済の使命を強く覚られる。

（『本教創世記』明治37年1月11日執筆）

この霊界体験より、科学的にも関心を持ち、明治三十六（1903　33歳）年大阪宣教の途次開催された「帝国勧業博覧会」では、「第五回帝国勧業博覧会天王寺付近に開かれにけり」「百日間の会期を吾は四十五日通ひて文明の知識を拾へり」（回顧歌集『百千鳥』）と、科学的文明の進歩を実感される。

大正十一（1922・52歳）年二月二十七日筆録の『霊界物語』第十巻「総説」の中で、「アインシュタインの唱《とな》へたる　相対性の原理説は　絶対真理の究明か……」と、「相対性原理」に対して必ずしも真理でないことを指摘した最初の日本人ではないかと思われます。

昭和二十（1945）年八月六日、広島に原爆が投下されるや、側近の大国以都雄《いつお》氏を広島に派遣される。大国氏は現地の「土」を持ち帰り「土は生きている、木や草の根も生きている、地気は大地の呼吸に合わせ天上している」と報告すると、「神を殺す科学はまだ出来ていないはずだ。広島も長崎も復活するな」と云われた。

また戦後の大混乱期が回復するころ京都大学で科学の講座が開かれることになり、「ワシが説いた「霊力体」の問題の究極点が、科学の開明によって説かれなくてはならない。どこまで進んでいるか調べねばならない」と大学に通い聴いて来るように命じられる。……。講座卒業後、「御苦労じゃった。ところで宇宙の極限はなんじゃ」と問われたので「原子です」と答えた。

すると聖師は「声の子（言霊から物質が生れること）の真実と、力の発する相互の作用等がまだ研究が足らん。それでは局部的な微小なる世界と、巨大なる世界の相互関係等がまだ説明できんではないか」と指摘され、また「アオウエイの五大父音（＝父なる神。）の響きと、カサタナハマヤラワの母音（＝母なる神。）の関係が説明されなくては、まだ科学も進歩したとはいえない。お前、それを調べなさい」……「ワシの説いた教の原理が、将来人々に判るようにして貰《もら》えば、それでよいのだから」と依頼され、「考えてきます」と答えた。

（『真偽二道』大国以都雄著）

本書は、前回出版の『神示の宇宙』の改定版として、一部を削除し、目に見えない神霊、心、そして「言霊《ことたま》」等を追加しております。この「言霊《ことたま》」は「神の言霊《ことたま》」で、広義の意味では声、音、振動、響き等、父音と母音の縦と緯の七十五声が重なり合って振動し精気を発し物質（＝神の子。万物。）

は生れます。この言霊の原理は、現代科学の新素粒子である「量子学」などの振動、陰と陽のゆらぎの世界でもあり、極微から万物が生れ出る宇宙の根源です。宗教的には目に見えず測られない霊妙な世界、科学は計算し目に見える物質世界、両者の間にどのような関係があるのだろうか。そして今までの西洋思想一辺倒から、出口王仁三郎聖師の幅広い「人類主義」「愛善主義」「人類更生」の原理を提言する。

皇典『古事記』の引用から善悪の標準、最後の審判書とも称される『霊界物語』から『天祥地瑞』に至る、神素盞鳴大神の研鑽資料です。

同類の内容、用語、資料等が重複して出てきます。

原本は明治、大正、昭和初期の文献で、旧字体で書かれている。本書は主題の大意を把握するためこれを新字体に改め、総ルビとした。出典は各章の末尾に付し、用語の注は（＝〇〇〇。）として本文中に、文章の補足は―◆……―、として著しております。

なお、言霊についての詳細は略しております。

二〇二〇年五月三〇日

みいづ舎編集

もくじ

○言霊《ことたま》は総《すべ》てのものの初《はじ》めなり　天地万有《てんちばんいう》これより生《う》まるゝ

○大宇宙森羅万象《だいうちうしんらばんしやう》悉《ことごと》く　言霊《ことたま》の水火《いき》の幸《さち》より生《うま》れし

○神《かみ》と共《とも》に此世《このよ》に生《い》きて言霊《ことたま》の　生《い》ける真言《まこと》を説《と》き示《しめ》すなり

○言霊《ことたま》の真言《まこと》の力《ちから》知《し》らぬ故《ゆゑ》に　一切万事《いっさいばんじ》は行《ゆ》き詰《つま》るなり

○行《ゆ》き詰《つ》まりゆき詰《つ》まりたる世《よ》を拓《ひら》く　力《ちから》と光《ひかり》は言霊《ことたま》の幸《さち》なり

○言霊《ことたま》は生《い》ける神《かみ》なり言霊《ことたま》を　知《し》らで此《こ》の世《よ》の治《をさ》まるべしやは

王仁　（『言華』下巻）

第一編　真神と宇宙

第一章　宇宙の大元霊

（本編は『大本略儀』大正5年9月、出口瑞月口述、大正14年3月29日　成瀬勝勇謹写を略記します。）

宇宙《うちゅう》の唯一独一真神《ゆいいつどくいつしんしん》・天之御中主大神《あめのみなかぬしのおほかみ》について、判然《はんぜん》とした観念《かんねん》を有《ゆう》する事《こと》は必要《ひつよう》であり、これが信仰《しんこう》の真髄《しんずい》となる。この事《こと》が充分徹底《じゅうぶんてってい》せぬ信仰《しんこう》は、迷信《めいしん》に堕《だ》してしまう。

但《ただ》し、神《かみ》について誤《あやま》らない観念《かんねん》を伝《つた》えることは、実《じつ》に至難中《しなんちゅう》の至難《しなん》となる。その神徳《しんとく》は広大無辺《こうだいむへん》で同時《どうじ》にその神性《しんせい》は至精至妙《しせいしみょう》で、いかに説《と》いても、どう書《か》いても、これで充分《じゅうぶん》という事《こと》は望《のぞ》まれない。

一三〇〇年前《ねんまえ》の皇典《こうてん》『古事記《こじき》』（＝和銅5・西暦712年）にも、単《たん》に造化《ぞうか》の第《だい》一神《しん》として、最初《さいしょ》に御名称《ごめいしょう》を載《の》せてあるに過《す》ぎず、筆録者《ひつろくしゃ》の太朝臣安万侶《おおのあそみやすまろ》は、「序文《じょぶん》」の初《はじ》めに「それ混元既《こんげんすで》に凝《こ》り、気象未《きしょういま》だ効《あらわ》れず。名《な》も無《な》く為《わざ》も無《な》し。誰《だれ》か其《そ》の形《かたち》を知《し》らむ」と書《か》いてある。

『日本書紀《にほんしょき》』（＝養老4・西暦720年。令和2年は成立より1300年。）には「古《いにし》へ天地《てんち》いまだ剖《わか》れず、陰陽《めお》分《わか》れざるとき、渾沌《まろがれ》たること鶏子《とりのこ》の如《ごと》く」と書《か》かれているが、これも書《か》かぬのではなく、書《か》き度《た》くても、とても窮屈《きゅうくつ》な漢文《かんぶん》などでは書《か》きこなすことができなかった。

天之御中主神《あめのみなかぬしのかみ》という名称《めいしょう》は、日本所伝《にほんしょでん》のもので世界各国《せかいかっこく》で種々《しゅじゅ》の名称《めいしょう》を付《ふ》して呼《よ》んでいる。天主《てんしゅ》、天帝《てんてい》、太極《たいきょく》、天《てん》、梵天《ぼんてん》、エホバ、ゴッド、ゼウス等他《などほか》にも種々《しゅじゅ》ある。これに対《たい》する観念《かんねん》も浅深大小《せんしんだいしょう》、決《けっ》して一様《よう》ではないが何《いず》れも皇典《こうてん》の天之御中主神《あめのみなかぬしのかみ》を指《さ》す。然《しか》しこの神《かみ》についての円満正鵠《えんまんせいこう》な観念《かんねん》を伝《つた》えるものは見当《みあた》らない。

哲学者《てつがくしゃ》や科学者《かがくしゃ》の多《おお》くは、神《かみ》ということを嫌《きら》うが、彼《かれ》らの努力《どりょく》も、研究《けんきゅう》も実《じつ》は天之《あめの》御中主神《みなかぬしのかみ》の神業《みわざ》の一部分《ぶぶん》を覗《のぞ》いているに過《す》ぎない。

天之御中主神《あめのみなかぬしのかみ》について、無限絶対無始無終《むげんぜったいむしむしゅう》に宇宙万有《うちゅうばんゆう》を創造《そうぞう》する全《ぜん》一大《だい》祖神《そしん》、「宇宙《うちゅう》の大元霊《だいげんれい》」であるが、これだけでは、一つの定義《ていぎ》たり符牒《ふちょう》（＝仲間に知らせる合図の隠語。あいことば。）たることどまり、その神徳《しんとく》、神性《しんせい》に就《つ》き明白《めいはく》な観念《かんねん》がとても読者《どくしゃ》の脳裡《のうり》に浮《う》かぶ訳《わけ》にゆかぬ。

自分《じぶん》はいま、この神《かみ》を説《と》くに「宇宙《うちゅう》の大元霊《だいげんれい》」なる文句《もんく》を使用《しよう》したが、この神《かみ》と宇宙《うちゅう》とを引《ひ》き離《はな》して、別個《べっこ》の無関係《むかんけい》のものの如《ごと》く考《かんが》えられては困《こま》る。この神《かみ》と宇宙《うちゅう》は、決《けっ》して宇宙《うちゅう》の外《そと》に何者《なにもの》かが存在《そんざい》するという事《こと》は吾人《ごじん》の意識《いしき》し得《う》る限《かぎ》りでない。さりとて、神《かみ》はまた宇宙《うちゅう》の内《うち》に在《あ》るのでもない。宇宙《うちゅう》の内《うち》に在《あ》る以上《いじょう》は、少《すく》なくとも、宇宙《うちゅう》と相対的《そうたいてき》となり絶対《ぜったい》ということは出来《でき》ない。宇宙《うちゅう》の外《そと》にもあらず、また宇宙《うちゅう》の内《うち》にも在《あ》らずというのでは、どうしてもこの神《かみ》は宇宙《うちゅう》と合一状態《ごういつじょうたい》にあり、換言《かんげん》すれば、天之御中主神《あめのみなかぬしのかみ》は宇宙《うちゅう》の本体《ほんたい》それ自身《じしん》であらねばならない。

ただこの宇宙《うちゅう》という言葉《ことば》は、いかにも純理的《じゅんりてき》、形式的《けいしきてき》な、学術的臭《がくじゅつてきくさ》みのある語《ご》でその中《なか》に生命《いのち》が無《な》い。いかにも冷《ひや》やかな感《かん》を与《あた》える。天之御中主神《あめのみなかぬしのかみ》が形骸《けいがい》を髣髴《ほうふつ》（＝ぼんやり見える。ほのか。かすか。）せしむることは出来《でき》ても、渾然《こんぜん》として大成《たいせい》させる一個《こ》の霊活妙体《れいかつみょうたい》を髣髴《ほうふつ》せしむる温味《ぬくみ》が乏《とぼ》しい。例《たと》えば、霊魂《れいこん》が脱出《ぬけだ》してしまった殻《から》の肉体《にくたい》のような感《かん》をおこさせるのが、宇宙《うちゅう》という文字《もじ》の欠点《けってん》である。……。読者《どくしゃ》は、宇宙《うちゅう》には「神霊原子《しんれいげんし》」が活気凛々《かっきりんりん》として充実《じゅうじつ》し、広《ひろ》く満《み》ち溢《あふ》れた至大天球《しだいてんきゅう》、無始無終《むしむしゅう》、永劫不滅《えいごうふめつ》に活動《かつどう》して、至仁《しじん》、至愛《しあい》、至正《しせい》、至大《しだい》の稜威《みいづ》をもって天地《てんち》、日月《じつげつ》、星辰《せいしん》、神人《しんじん》、その他万有《たばんゆう》一切《さい》を創造《そうぞう》せる全《ぜん》一大祖神《だいそしん》という観念《かんねん》を失《うしな》わぬように希望《きぼう》する。

第二章　霊・力・体

「霊《れい》・力《りょく》・体《たい》」は天《てん》の大先祖《だいせんぞ》・天之御中主神《あめのみなかぬしのかみ》である。吾々自身《われわれじしん》の肉体精神《にくたいせいしん》とても、吾々《われわれ》の生《せい》を養《やしな》う動植物《どうしょくぶつ》とても、生物《せいぶつ》でも無生物《むせいぶつ》でも、吾々《われわれ》の耳目《じもく》に触《ふ》れるもの、理智創造《りちそうぞう》のおよぶ限《かぎ》りのものの一切《さい》は、悉《ことごと》くここから分与《ぶんよ》せられるのであって換言《かんげん》すれば、この神《かみ》は「霊《れい》・力《りょく》・体《たい》」の総本体《そうほんたい》となる。

霊《れい》と体《たい》とは、天之御中主神《あめのみなかぬしのかみ》が、その絶対《ぜったい》一元《げん》の静的状態《せいてきじょうたい》から動的状態《どうてきじょうたい》に移《うつ》られる時《とき》に、必然的《ひつぜんてき》に発揮《はっき》せられる二元《げん》の古称《こしょう》（呼称《こしょう》）で、霊体《れいたい》という代《かわ》りに、陰陽《いんよう》、水火《すいか》、その他《た》の文句《もんく》も使用《しよう》されるが、同《どう》一義《ぎ》である。また「力《りょく》」とは霊体《れいたい》二元《げん》の結合《けつごう》の瞬間《しゅんかん》に発生《はっせい》するもので、霊《れい》のみで「力《ちから》」なく、また体《たい》のみでも「力《ちから》」はない。霊体《れいたい》二元《げん》が揃《そろ》うから「力《ちから》」が出来《でき》る。無論《むろん》、霊体《れいたい》二元《げん》の配合《はいごう》により、「発生《はっせい》する力《ちから》」が非常《ひじょう》に違《ちが》う。

人間《にんげん》が人為的《じんいてき》に生物《せいぶつ》だの無生物《むせいぶつ》だのと区別《くべつ》しても、霊体《れいたい》の配合度合《はいごうどあい》が違《ちが》い、その発揮《はっき》する力《ちから》に雲泥《うんでい》（＝隔たりが甚だしい。）の相違《そうい》が生《しょう》じていると云《い》うに過《す》ぎない。

宇宙間《うちゅうかん》は「霊《れい》・力《りょく》・体《たい》」が充《み》ち充《み》ちて、活気凛々《かっきりんりん》としている。その総本体《そうほんたい》が天之御中主《あめのみなかぬしの》神《かみ》である。宇宙《うちゅう》に発生《はっせい》する万有《ばんゆう》一切《さい》は、小天之御中主神《しょうあめのみなかぬしのかみ》であり、これを放《はな》てば万有《ばんゆう》であり、これを捲《ま》き収《おさ》むれば天之御中主神《あめのみなかぬしのかみ》に帰一《きいつ》する。

天之御中主神《あめのみなかぬしのかみ》の総本体《そうほんたい》は、広大無辺《こうだいむへん》で人間《にんげん》がいかなる霊智霊覚《れいちれいかく》を以《もっ》てしても、その全体《ぜんたい》を視《み》、その全貌《ぜんぼう》（＝全体の様子。）を察《さっ》する事《こと》は出来《でき》ない。所謂《いわゆる》、無限絶対《むげんぜったい》、無始無終《むしむしゅう》（＝始めもなければ終りもない。）である。しかし、この神《かみ》の縮図《しゅくず》たる小天之御中主神《しょうあめのみなかぬしのかみ》は、天地間《てんちかん》に充《み》ち充《み》ちている。粟一粒《あわひとつぶ》にも小天之御中主神《しょうあめのみなかぬしのかみ》が宿《やど》っている。「霊《れい》と体《たい》と力《りょく》」とが渾然《こんぜん》として融合《ゆうごう》し、それぞれが独特《どくとく》の機能《きのう》を発揮《はっき》している。活眼《かつがん》を開《ひら》きこれを観察《かんさつ》すると悟《さと》りの種《たね》は随所《ずいしょ》に充満《じゅうまん》している。それが即《すなわ》ち「神《かみ》の黙示《もくじ》」である。

「神《かみ》の黙示《もくじ》」は俯仰観察《ふぎょうかんさつ》（＝よくあおぎ観察する。）する宇宙《うちゅう》の霊《れい》・力《りょく》・体《たい》の三大《さんだい》を以《もっ》てす。

一、天地《てんち》の真象《しんしょう》を観察《かんさつ》して、真神《しんしん》の体《たい》を思考《しこう》すべし。

一、万有《ばんゆう》の運化《うんか》の毫差《ごうさ》なきを見《み》て、真神《しんしん》の力《ちから》を思考《しこう》すべし。

一、活物《かつぶつ》の心性《しんせい》を覚悟《かくご》して、真神《しんしん》の霊魂《れいこん》を思考《しこう》すべし。

天地《てんち》の真象《しんしょう》（＝物、物体。剛・柔・流。）、万有《ばんゆう》の運化《うんか》（＝万有の活動力。八力。）、活物《かつぶつ》の心性《しんせい》（＝活物の霊魂。霊性。心。）、これは不変不易《ふへんふえき》（＝いつも変らない。変化しない。）の活経典《かつきょうてん》と称《しょう》すべきもので、吾々《われわれ》はこの活経典《かつきょうてん》に対《たい》して、真神《しんしん》の真神《しんしん》たる所以《ゆえん》（＝わけ、理由。）を悟《さと》る事《こと》に努力《どりょく》せねばならない。

◆天帝の全体　天帝《てんてい》は無始無終《むしむしゅう》なり。すでに無始無終《むしむしゅう》の「力《ちから》」と無終無終《むしゅうむしゅう》の「体《たい》」とをもって無始無終《むしむしゅう》の「万物《ばんぶつ》」を造《つく》る。その功《いさお》また無始無終《むしむしゅう》なり。天帝《てんてい》は「勇智愛親《ゆうちあいしん》」をもって「魂《こん》」となし、「動静解凝引弛合分《どうせいかいぎょういんちごうぶん》」をもって「力《ちから》」となし、「剛柔流《ごうじゅうりゅう》」をもって「体《たい》」となす。

全霊＝全霊《ぜんれい》は荒魂《あらみたま》、和魂《にぎみたま》、奇魂《くしみたま》、幸魂《さちみたま》の四魂《しこん》なり。しかして荒魂《あらみたま》は神勇《しんゆう》、和魂《にぎみたま》は神親《しんしん》、奇魂《くしみたま》は神智《しんち》、幸魂《さちみたま》は神愛《しんあい》なり。すなわち、いわゆる霊魂《れいこん》にして、直霊《なおひ》なるものこれを主宰《しゅさい》す。俗学不識《ぞくがくふしき》、荒和《こうわ》をもって心《こころ》の体《たい》となし、奇幸《くしさち》をもって心《こころ》の用《よう》となし、直霊《なおひ》の何物《なにもの》たるを知《し》らず。

全体＝剛柔 流《ごうじゅうりゅう》の三物《ぶつ》これ上帝《じょうてい》の「全体《ぜんたい》」なり。しかして流体《りゅうたい》を生魂《いくみたま》と唱《とな》え葦芽彦遅《あしがいひこじ》と称《しょう》し、剛体《ごうたい》を玉留魂《たまつめむすび》と唱《とな》え常立《とこたち》と称《しょう》し、柔体《じゅうたい》を足魂《たるむすび》ととなえ豊雲野《とよくもぬ》と称《しょう》す。剛体《ごうたい》は鉱物《こうぶつ》の本質《ほんしつ》なり、柔体《じゅうたい》は植物《しょくぶつ》の本質《ほんしつ》なり、流体《りゅうたい》は動物《どうぶつ》の本質《ほんしつ》なり。

○全体の図解

体
- 剛……常立（天と地の常立あり）……鉱物の本質……玉留魂
- 柔……豊雲野……植物の本質……足魂
- 流……葦芽彦遅神……動物の本質……生魂

全力＝動静解凝引弛合分《どうせいかいぎょういんちごうぶん》の八力《りき》、これを上帝《じょうてい》の「全力《ぜんりょく》」と称《しょう》す。しかして神典《しんてん》では動力《どうりょく》を大戸地《おほとのじ》、静力《せいりょく》を大戸辺《おほとのべ》、解力《かいりょく》を宇比地根《うひじね》、凝力《ぎょうりょく》を須比地根《すひじね》、引力《いんりょく》を活久比《いくぐい》、弛力《ちりょく》を角久比《つぬぐひ》、合力《ごうりょく》を面足《おもたる》、分力《ぶんりょく》を惶根《かしこね》という。「霊《れい》・力《りょく》・体《たい》」合一《ごういつ》したるを上帝《じょうてい》という、真神《しんしん》ともいうもみな天之御中主大神《あめのみなかぬしのおほかみ》（＝言霊学上神素盞鳴大神。）と知《し》るべし。

（『霊界物語』第13巻（2）「霊力体」）

○霊力体一致《れいりょくたいいっち》せざれば真実《しんじつ》の　世《よ》を救《すく》ふべき教《おしへ》にあらず

第三章　時間と空間の誕生

この天之御中主神《あめのみなかぬしのかみ》が万有《ばんゆう》一切《さい》を一つに巻《ま》き収《おさ》めて、これを帰一《きいつ》し、いまだ活動《かつどう》を起《おこ》さざる時《とき》、即《すなわ》ち太初《はじめ》の静的状態《せいてきじょうたい》では、時間空間《じかんくうかん》を超越《ちょうえつ》している。時間《じかん》、空間《くうかん》が無《な》いのではなく、また有《あ》るのでもない。その観念《かんねん》が起《おこ》るべき因由《いんゆ》（＝ことのおこり。原因。）が無《な》い。時間《じかん》、空間《くうかん》の観念《かんねん》が起《おこ》って来《く》るのは、少《すく》なくともこの神《かみ》の本体《ほんたい》から、「霊《れい》と体《たい》」との相対的《そうたいてき》二元《げん》が顕《あらわ》れてからの事《こと》となる。

神典《しんてん》（＝日本の古典。古事記、日本書紀、続日本書紀、古語捨遺、宣命、令義解、延喜式、風土記、万葉集など。）で云《い》えば、宇宙《うちゅう》の神光《しんこう》（＝霊妙不可思議な光。）を高皇産霊神《たかみむすびのかみ》（霊素《れいそ》）、神温《しんおん》を神皇産霊神《かむみむすびのかみ》（体素《たいそ》）と称《しょう》し、この二神《にしん》が顕現《けんげん》して、活動《かつどう》を起《おこ》されてからのことである。即《すなわ》ちこの神《かみ》の活動《はたらき》がなければ、時間《じかん》も、空間《くうかん》もない。これを量《はか》るべき標準《ひょうじゅん》も、材料《ざいりょう》もない。無論《むろん》、無限絶対《むげんぜったい》なるこの神《かみ》の属性《ぞくせい》があるから、時間《じかん》、空《くう》間共《かんとも》に無限《むげん》であり、無始無終《むしむしゅう》であらねばならない。外《そと》に向《むか》って無限《むげん》であると同時《どうじ》に、内《うち》に向《むか》っても無限《むげん》である。至大無外《しだいむがい》、至小無内《ししょうむない》である。

主神《スしん》・天之御中主神《あめのみなかぬしのかみ》の静的状態《せいてきじょうたい》から考察《こうさつ》すれば、「霊《れい》・力《りょく》・体《たい》」を帰一《きいつ》する宇宙《うちゅう》の大元《だいげん》霊《れい》である。一元《げん》の虚無《きょむ》といってもよろしく、また絶対的実在《ぜったいてきじつざい》というてもよい。

次《つぎ》に、その動的状態《どうてきじょうたい》から考察《こうさつ》すれば、随時随所《ずいじずいしょ》に「霊《れい》・力《りょく》・体《たい》」の微妙神秘《びみょうしんぴ》な配分《はいぶん》が行《おこな》われ、無限《むげん》の時間空間《じかんくうかん》にわたり、天地《てんち》、日月《じつげつ》、星辰《せいしん》、神人《しんじん》、その他万有《たばんゆう》一切《さい》を想像《そうぞう》する全《ぜん》一大祖神《だいそしん》である。

この神《かみ》の静的状態《せいてきじょうたい》、帰一状態《きいつじょうたい》は、一通《とお》り正《ただ》しい観念《かんねん》を得《え》ればそれで充分《じゅうぶん》とすべきである。何《なん》となれば、この神《かみ》は既《すで》に無限《むげん》の時間空間《じかんくうかん》にわたり活動《かつどう》を開始《かいし》されており、再《ふたた》び太初《たいしょ》の静的状態《せいてきじょうたい》に逆行《ぎゃっこう》する心配《しんぱい》は絶無《ぜつむ》だからである。もし万々一《まんまんいつ》、逆行《ぎゃっこう》されることがありとしても、その場合《ばあい》には万有《ばんゆう》一切《さい》は全滅《ぜんめつ》し、従《したが》って吾々人類《われわれじんるい》も混沌《こんとん》の裡《り》に痕跡《こんせき》さえ失《うしな》ってしまい、心配《しんぱい》するにも心配《しんぱい》すべき手《て》がかりが無《な》いことになって来《く》る。誠《まこと》につまらない。実《じつ》際問題《さいもんだい》としては、この神《かみ》の動的状態《どうてきじょうたい》の理会体得《りかいたいとく》（＝道理の会得。）がなによりも肝要《かんよう》である。

「人間《にんげん》は、天地経綸《てんちけいりん》の主体《しゅたい》」として衝《しょう》に当《あた》る使命《しめい》がある。この神《かみ》が過去《かこ》において、いかなる活動《かつどう》をなされたか、また将来《しょうらい》において如何《いか》なる目標《もくひょう》に行進《こうしん》するかは、少《すく》なくともその大綱《たいこう》（＝根本的となるもの。大要。大本。）に通暁《つうぎょう》せねば本当《ほんとう》でない。肝要《かんよう》なことは、現在《げんざい》この神《かみ》が、いかなる経綸《けいりん》の実行実施中《じっこうじっしちゅう》であるかの問題《もんだい》で、これを理解体得《りかいたいとく》して、御神業《ごしんぎょう》の助成《じょせい》に努力《どりょく》しなければならない。

天之御中主神《あめのみなかぬしのかみ》の大切《たいせつ》な神業《みわざ》は、大体《だいたい》において二方面《ほうめん》に分《わ》かれる。その一は「理想世界《りそうせかい》の神霊界《しんれいかい》の大成《たいせい》」、一つは「現実世界《げんじつせかい》の人間界《にんげんかい》の大成《たいせい》」である。

従来《じゅうらい》は未製品時代《みせいひんじだい》で、理想世界《りそうせかい》が真《しん》に理想世界《りそうせかい》の域《いき》に達《たっ》せず、しばしば変調《へんちょう》に陥《おちい》り、人《にん》間界《げんかい》の乱雑乖離《らんざつかいり》（＝はなればなれになること。）に至《いた》りては、ほとんど同胞《どうほう》の殺《ころ》し合《あ》い、国《くに》の奪《と》り合《あ》いを演《えん》じて、あえて怪《あや》しむことを知《し》らぬどころか、自分達《じぶんたち》の大祖神《だいそしん》の存在《そんざい》まで打《う》ち忘《わす》れていた。

（……）。

現在《げんざい》に及《およ》びて、天之御中主神《あめのみなかぬしのかみ》は、大々的整理《だいだいてきせいり》を施《ほどこ》して、神人両界《しんじんりょうかい》の大成《たいせい》を期《き》せられることになり、明治《めいじ》二十五年《ねん》を以《もっ》て、この神《かみ》の御神勅《ごしんちょく》は先《ま》ず国祖国常立尊《こくそくにとこたちのみこと》に降《くだ》った。

爾来今《じらいいま》に至《いた》りて三十有余年《ゆうよねん》、祖神御経綸《そしんごけいりん》の歩武《ほぶ》（＝あしどり。あゆみ。）は、神人両界《しんじんりょうかい》にまたがりて、寸毫《すんごう》の齟齬《そご》（＝くいちがい。）なく、遅滞《ちたい》なく、粛々《しゅくしゅく》として進行《しんこう》し来《きた》り、大正《たいしょう》七（1918）年《ねん》十一月《がつ》六日《か》、その大準備《だいじゅんび》の完成《かんせい》と同時《どうじ》に、国祖《こくそ》は大本教祖《おほもときょうそ》の肉《にく》の宮《みや》から神去《かむさ》りまして、残《のこ》る後半《こうはん》の大神業《だいしんぎょう》を豊雲野尊《とよくもぬのみこと》に譲《ゆず》られた。

五年越《ねんご》しの欧州戦乱《おうしゅうせんらん》（＝出口直昇天日を以て、大戦終了。）の如《ごと》き、開闢以来《かいびゃくいらい》の大事変《だいじへん》の様《よう》だが、実《じつ》は真《まこと》の大変動《だいへんどう》は今後《こんご》に起《おこ》る。それが済《す》めば宇宙《うちゅう》の間《あいだ》が始《はじ》めて全部整理《ぜんぶせいり》される。独《ひと》り現界《げんかい》ばかりでなく、神界《しんかい》の奥《おく》まで天地《てんち》、日月《じつげつ》、星辰《せいしん》の状態《じょうたい》まで一変《ぺん》する。

それが大本《おほもと》で教《おし》える処《ところ》の「大正《たいしょう》の維新《いしん》」、二度目《どめ》の「世《よ》の立替立直《たてかえたてなおし》」の真意義《しんいぎ》である。

これに比《ひ》すれば、従来《じゅうらい》の所謂《いわゆる》維新《いしん》だの革命《かくめい》だのは、何《いず》れも姑息《こそく》で、不徹底《ふてってい》で、児戯《じぎ》に近《ちか》いものである。

「大正維新《たいしょういしん》」「世《よ》の立替立直《たてかえたてなおし》」、文字《もじ》はいかにも有《あ》りふれた月並至極《つきなみしごく》のものであるが、その内容《ないよう》は実《じつ》に大《おお》きい。天地《てんち》の根本《こんぽん》から、悠久長大《ゆうきゅうちょうだい》なる歳月《さいげつ》にわたりて、待《ま》ちに待《ま》たれた大転換期《だいてんかんき》、大完成時代《だいかんせいじだい》に到着《とうちゃく》したのである。天《あめ》之《の》御中主神《みなかぬしのかみ》の大神業《だいしんぎょう》に、ようやく目鼻《めはな》が付《つ》く時《とき》なのである。言《い》わば大地《だいち》、太陽《たいよう》、太陰《たいいん》、列星《れっせい》始《はじ》め、あらゆる神《かみ》も人《ひと》も、何《なに》も彼《か》も、この大神業《だいしんぎょう》を完成《かんせい》せんがために準備《じゅんび》し置《お》かれたのである。

第四章　活動力の根源「一元と二元」

天《あめ》之《の》御中主神《みなかぬしのかみ》が宇宙《うちゅう》の独一真神《どくいつしんしん》で、「霊《れい》・力《りょく》・体《たい》」の総本体《そうほんたい》である所以《ゆえん》を説明《せつめい》したが、本章《ほんしょう》では、この神《かみ》の動的方面《どうてきほうめん》、即《すなわ》ちその「霊《れい》・力《りょく》・体《たい》」の妙用《みょうよう》を発揮《はっき》して、大地《だいち》、太陽《たいよう》、太陰《たいいん》、列星《れっせい》を創造《そうぞう》された次第《しだい》を説明《せつめい》する。

　天之御中主神《あめのみなかぬしのかみ》の静的状態《せいてきじょうたい》、即《すなわ》ち天地未剖判《てんちみぼうはん》の渾沌状態《こんとんじょうたい》では、無論《むろん》、霊《れい》だの体《たい》だのの区《く》別《べつ》はなかった。唯《ただ》一元《げん》の「大元霊《だいげんれい》」があるのみである。真如《しんにょ》（＝神・仏、絶対無限の力。）だの、虚無《きょむ》（＝何も存在しない。空虚。）だのというのは、この状態《じょうたい》を指《さ》したものであるが、既《すで》にこの状態《じょうたい》は、実際《じっさい》としては天之御中主神《あめのみなかぬしのかみ》の御活動《ごかつどう》は、無窮《むきゅう》に悠遠《ゆうえん》（＝はるかに遠い。）なる時代《じだい》から既《すで》に開始《かいし》されていた。我々《われわれ》はその無窮《むきゅう》を超《こ》えて一元《げん》の「大元霊《だいげんれい》」のうちに遡《さかのぼ》ることは出来《でき》ない。……。

　殊《こと》に現在《げんざい》、宇宙間《うちゅうかん》には、活動《かつどう》また活動《かつどう》、天地創造以来《てんちそうぞういらい》の大活動《だいかつどう》が起《お》りつつある瞬間《しゅんかん》であるから、なお更《さら》のことである。既《すで》に宇宙間《うちゅうかん》に活動《かつどう》が起《お》っているとすれば、根源《こんげん》に於《お》いてその活動《かつどう》を起《お》こすべき神力《しんりき》の存在《そんざい》があることは明白《めいはく》である。

　これを換言《かんげん》すれば、力《ちから》あるから活動《かつどう》が起《お》こる。ところが、力《ちから》という力《ちから》には、常《つね》に正反対《せいはんたい》の二方面《ほうめん》が具《そな》わっている。進《しん》あれば必《かなら》ず退《たい》あり、動《どう》あれば静《せい》あり、引《いん》あれば弛《ち》ありという具《ぐ》合《あい》である。

我々《われわれ》は、なぜ力《ちから》に正反対《せいはんたい》の二方面《ほうめん》が具《そな》わるのであろうか。その原因《げんいん》を追求《ついきゅう》すると、宇宙《うちゅう》の間《あいだ》に相対的《そうたいてき》二元《げん》の存在《そんざい》を認《みと》めざるを得《え》ない。正反対《せいはんたい》の性質《せいしつ》を帯《お》びた二元《げん》が存在《そんざい》するから、その二元《げん》の交渉《こうしょう》、若《も》しくは衝突《しょうとつ》の場合《ばあい》に、進《しん》と成《な》ったり、退《たい》となったり、あるいは動《どう》となり静《せい》となる。もし宇宙《うちゅう》の内部《ないぶ》が一元《げん》のままならば、進退《しんたい》もなく動静《どうせい》もない。相対的《そうたいてき》二元《げん》があるから力《ちから》が生《しょう》じ、そしてその力《ちから》に相対的《そうたいてき》二方面《ほうめん》が具《そな》わる。

これを「大本言霊学《おほもとげんれいがく》」では、この宇宙内部《うちゅうないぶ》の相対的《そうたいてき》二元《げん》を捕《とら》えて、陰陽《いんよう》、水火《かみ》また霊体《れいたい》ともいう。霊体《れいたい》、水火《かみ》等《など》は、通俗的《つうぞくてき》意義《いぎ》に使用《しよう》されているが、ここに述《の》べる所《ところ》は、根本《こんぽん》の第《だい》一義《ぎ》のもの、抽象的《ちゅうしょうてき》（＝大まかに把握する。）のものである。我々《われわれ》は、これを意識《いしき》の上《うえ》に明瞭《めいりょう》に描《えが》く事《こと》は出来《でき》るが、その実体《じったい》はこれを捕《とら》える事《こと》は出来《でき》ない。

ここに火水《かみ》という時《とき》は、火水《かみ》の本体《ほんたい》、第《だい》一義《ぎ》の火水《かすい》を指《さ》すので、「水《みず》」として象《しょう》（＝物体。）を現《あら》わす時《とき》は、実《じつ》はその中《なか》に「火《ひ》」があり、「火《ひ》」として象《しょう》を現《あら》わす時《とき》にも、同《おな》じくその中《なか》に「水《みず》」がある。換言《かんげん》すれば現象《げんしょう》の「火《ひ》」も「水《みず》」も、何《いず》れも各々《おのおの》陰陽《いんよう》二元《げん》の一種《しゅ》の結合《けつごう》で、特有《とくゆう》の力《ちから》を発揮《はっき》している。この事《こと》が腑《ふ》に落《お》ちないと、自然《しぜん》不可解《ふかかい》に陥《おちい》ったり、宇宙根源《うちゅうこんげん》の真諦《しんたい》（＝真実。）に触《ふ》れる事《こと》は不可能《ふかのう》である。

「言霊学《げんれいがく》」から言葉《ことば》を調《しら》べると、「霊《れい》・力《りょく》・体《たい》」との関係《かんけい》が非常《ひじょう》に明白《めいはく》になる。元来《がんらい》日本《にほん》語《ご》は世界言語《せかいげんご》の根源《こんげん》で、諸外国《しょがいこく》の言語《げんご》のように転訛《てんか》がないから音韻《おんいん》の根本義《こんぽんぎ》が容易《ようい》で調《しら》べやすい。

「霊《れい》・力《りょく》・体《たい》」の言霊《ことたま》を解《と》くと、「霊《れい》」は日本《にほん》の古語《こご》では「ヒ」（＝訓で「ヒ」と読む。聖と書いてヒジリと読む、霊を知る人の意。）であり、また「チ」（＝血。霊は血の中に流れる。）である。また「体《たい》」の邦音《ほうおん》は「カラ」であり、また「カラタマ」である。元来《がんらい》「体《たい》」は「霊《れい》」を宿《やど》すべき入物《いれもの》で、いわば中身《なかみ》の無《な》い容器《ようき》である。

即《すなわ》ち「体《たい》」は殻《から》、空等《からなど》と同《どう》一義《ぎ》を有《ゆう》する。また古来日本《こらいにほん》では韓《から》でも唐《から》でも、すべて外国《がいこく》を「カラ」と呼《よ》んでいるが、要《よう》するに外国《がいこく》は体《からだ》を尊《とうと》ぶ国《くに》で「空唐国《からくに》」ということである。「力《ちから》」はすなわち「霊《れい》・体《たい》」で、「霊体《れいたい》二元《げん》の結合《けつごう》」ということである。「霊《れい》・力《りょく》・体《たい》」の関係《かんけい》が、明白《めいはく》に言葉《ことば》の上《うえ》にもあらわれている。

第五章　「霊主体従」の原則

陰陽《いんよう》または水火《すいか》、霊体《れいたい》の二元《げん》が、宇宙《うちゅう》の「大元霊《だいげんれい》」から岐《わか》れ出《い》づる相対的《そうたいてき》二大原質《だいげんしつ》であるとすれば、宇宙《うちゅう》の大元霊《だいげんれい》から見《み》れば、無論双方《むろんそうほう》とも重要《じゅうよう》で、その間《あいだ》には甲乙軽重《こうおつけいじゅう》の差《さ》はない。

陰《いん》が滅《げん》すれば、同時《どうじ》に陽《よう》が滅《げん》じ、また陽《よう》が滅《げん》すれば、同時《どうじ》に陰《いん》も滅《げん》ずるので二者《しゃ》の中《うち》、その一を欠《か》く事《こと》は出来《でき》ない。吾々《われわれ》の身体《しんたい》では、左右《さゆう》の眼《め》、左右《さゆう》の手足《てあし》が共《とも》に肝要《かんよう》である。

然《しか》しながら、宇宙《うちゅう》の内面《ないめん》に於《お》いて意義《いぎ》ある活動《かつどう》を起《おこ》そうとするには、その一方《ぽう》を主《しゅ》とし、他方《たほう》を従《じゅう》とせねばならない。五分《ぶ》五分《ぶ》の権能《けんのう》を賦与《ふよ》せられたのでは、全然活動《ぜんぜんかつどう》は起《おこ》らない。例《たと》えば、同力量《どうりきりょう》の力士《りきし》が土俵《どひょう》の真中《まんなか》で水入《みずい》り引分《ひきわ》けに終《おわ》ってしまうのと同《おな》じ事《こと》になってしまう。

また「主《しゅ》と従《じゅう》」との関係《かんけい》は、永久固定的《えいきゅうこていてき》であらねばならない。さもなければ、起《おこ》るところの活動《かつどう》が乱雑不統一《らんざつふとういつ》になり、結局無活動《けっきょくむかつどう》と同《おな》じ結果《けっか》になる。千万世《せんまんよ》にわたり変《かわ》る事《こと》なく、秩序整然《ちつじょせいぜん》、意義《いぎ》ある活動《かつどう》を続《つづ》けるには、どうしても陰陽《いんよう》の間《あいだ》に主従優劣《しゅじゅうゆうれつ》の固定的《こていてき》関係《かんけい》を設《もう》けることが絶対《ぜったい》に必要《ひつよう》になる。

そこで天之御中主神《あめのみなかぬしのかみ》は、活動《かつどう》の太初《たいしょ》に陽《よう》を主《しゅ》とし、陰《いん》を従《じゅう》と為《な》し給《たも》うた。「大本言霊《おほもとげんれい》学《がく》」では、この根本原則《こんぽんげんそく》を「霊主体従《れいしゅたいじゅう》」という言葉《ことば》で云《い》い現《あら》わし、「陽主陰従《ようしゅいんじゅう》」でも「火《か》主水従《しゅすいじゅう》」でも意義《いぎ》は同《おな》じである。

「霊主体従《れいしゅたいじゅう》」が宇宙《うちゅう》の大原則《だいげんそく》である事《こと》は、宇宙《うちゅう》そのものに就《つ》いて考《かんが》えたとて、容易《ようい》に判《わか》るものではない。余《あま》りに広大《こうだい》で、余《あま》りに奥《おく》が深過《ふかす》ぎる。大宇宙《だいうちゅう》の間《あいだ》には、同一原則《どういつげんそく》で出来《でき》た小宇宙《しょううちゅう》が充満《じゅうまん》しているので、大宇宙《だいうちゅう》を忖度《そんたく》するため、手近《てぢか》い自分自身《じぶんじしん》を攻究《こうきゅう》（＝修めきわめる。）するのが判《わか》り易《やす》い。

人間《にんげん》には、「霊的性能《れいてきせいのう》」と「体的性能《たいてきせいのう》」との正反対《せいはんたい》の二面《めん》が具《そな》わっている。霊能《れいのう》は、吾々《われわれ》に向上《こうじょう》、純潔《じゅんけつ》、高雅《こうが》（＝けだかくみやびやかなこと。）、正義《せいぎ》、博愛《はくあい》、犠牲等《ぎせいなど》を迫《せま》る。これが最高《さいこう》の倫《りん》理的感情《りてきかんじょう》または審美的性情《しんびてきせいじょう》の源泉《げんせん》である。

これに反《はん》して体能《たいのう》は、食《く》いたい、飲《の》みたい、犯《おか》したい等《など》、少《すく》なくとも非道徳的念慮《ひどうとくてきねんりょ》を起《おこ》さしめ、甚《はなは》だしきは堕落《だらく》、放縦《ほうじゅう》、排他《はいた》、利己等《りこなど》の行為《こうい》をも迫《せま》る。この二性能《せいのう》は、常《つね》に吾々《われわれ》の体内《たいない》で両々相対抗《りょうりょうあいたいこう》しているので、到底《とうてい》これを免《まぬが》れ得《え》ない。

もし霊能《れいのう》が無《な》いとすれば、我々《われわれ》は忽《たち》ち禽獣化《きんじゅうか》し、人類《じんるい》として存在《そんざい》の価値《かち》を失《うしな》ってしまう。また体能《たいのう》が全然《ぜんぜん》ないとすれば、それでは自己《じこ》の保存《ほぞん》が覚束《おぼつか》ない。例《たと》えば食《く》わないだけでも滅《ほろ》びてしまう。両性能《りょうせいのう》を具有《ぐゆう》することは絶対《ぜったい》に必要《ひつよう》であるが、両性能《りょうせいのう》の間《あいだ》には、主従優《しゅじゅうゆう》劣《れつ》の区別《くべつ》を設《もう》けて一身《しん》の行動《こうどう》の基準《きじゅん》としなければ、人間生活《にんげんせいかつ》に適従《てきじゅう》するところに迷《まよ》ってしまう。

そこで霊能《れいのう》を主《しゅ》とし、体能《たいのう》を従《じゅう》とし、これを守《まも》るのが善《ぜん》、これに反《そむ》くのが悪《あく》と規定《きてい》する。大宇宙《だいうちゅう》の原則《げんそく》は、矢張《やは》り小宇宙《しょううちゅう》の人間《にんげん》においてもこれを原則《げんそく》とする。ただ人類《じんるい》が未製品《みせいひん》なので、原則《げんそく》として規定《きてい》しても実行《じっこう》の上《うえ》には原則違反《げんそくいはん》ばかり続《つづ》けているのだ。

第六章　宇宙運動の原則「進左退右」

宇宙《うちゅう》の霊体《れいたい》二大原質《だいげんしつ》の関係《かんけい》は「霊主体従《れいしゅたいじゅう》」であるが、その活用《かつよう》から云《い》えば「霊《れい》」は左《ひだり》で進《すす》む性質《せいしつ》を有《ゆう》し、「体《たい》」は右《みぎ》で退《しりぞ》く性質《せいしつ》を有《ゆう》する。そこで「霊主体従《れいしゅたいじゅう》」と云《い》う事《こと》を、運《うん》動《どう》の上《うえ》から「進《しん》左《さ》退《たい》右《う》」という言葉《ことば》で現《あら》わしたのである。

宇宙全体《うちゅうぜんたい》の運動《うんどう》は、この「進左退右《しんさたいう》」を以《もっ》て根本原則《こんぽんげんそく》とし、これに叶《かな》うものは順《じゅん》、これに背《そむ》くものは逆《ぎゃく》ということになる。言霊学《げんれいがく》の上《うえ》から、左《ひだり》は「火足《ひたり》」の義《ぎ》、火《ひ》の系統《けいとう》、霊《れい》の系統《けいとう》を示《しめ》し、右《みぎ》は「水極《みぎ》」の義《ぎ》で水《みず》の系統《けいとう》をしめしている。

宇宙全体《うちゅうぜんたい》は、人間《にんげん》の理智《りち》想像《そうぞう》で推定《すいてい》するには、余《あま》りにも広大《こうだい》で運動《うんどう》の法則《ほうそく》が、その通《とお》り「進左退右《しんさたいう》」になっているとの証明《しょうめい》は出来《でき》ないから、小宇宙《しょううちゅう》たる人間《にんげん》その他《た》二、三の実例《じつれい》を挙《あ》げて説明《せつめい》する。

まず人間《にんげん》の肉体的有意識《にくたいてきゆういしき》の運動《うんどう》、無意識《むいしき》の運動《うんどう》にしろ、運動《うんどう》という運動《うんどう》は、悉《ことごと》く左《ひだり》が進《すす》み、右《みぎ》が退《しりぞ》くように出来《でき》ている。三歳《さい》の小児《しょうに》が拍手《はくしゅ》する場合《ばあい》に、常《つね》に先方《せんぽう》に出《で》るのは左手《ひだりて》で、後方《こうほう》に退《しりぞ》くのは右《みぎ》の手《て》である。

擂鉢《すりばち》で味噌《みそ》を擂《す》る時《とき》、百姓《ひゃくしょう》が碾臼《ひきうす》で籾《もみ》を碾《ひ》く時《とき》、その他《た》類似《るいじ》の場合《ばあい》に何人《なにびと》も「進左退《しんさたい》右《う》」の運動《うんどう》に違反《いはん》するものはない。かかる場合《ばあい》に強《し》いてこれに違反《いはん》せんとすれば、なし得《え》ない事《こと》もないが、妙《みょう》に勝手《かって》が悪《わる》く、骨《ほね》が折《お》れる事夥《ことおびただ》しい。

柱時計《はしらどけい》などには、普通時計用《ふつうとけいよう》のネジと時報用《じほうよう》のネジと双方別々《そうほうべつべつ》に取付《とりつ》けてあり、その巻《ま》き方《かた》が、左巻《ひだりまき》、右巻《みぎまき》の二種《しゅ》に作製《さくせい》してある。右巻《みぎまき》の方《ほう》は巻《ま》くのに容易《ようい》であるが、左巻《ひだりまき》の方《ほう》は力《ちから》を要《よう》する。宇宙《うちゅう》の運動《うんどう》の原則《げんそく》に従《したが》うと否《いな》との難易《なんい》は、かかる場合《ばあい》に最《もっと》もよく判《わか》る。動《どう》脈静脈《みゃくじょうみゃく》により体内《たいない》を循環《じゅんかん》する血液《けつえき》も、同一原則《どういつげんそく》に従《したが》うことは、生理学者《せいりがくしゃ》の知悉《ちしつ》するところである。

吾人《ごじん》が祭式《さいしき》をするに際《さい》して、左足《ひだりあし》から先《ま》ず踏《ふ》み出《だ》し、後退《こうたい》に際《さい》して右足《みぎあし》から退《しりぞ》くも、矢《や》張《は》り自然《しぜん》の天則《てんそく》に従《したが》うもので、確《たし》かにこの方《ほう》が勝手《かって》がよい。

次《つぎ》に、植物《しょくぶつ》の蔓《つる》の巻《ま》き方《かた》も、この運動《うんどう》の原則《げんそく》は大部分《だいぶぶん》よく守《まも》られている。朝顔《あさがお》でも、豆《まめ》類《るい》でも、山芋《やまいも》でも、藤《ふじ》でも、その蔓《つる》の巻《ま》き方《かた》は、皆《みな》「進左退右《しんさたいう》」式《しき》で人間《にんげん》が戯《たわむ》れに朝顔《あさがお》の蔓《つる》などを逆《ぎゃく》に巻《ま》いて、縛《しば》って置《お》いて見《み》ると、矢張《やは》り蔓《つる》は承知《しょうち》せずに、先端《せんたん》の方《ほう》は宇宙《うちゅう》の運《うん》動法則《どうほうそく》を実行《じっこう》する。無論《むろん》人間《にんげん》の中《なか》に左利《ひだりき》きの人《ひと》があると同様《どうよう》、植物《しょくぶつ》にも原則違反者《げんそくいはんしゃ》がある。或《ある》いは植物《しょくぶつ》の方《ほう》が、その数《かず》が一層《そう》多《おお》いようだ。尚《なお》この他《ほか》、旋風《せんぷう》にしろ、渦巻《うずまき》にしろ、天体《てんたい》の運行《うんこう》にしろ、数《かぞ》え立《た》てれば際限《さいげん》がない。かかる現象《げんしょう》の収集《しゅうしゅう》は専門《せんもん》の士《し》により、あくまで研究材料《けんきゅうざいりょう》を豊富《ほうふ》ならしむるよう希望《きぼう》する。

第七章　天地の剖判

宇宙間《うちゅうかん》に、この「進左退右《しんさたいう》」の根本運動《こんぽんうんどう》が開始《かいし》されると、その結果《けっか》が天地剖判《てんちぼうはん》、日《じつ》、月《げつ》、地《ち》、星辰《せいしん》の顕現《けんげん》という事《こと》になって来《く》るが、このことを理解《りかい》するため大宇宙《だいうちゅう》の形態《けいたい》に就《つ》き、正確《せいかく》な観念《かんねん》を有《ゆう》することが必要《ひつよう》となる。

大宇宙《だいうちゅう》は我々人間《われわれにんげん》から客観《きゃっかん》すれば、時間《じかん》、空間共《くうかんとも》に無限《むげん》であり、無始無終《むしむしゅう》である。到底《とうてい》その究極《きゅうきょく》（＝物事のきわまったところ。）、際涯《さいがい》（＝はて。かぎり。）を知《し》る事《こと》は出来《でき》ない。しかし、天之御中主神《あめのみなかぬしのかみ》から主観《しゅかん》すれば、無限《むげん》でもなく、無始無終《むしむしゅう》でもない。そしてその全体《ぜんたい》にわたり統一《とういつ》あり秩《ちつ》序《じょ》ある「進左退右《しんさたいう》」の運動《うんどう》を始《はじ》められたとすれば、その運動《うんどう》には、大中心《だいちゅうしん》もあり、また太極《たいきょく》（＝宇宙構成の根本原理。）もあるに相違《そうい》ない。

一個《こ》の大中心《だいちゅうしん》から、東西南北《とうざいなんぼく》、四方八面《しほうはちめん》に向《むか》って太極《たいきょく》があるとすれば、至大天界《しだいてんかい》の在《あ》ることが浮《う》かんで来《く》る。

かくして出来《でき》た至大天球《どろみず》の内部《ないぶ》は、最初《さいしょ》は混沌《こんとん》として天地《てんち》の区別《くべつ》もなかったが、「進左《しんさ》退右《たいう》」の旋回運動《せんかいうんどう》が継続《けいぞく》される中《うち》に、軽《かる》く澄《す》みたるものと、重《おも》く濁《にご》れるものとは次第《しだい》に分《ぶん》離《り》され、そして軽《かる》きものは外周《がいしゅう》に、重《おも》きものは中心《ちゅうしん》に向《むか》って凝集《ぎょうしゅう》して来《く》る。

これは我々《われわれ》が簡単《かんたん》な方法《ほうほう》で実験《じっけん》しても判《わか》る。泥水《どろみず》を円形《えんけい》の器物《うつわ》に入《い》れ、左右《さゆう》の手《て》で、トントン叩《たた》いて旋回運動《せんかいうんどう》を与《あた》えるなども一つの実験法《じっけんほう》である。そうしていると、泥《どろ》は次第《しだい》に中央《ちゅうおう》に向《むか》って突起《とっき》したように凝集《ぎょうしゅう》し、周囲《しゅうい》の方《ほう》は澄《す》んで来《く》る。また立体《りったい》と平面《へいめん》との差別《さべつ》はあるが、円盆《まるぼん》の上《うえ》に、豆《まめ》だの塵《ちり》だのを載《の》せて掻《か》き混《ま》ぜて置《お》き、両手《りょうて》で叩《たた》いて振動《しんどう》を与《あた》えてみても判《わか》る。軽《かる》い塵《ちり》は周囲《しゅうい》に集《あつ》まり、重《おも》たい豆《まめ》は中心《ちゅうしん》に集《あつ》まる。農夫《のうふ》などは、惟神《かむながら》にこの天則《てんそく》を知《し》っていて、この方法《ほうほう》で塵《ちり》と穀類《こくるい》との選別《よりわけ》をしている。

天《てん》とは、宇宙《うちゅう》の内部《ないぶ》で軽《かる》く澄《す》みたところの総称《そうしょう》で、また地《ち》とは重《おも》く濁《にご》れるものの総称《そうしょう》で、即《すなわ》ち物質世界《ぶっしつせかい》である。無論《むろん》、天《てん》も陰陽《いんよう》二元《げん》から成《な》り、地《ち》も同様《どうよう》である。ただ陰陽《いんよう》の配合《はいごう》により、二者《しゃ》甚《はなは》だしく趣《おもむ》きを異《こと》にする。根本《こんぽん》の原質《げんしつ》において差異《さい》はないが、形態機能《けいたいきのう》の上《うえ》には多大《ただい》の相違《そうい》がある。

天地剖判《てんちぼうはん》の初頭《しょとう》に於《お》いては、天《てん》に対《たい》して地《ち》も唯《ただ》一個《こ》であった。「旋回運動《せんかいうんどう》」が継続《けいぞく》されている中《うち》に、大地《だいち》の内部《ないぶ》に於《お》いても、重《おも》い物《もの》と軽《かる》い物《もの》、澄《す》んだところと濁《にご》ったところが次《し》第《だい》に区分《くぶん》され、外周《がいしゅう》に集合《しゅうごう》した所《ところ》の比較的軽《ひかくてきかる》く澄《す》んだところ、例《たと》えばガス体《たい》は、或《あ》る時期《じき》において、中心《ちゅうしん》の固形体《こけいたい》、または液体《えきたい》との運動《うんどう》が不可能《ふかのう》となり、終《つい》に分離《ぶんり》してしまう。

そして天《てん》の一角《かく》にある位置《いち》を占《し》め、「宇宙《うちゅう》の大運動《だいうんどう》」に伴《ともな》いつつ、自己《じこ》もまた独立《どくりつ》せる「小運動《しょううんどう》」（＝螺旋状に。）を続《つづ》け、これが第《だい》一の星《ほし》となる。次《つぎ》に第《だい》二の星《ほし》が分離《ぶんり》し、次《つぎ》に第《だい》三、第《だい》四、第《だい》五と次第《しだい》に分離《ぶんり》して、現在見《げんざいみ》るごとき無数《むすう》の天体《てんたい》を形成《けいせい》するに至《いた》った。

これら諸星辰《しょせいしん》の分離《ぶんり》につれて、無論地《むろんち》の容積《ようせき》は縮小《しゅくしょう》また縮小《しゅくしょう》、最後《さいご》に太陽《たいよう》、太陰《たいいん》と分《わ》かれるに及《およ》びて、現在《げんざい》の大地《だいち》と成《な》ってしまった。容積《ようせき》から言《い》えば、天体中《てんたいちゅう》には大地球《だいちきゅう》よりも大《おお》きいものもあるが、しかし宇宙《うちゅう》の中心《ちゅうしん》という点《てん》から言《い》えば、大地球《だいちきゅう》がそれであらねばならない。最早大地《もはやだいち》は大体出来上《だいたいできあが》り、この上分離《うえぶんり》するものがなく、例《たと》えば充分酒《じゅうぶんさけ》を絞《しぼ》り上《あ》げた酒粕《さけかす》の如《ごと》きものになっているのだ。

宇宙根本《うちゅうこんぽん》の「力《ちから》」を体現《たいげん》するものは、すでに述《の》べる如《ごと》く、宇宙《うちゅう》を機関《きかん》として無限絶対無《むげんぜったいむ》始無終《しむしゅう》の活動《かつどう》を続《つづ》け給《たま》う全《ぜん》一大祖神天之御中主神《だいそしんあめのみなかぬしのかみ》、一名大国常立尊《めいおほくにとこたちのみこと》である。

この意義《いぎ》に於《お》いて、宇宙《うちゅう》は一神《いっしん》であるが、宇宙《うちゅう》の内部《ないぶ》に発揮《はっき》される力《ちから》は、各々分担《おのおのぶんたん》が異《こと》なり、方面《ほうめん》が異《こと》なり、性質《せいしつ》が異《こと》なり、軽重大小《けいじゅうだいしょう》が異《こと》なり、千種万様《せんしゅばんよう》、その窮極《きゅうきょく》を知《し》らない。そしてこれ等《ら》の千種万様《せんしゅばんよう》の力《ちから》は、各々相当《おのおのそうとう》の体現者《たいげんしゃ》を以《もっ》て代表《だいひょう》されている。この意《い》義《ぎ》において宇宙《うちゅう》は、多神《たしん》に依《よ》り経営《けいえい》され、所謂八百万神《いわゆるやほよろずのかみ》の御活動《ごかつどう》である。

由来《ゆらい》「一神論《いっしんろん》」と「多神論《たしんろん》」とは、並立《へいりつ》する事《こと》が出来《でき》ぬものの様《よう》にみなされるが、実《じつ》は「一神論《いっしんろん》」と「多神論《たしんろん》」とは、相背馳《あいはいち》（＝ゆきちがうこと。反対になること。）して並立《へいりつ》することができぬものの如《ごと》くみなされ、今日《こんにち》においてもなお迷夢《めいむ》の覚《さ》めざる頑迷者《がんめいしゃ》が多《おお》いが、実《じつ》は「一神論《いっしんろん》」も「多神論《たしんろん》」も、それだけでは半面《はんめん》の真理《しんり》しか捕《とら》えていない。

一神《しん》にして同時《どうじ》に多神《たしん》、多神《たしん》にして同時《どうじ》に一神《しん》、これを巻《ま》けば一神《しん》に集《あつ》まり、これを放《はな》てば万神《ばんしん》に分《わ》かれる。この意義《いぎ》に於《お》いて、天地《てんち》、日月《じつげつ》、万有《ばんゆう》、一切《さい》悉《ことごと》く（独立《どくりつ》した）神《かみ》であり、神《かみ》の機関《きかん》である。小天之御中主神《しょうあめのみなかぬしのかみ》である。

世人《せじん》の多数《たすう》は、現象《げんしょう》に捕《とら》えられ、物質《ぶっしつ》に拘泥《こうでい》（＝こだわること。小さい事に執着して融通がきかないこと。）して、神《かみ》に就《つ》いて正《ただ》しい観念《かんねん》を容易《ようい》に有《たも》ち得《え》ないが、元来《がんらい》、言葉《ことば》の意義《いぎ》から調《しら》べて、神《かみ》とは「火水《かみ》」である。即《すなわ》ち陰陽《いんよう》、霊体《れいたい》、火水《かみ》の二元《げん》が結果《けっか》して、各自特有《おのおのとくゆう》の「力《ちから》」を発揮《はっき》するものは皆《みな》神《かみ》である。それが「幽体《ゆうたい》」であろうが、「現体《げんたい》」であろうが、共《とも》に神《かみ》であることに変《かわ》りはない。

　幽《ゆう》と現《げん》との区画《くかく》は、そう分明《ぶんめい》なものでない。甲《こう》の人《ひと》の眼《め》に映《えい》ずるものが、必《かなら》ずしも乙《おつ》の人《ひと》の眼《め》には映《えい》じない。換言《かんげん》すれば甲《こう》には「現《げん》」であるが、乙《おつ》には「幽《ゆう》」である、という事《こと》になる。

　即《すなわ》ち「現体《げんたい》」といい、「幽体《ゆうたい》」といい、人《ひと》といい、神《かみ》といい、単《たん》に大小《だいしょう》、高下《こうげ》、強弱《きょうじゃく》、清濁《せいだく》、軽重等《けいじゅうなど》の差異《さい》丈《だけ》で、根源《こんげん》においては同一《どういつ》である。程度《ていど》の差異《さい》だけで、原質《げんしつ》の差異《さい》ではない。自己《じこ》の肉眼《にくがん》に見《み》えないものは、多《おお》くの人《ひと》は否定《ひてい》し、疑《ぎ》を挿《はさ》みたがる。色盲患者《しきもうかんじゃ》が五色《しょく》を見《み》せられた時《とき》に、これは「三色《しょく》である」、「四色《しょく》である」と主張《しゅちょう》するのと、何《なん》の相違《そうい》はない。

従来《じゅうらい》、肉眼本位《にくがんほんい》、物質本位《ぶっしつほんい》の人《ひと》でも、充分修業《じゅうぶんしゅぎょう》を積《つ》みて、一旦《いったん》、霊耳霊眼等《れいじれいがんなど》が開《ひら》け出《だ》し、所謂神《いわゆるかみ》の言葉《ことば》を聞《き》き、神《かみ》の姿《すがた》を拝《はい》することになると多《おお》くの人《ひと》は翻然《ほんぜん》として判《わか》って来《く》る。

第八章　宇宙根本の神　幽の幽神

宇宙《うちゅう》の大元霊《だいげんれい》から、陰陽《いんよう》の二元《げん》が岐《わか》れ、それが万有《ばんゆう》の根元《こんげん》となる。この原則《げんそく》は何処《どこ》まで行《い》っても厳格《げんかく》に守《まも》られ、神界《しんかい》も現界《げんかい》も、常《つね》に陰陽《いんよう》二系《けい》をもって終始一貫《しゅうしいっかん》する。

『古事記《こじき》』では「幽《ゆう》の幽《ゆう》」の神《かみ》は、天之御中主神《あめのみなかぬしのかみ》、高皇産霊神《たかみむすびのかみ》、神皇産霊神《かむみむすびのかみ》、宇麻志阿《うましあ》志訶備比古遅神《しかびひこじのかみ》、天之常立神《あめのとこたちのかみ》、国之常立神《くにのとこたちのかみ》、豊雲野神《とよくもぬのかみ》、宇比地根神《うひじねのかみ》、須比地根神《すひじねのかみ》、角杭神《つぬぐひのかみ》、妹活杭神《いもいくぐひのかみ》、大戸地神《おほとのぢのかみ》、妹大戸辺神《いもおほとのべのかみ》、面足神《おもたるのかみ》、妹惶根神《いもかしこねのかみ》等《ら》である。

天之御中主神《あめのみなかぬしのかみ》が活動《かつどう》を起《おこ》して、宇宙内部《うちゅうないぶ》に「進左退右《しんさたいう》」の運動《うんどう》が開始《かいし》されると、この

「進左《しんさ》」と「退右《たいう》」という正反対《せいはんたい》の根本的《こんぽんてき》二大力《だいりき》を司《つかさど》るもの、即《すなわ》ち「進左《しんさ》」と「退右《たいう》」との体現者《たいげんしゃ》、それが高皇産霊神《たかみむすびのかみ》と神皇産霊神《かむみむすびのかみ》である。高皇産霊神《たかみむすびのかみ》は「進左《しんさ》」を司《つかさ》どる「霊《れい》系《けい》」の祖神《そしん》であり、神皇産霊神《かむみむすびのかみ》は「退右《たいう》」を司《つかさ》どる「体系《たいけい》」の祖神《そしん》である。

この神《かみ》の地位《ちい》、活動等《かつどうなど》の関係《かんけい》は、前者《ぜんしゃ》は「主《しゅ》」であり、君《くん》であり、天《てん》であり、男《おとこ》であり、表《おもて》であり、上《うえ》であり、そして霊界《れいかい》の経綸《けいりん》に当《あた》り給《たも》う。後者《こうしゃ》は「従《じゅう》」であり、臣《しん》であり、地《ち》であり、女《おんな》であり、裏《うら》であり、下《した》であり、そして現界《げんかい》の造営《ぞうえい》を司《つかさど》る。

宇宙内部《うちゅうないぶ》の経綸《けいりん》が進《すす》むにつれて、霊系《れいけい》、体系共《たいけいとも》に無数《むすう》の神々《かみがみ》が顕現《けんげん》するが、みなこの二《に》大祖神《だいそしん》の分《わ》かれであり、二大祖神《にだいそしん》の発揮《はっき》される「力《ちから》」の一分担者《ぶんたんしゃ》である。

霊系《れいけい》に属《ぞく》するものの一切《さい》を巻《ま》き収《おさ》めれば、悉《ことごと》く高皇産霊神《たかみむすびのかみ》に帰《き》し、体系《たいけい》に属《ぞく》するものの一切《さい》を巻《ま》き収《おさ》めると悉《ことごと》く神皇産霊神《かむみむすびのかみ》に帰《き》する。更《さら》に高皇産霊神《たかみむすびのかみ》と神皇産霊神《かむみむすびのかみ》とを一つに巻《ま》き収《おさ》めて、帰一《きいつ》せしめたとすれば、それが即《すなわ》ち天之御中主神《あめのみなかぬしのかみ》であり、「三神一体《さんしんいったい》」（＝造化三神。真言宗では大日如来・金剛界・胎蔵界。法華経では釈迦の多宝塔の二仏併座の意。）、「三位一体《さんみいったい》」はこの間《かん》の消息《しょうそく》を伝《つた》えたものである。

宇麻志阿志訶備比古地神《うましあしかびひこぢのかみ》以下《いか》、悉《ことごと》く相対的活用《そうたいてきかつよう》を司《つかさど》り、霊体《れいたい》二系《けい》の神々《かみがみ》に分類出来《ぶんるいでき》る。即《すなわ》ち比古遅神《ひこじのかみ》は、霊系《れいけい》に属《ぞく》し、温熱《おんねつ》を供給《きょうきゅう》し、万物《ばんぶつ》を化育《かいく》する根元《こんげん》の働《はたら》きを宰《つかさど》り、天常立神《あめのとこたちのかみ》は、体系《たいけい》に属《ぞく》し、水系《すいけい》を集結《しゅうけつ》し、天体《てんたい》を構成整理《こうせいせいり》する根元《こんげん》の働《はたら》きを宰《つかさど》り給《たも》う。

次《つぎ》に国常立神《くにとこたちのかみ》は、霊系《れいけい》に属《ぞく》し、経《たて》に大地《だいち》の修理固成《しゅうりこせい》に当《あた》り、一貫不変《いっかんふへん》の条理《じょうり》を固守《こしゅ》せしむる根本《こんぽん》の働《はたら》きを宰《つかさ》どり、また豊雲野神《とよくもぬのかみ》は、体系《たいけい》に属《ぞく》し、緯《よこ》に天地《てんち》の修理固成《しゅうりこせい》に当《あた》り、気候《きこう》、風土等《ふうどなど》の如何《いかん》に応《おう》じて、異別的特色《いべつてきとくしょく》を発揮《はっき》せしむる根本《こんぽん》の働《はたら》きを宰《つかさ》どり給《たも》う。

現在起《げんざいおこ》りつつある「二度《ど》目《め》の世《よ》の立替立直《たてかえたてなおし》」とても、この二神《にしん》の根元《こんげん》の働《はたら》きの連続《れんぞく》である。……。

また、動力《どうりょく》を大戸地《おおとのじ》、静力《せいりょく》を大戸辺《おおとのべ》、解力《かいりょく》を宇比地根《うひじね》、凝力《ぎょうりょく》を須比地根《すひじね》、引力《いんりょく》を生杭《いくぐい》、弛力《ちりょく》を角杭《つぬぐひ》、合力《ごうりょく》を面足《おもたる》、分力《ぶんりょく》を惶根《かしこね》、即《すなわ》ち宇宙間《うちゅうかん》に起《おこ》る八大力《だいりき》は、以上《いじょう》の八大神《だいじん》の分担《ぶんたん》に係《かか》るものである。

「幽《ゆう》の幽《ゆう》」は神界《しんかい》の奥《おく》の奥《おく》に位《くらい》し、天地万有発生《てんちばんゆうはっせい》の基礎《きそ》を分担《ぶんたん》する根本《こんぽん》の活動所《かつどうしょ》で、「顕《けん》の顕《けん》」（現界《げんかい》）に活動《かつどう》する人間《にんげん》からは、容易《ようい》に窺知《きち》（＝うかがい知ること。）することが出来《でき》ない。しかしその原質《げんしつ》は、敢《あえ》て人間《にんげん》と違《ちが》ったところはないが、清濁《せいだく》、大小《だいしょう》の差《さ》が大変違《たいへんちが》う。

『古事記《こじき》』に所謂《いわゆる》「独神成座而《すになりまして》、隠身也《すみきりなり》」（＝『古事記』ではこれを「ひとりがみにしてかくれみなり」と読む。）とある通《とお》り、聖眼《せいがん》これを視《み》ること能《あた》わず、賢口《けんこう》これを語《かた》るを能《あた》わずの境涯《きょうがい》である。不生不滅《ふしょうふめつ》、不増不滅《ふぞうふめつ》、至大無外《しだいむがい》、至小無内《ししょうむない》の極徳《ごくとく》を発揮《はっき》されている。これを探《さぐ》れば弥々深《いよいよふか》く、これを望《のぞ》めば弥々《いよいよ》遠《とお》く、その威力《いりょく》は常《つね》に不可抗《ふかこう》の天理天則《てんりてんそく》と成《な》り、宇宙万有《うちゅうばんゆう》の上《うえ》に圧《あっ》して来《く》る。「時節《じせつ》」「天《てん》運循環《うんじゅんかん》」などという事柄《ことがら》も、「幽《ゆう》の幽《ゆう》」の経綸《けいりん》に属《ぞく》する事柄《ことがら》で、それが一大祖神《いちだいそしん》・天之御《あめのみ》中主神《なかぬしのかみ》により統一《とういつ》されるから、一糸乱《いっしみだ》れることが無《な》い。

天道《てんどう》は、是非《ぜひ》を超越《ちょうえつ》した絶対《ぜったい》の大権威《だいけんい》がある。宇宙《うちゅう》の存在《そんざい》する限《かぎ》り曲《ま》げることが出来《でき》ない。国常立尊《くにとこたちのみこと》、豊雲野尊《とよくもぬのみこと》の「二度《ど》目《め》の大立替《おおたてかえ》、大立直《おおたてなおし》」も同《おな》じ天道《てんどう》の発現《はつげん》で、宇宙内経《うちゅうないけい》綸《りん》の道程《どうてい》において、是非通過《ぜひつうか》せねばならい大関門《だいかんもん》である。

◆「二度目の大立替、大立直」　一度目《どめ》を神代《かみよ》の天《あま》の岩戸開《いわとびら》きといわれる。二度目《どめ》は明治《めいじ》25（1892）年旧正月元旦《ねんきゅうしょうがつがんたん》、大本開祖《おほもとかいそ》・出口直《でぐちなお》に艮《うしとら》の金神《こんじん》（国常立命《くにとこたちのみこと》）が神《かむ》懸《がかり》かり、体主霊従《たいしゅれいじゅう》の強《つよ》い者勝《ものか》ちの世《よ》の中《なか》を根本的《こんぽんてき》に立替《たてか》える「三千世界《せかい》（現界《げんかい》・幽《ゆう》界《かい》・神界《しんかい》）の大立替《おおたてかえ》、大立直《おおたてなおし》」があることを宣言《せんげん》される。以来霊界《いらいれいかい》が変《かえ》れば現界《げんかい》も変《かわ》る。特《とく》に明治《めいじ》27～28（1894～95）年《ねん》の日清戦争《にっしんせんそう》、37～38（1904～05）年《ねん》の日露《にちろ》戦争《せんそう》、大正《たいしょう》3～7（1914～18）年《ねん》の第《だい》一次世界大戦《じせかいたいせん》が起《おこ》り、大正《たいしょう》7（1918）年《ねん》11月《がつ》6日《か》大戦終了《たいせんしゅうりょう》とともに出口直《でぐちなお》は、厳《いづ》の御魂《みたま》として現界《げんかい》での神業《しんぎょう》を終《お》えご昇天《しょうてん》になり、豊雲野尊《とよくもぬのみこと》（神素盞鳴大神《かむすさのをのおほかみ》）に神業《しんぎょう》一切《さい》が引《ひ》き渡《わた》され、「神聖元年《しんせいがんねん》」が始《はじ》まる。以後世界《いごせかい》は次《つぎ》の大峠《おおとうげ》、第《だい》二次世界大戦《じせかいたいせん》（1939～45）を迎え大日本帝国《だいにっぽんていこく》は崩壊《ほうかい》し、戦《せん》勝国《しょうこく》も敗戦国《はいせんこく》も共《とも》に大惨禍《だいさんか》を蒙《こうむ》り、後進国《こうしんこく》は植民地支配《しょくみんちしはい》から独立《どくりつ》、世界《せかい》は激変《げきへん》する。しかし東西冷戦《とうざいれいせん》、政治《せいじ》、経済《けいざい》、人種《じんしゅ》、民族《みんぞく》、宗教《しゅうきょう》の対立《たいりつ》、代理戦争《だいりせんそう》、様々《さまざま》な過激派《かげきは》が現《あらわ》れ、軍備《ぐんび》の近代化《きんだいか》、難民《なんみん》の続出《ぞくしゅつ》、先《さき》の見《み》えないグローバル化《か》、民衆主義《みんしゅうしゅぎ》の将来《しょうらい》、大中教《だいちゅうきょう》（一人《ひとり》を中心《ちゅうしん》とする。一国主義《こくしゅぎ》。）の台頭《だいとう》、大三災《だいさんさい》・小三災《しょうさんさい》の続発《ぞくはつ》、人々《ひとびと》の心《こころ》は落着《おちつ》かない。その原因とはいったい何《なん》なのか。

第九章　幽の顕神

「幽《ゆう》の幽《ゆう》」は、宇宙内部《うちゅうないぶ》の活気《かっき》を掌《つかさど》る所《ところ》で、造化《ぞうか》の根源《こんげん》はここに発《はっ》する。しかしこの活《かっ》動《どう》では、現象《げんしょう》として宇宙間《うちゅうかん》に何等《なんら》の痕跡《こんせき》も現出《げんしゅつ》しない。

「幽《ゆう》の顕神《けんしん》」の顕現《けんげん》により、或《あ》る程度《ていど》まで現象《げんしょう》として現《あらわ》れる。「幽《ゆう》の顕界《けんかい》」は宇宙《うちゅう》を舞台《ぶたい》として活動《かつどう》する神々《かみがみ》の世界《せかい》で、人間界《にんげんかい》からは一つの理想世界《りそうせかい》で、皇典《こうてん》では「天津神《あまつかみ》」と称《とな》えるのがこの界《かい》の神々《かみがみ》を指《さ》す。今便宜上《いまべんぎじょう》、この界《かい》を「天《てん》の神界《しんかい》」と称《とな》え、「地《ち》の神界《しんかい》」と区別《くべつ》する。

前章《ぜんしょう》では「神々《かみがみ》を力《ちから》の表現《ひょうげん》」（＝宇宙の本源は活動力にして即ち神なり。万物は活動力の発現にして神の断片なり。）と観《み》て、宇宙内部《うちゅうないぶ》が次第《しだい》に整理《せいり》せられ、天地《てんち》、日月《じつげつ》、大地《だいち》、星辰《せいしん》の剖判《ぼうはん》する次第《しだい》を略述《りゃくじゅつ》したが、これが「天《てん》の神界《しんかい》」の想像大成《そうぞうたいせい》で、客観的《きゃっかんてき》には天地《てんち》、日月《じつげつ》、大地《だいち》、星辰《せいしん》の出現《しゅつげん》、主観的《しゅかんてき》には八百万《やほよろず》の天津神《あまつかみ》の出現《しゅつげん》となる。

天文学《てんもんがく》ではこれ等《ら》の天津神《あまつかみ》を物質的機械的《ぶっしつてききかいてき》に取扱《とりあつか》い、その形態《けいたい》、組織《そしき》、運行《うんこう》の法則《ほうそく》などを推定《すいてい》せんと努力《どりょく》するが、これは恰《あたか》も生理《せいり》、解剖学者《かいぼうがくしゃ》が人体《じんたい》に対《たい》して行《おこな》う行為《こうい》と同一見地《どういつけんち》に立《た》っているので、一面《めん》においては真相《しんそう》を捕捉《ほそく》することが出来《でき》る。そして今後《こんご》も益々発達《ますますはったつ》せねばならいが、単《たん》にこれだけに留《とど》まっていては不完全《ふかんぜん》を免《まぬが》れない。生《い》きた人体《じんたい》の全部《ぜんぶ》が、生理《せいり》、解剖等《かいぼうなど》の力《ちから》で到底判《とうていわか》らないのと同様《どうよう》に、活気凛々《かっきりんりん》とした天津神《あまつかみ》の活動《かつどう》は天文学《てんもんがく》のみではわからない。是非《ぜひ》ともその内部《ないぶ》の「生命《いのち》」に向《むか》って探求《たんきゅう》の歩《ほ》を進《すす》めねばならない、それが「言霊学《げんれいがく》」である。

『古事記《こじき》』は、この点至尊至貴《てんしそんしき》の天啓《てんけい》を漏《も》らし、あらゆる世界《せかい》の古経典中《こきょうてんちゅう》に異彩《いさい》を放《はな》っている。即《すなわ》ち『古事記《こじき》』上巻《じょうかん》、伊邪那岐《いざなぎ》、伊邪那美《いざなみ》二神《にしん》の御出生《ごしゅっしょう》から始《はじ》まり、二神《にしん》が多《おお》くの島々《しまじま》や草木《そうもく》、山川《さんか》、風雨等《ふううなど》の神々《かみがみ》をお産《う》みになり、最後《さいご》に天照大神《あまてらすおほかみ》、月読命《つきよみのみこと》、素盞嗚尊《すさのおのみこと》の「三貴神《さんきしん》」（＝『古事記・言霊解』参照。）をお産《う》みになるまでの所《ところ》は、実《じつ》は「天《てん》の神界《しんかい》」の経営《けいえい》組織《そしき》の大神業《だいしんぎょう》を描《えが》いている。表面《ひょうめん》から解釈《かいしゃく》すれば、すこぶる幼稚《ようち》な神話《しんわ》としか見《み》えないが、「大本言霊学《おほもとげんれいがく》」の活用《かつよう》により、始《はじ》めてその裏面《りめん》に隠《かく》された深奥《しんおう》の意義《いぎ》が闡明《せんめい》（＝明らかに。）される。

「天《てん》の神界《しんかい》」の経綸《けいりん》を主《しゅ》として担当《たんとう》された神《かみ》は、伊邪那岐《いざなぎ》、伊邪那美《いざなみ》の二神《にしん》であるが、伊邪那岐命《いざなぎのみこと》は、霊系《れいけい》の祖神《そしん》・高皇産霊神《たかみむすびのかみ》の顕現《けんげん》であり、伊邪那美命《いざなみのみこと》は、体系《たいけい》の祖神《そしん》・神《かむ》皇産霊神《みむすびのかみ》の顕現《けんげん》である。

換言《かんげん》すれば、天地初発《てんちしょはつ》の際《さい》に、「幽《ゆう》の幽神《ゆうしん》」として宇宙根本《うちゅうこんぽん》の造化《ぞうか》の神業《しんぎょう》に活動《かつどう》された霊体《れいたい》二系《けい》の祖神《そしん》が、万有《ばんゆう》の根源《こんげん》たる理想世界《りそうせかい》を大成《たいせい》すべく活動《かつどう》を起《おこ》され、複雑神秘《ふくざつしんぴ》の産霊《むすび》の神業《しんぎょう》により、八百万《やほよろず》の天津神《あまつかみ》を産出《うみだ》し給《たも》うたのである。

「幽《ゆう》の顕神《けんしん》」は、或《あ》る程度《ていど》天津神々《あまつかみがみ》の形体《けいたい》が肉眼《にくがん》にも拝《はい》し得《う》る、日《にっ》・地《ち》・月《げつ》の出現《しゅつげん》がそれである。しかし、その全《ぜん》ぼうは到底人間界《とうていにんげんかい》から窺知《きち》し得《う》る限《かぎ》りではない。吾人《ごじん》の生活《せいかつ》する大地《だいち》ですら、僅《わず》かに表面《ひょうめん》の一部《ぶ》を探知《たんち》し得《う》るに止《とど》まっている。科学者《かがくしゃ》や哲学者《てつがくしゃ》、霊力者《れいりょくしゃ》が究《きわ》めれば究《きわ》める程《ほど》、奥《おく》は深《ふか》くなるばかりで、その際涯《さいがい》を知《し》ることは出来《でき》ない。「顕《けん》は顕《けん》」だが、大部分《だいぶぶん》は矢張《やは》り「幽《ゆう》の領域《りょういき》」を脱《だっ》し得《え》ない。「幽《ゆう》の顕《けん》神《しん》」と唱《とな》える所以《ゆえん》はここにある。

人間《にんげん》は、自己《じこ》を標準《ひょうじゅん》として推定《すいてい》を下《くだ》し、神《かみ》と言《い》えば、直《ただ》ちに人格化《じんかくか》せる神《かみ》のみを想像《そうぞう》しようとする。そして自己《じこ》と比較《ひかく》して、偉大《いだい》なる太陽《たいよう》、太陰《たいいん》、大地《だいち》、星辰等《せいしんなど》は、一つの無《む》生機物《せいきぶつ》であるように思惟《しい》（＝心に深く考え思う。）したがる。

あらゆる天体《てんたい》は、「霊《れい》・力《りょく》・体《たい》」の渾成《こんせい》せる「独立体《どくりつたい》」で、活気凛々《かっきりんりん》、至大天球間《しだいてんきゅうかん》を舞《ぶ》台《たい》として、大活動《だいかつどう》を行《おこな》うところの「活神《いきがみ》」である。遠距離《えんきょり》の星辰《せいしん》から人間《にんげん》が享《う》ける恩沢《おんたく》（＝めぐみ。おかげ。）は判《わか》らぬにしても、少《すく》なくとも自己《じこ》の居住《きょじゅう》する大地《だいち》、太陽《たいよう》、太陰等《たいいんなど》から、日《にっ》夕《せき》享《う》ける恩沢《おんたく》は、人間《にんげん》にわからねばならない。

人間《にんげん》がいかに自由《じゆう》を叫《さけ》んでも、大地《だいち》の上《うえ》に支《ささ》えられ、空気《くうき》を吸《す》わずにはおられない。電《でん》気《き》やガスで天然《てんねん》を征服《せいふく》したなどと云《い》っても、若《も》し三日《か》も日輪《にちりん》が照臨《しょうりん》しなければ、何人《なんびと》も気《き》死《し》してしまう。

天地《てんち》の恩沢《おんたく》は、実《じつ》に広大無辺《こうだいむへん》であるため、却《かえ》ってそれを忘《わす》れがちになる。人間《にんげん》が天体《てんたい》などというと、その形態《けいたい》（＝ありさま。形式。）を漠然《ばくぜん》と認《みと》めるだけで、その奥《おく》に控《ひか》える「天津神《あまつかみ》」の偉霊《いれい》を窺知《きち》する能力《のうりょく》が欠乏《けつぼう》している。

八百万《やほよろず》の「天津神《あまつかみ》」の霊魂《れいこん》こそは、宇宙全《うちゅうぜん》一大祖神《だいそしん》の「大精神《だいせいしん》の分派分脈《ぶんぱぶんみゃく》」である。これを巻《ま》き収《おさ》めると根源《こんげん》の一《いつ》に帰《き》し、これを分《わか》てば、千万無数《せんまんむすう》の心霊作用《しんれいさよう》となり、微妙複《びみょうふく》雑《ざつ》なる宇宙《うちゅう》の経綸《けいりん》を行《おこな》う。即《すなわ》ち「幽《ゆう》の幽《ゆう》」神界《しんかい》の大成《たいせい》で、宇宙内部《うちゅうないぶ》の基本的大綱《きほんてきたいこう》が定《さだ》まる「幽《ゆう》の顕《けん》」の神界《しんかい》の大成《たいせい》となり、宇宙内部《うちゅうないぶ》の理想的細則《りそうてきさいそく》が定《さだ》まる。無論《むろん》、宇宙内部《うちゅうないぶ》はなお未製品《みせいひん》で、「幽《ゆう》の顕《けん》」の神界《しんかい》としても、絶対的理想《ぜったいてきりそう》には仕上《しあ》がっていないが、吾々人間界《われわれにんげんかい》からは、常《つね》に理想《りそう》の標準《ひょうじゅん》をここに求《もと》める。

第十章　顕界の理想の標準

「天津神《あまつかみ》」、換言《かんげん》すれば天体《てんたい》を機関《きかん》として活動《かつどう》する「幽《ゆう》の顕神《けんしん》」の働《はたら》きは、細別《さいべつ》すれば千《せん》万《まん》無《む》数《すう》に上《のぼ》り、宇宙造化《うちゅうぞうか》の根源《こんげん》において確立《かくりつ》された陰陽《いんよう》二系《けい》の法則《ほうそく》を厳守《げんしゅ》する。

天地《てんち》の剖判《ぼうはん》では、宇宙間《うちゅうかん》は、ただ一個《こ》の天《てん》に対《たい》して一個《こ》の大地《だいち》を包含《ほうがん》するのみであった。そして天《てん》は陽《よう》にして主位《しゅい》を占《し》め、地《ち》は陰《いん》にして従位《じゅうい》を占《し》める。更《さら》に大地《だいち》は、無数《むすう》の天体《てんたい》に分裂《ぶんれつ》するが、要《よう》するにこれも火系《かけい》に属《ぞく》するか、水系《すいけい》に属《ぞく》するか決《けっ》してこの二つを出《で》ない。

宇宙内部《うちゅうないぶ》に羅列《られつ》する無数《むすう》の天体中《てんたいちゅう》で、最《もっと》も顕著《けんちょ》に火系《かけい》を代表《だいひょう》するのは太陽《たいよう》であり、水系《すいけい》は太陰《たいいん》である。「大本言霊学《おほもとげんれいがく》」では、この「天《てん》・火《か》・水《すい》・地《ち》」の四大《しだい》を基礎《きそ》とし、霊魂《れいこん》の研究《けんきゅう》も常《つね》にここに求《もと》める。

霊魂《れいこん》の働《はたら》きは、これを四分類《ぶんるい》して「奇魂《くしみたま》」、「荒魂《あらみたま》」、「和魂《にぎみたま》」、「幸魂《さちみたま》」の四魂《しこん》に分《わ》かれる。宇宙内《うちゅうない》の経綸《けいりん》は、体《たい》から云《い》えば「天《てん》・火《か》・水《すい》・地《ち》」の四大配置《しだいはいち》となり、用《よう》から云《い》えば「奇魂《くしみたま》」「荒魂《あらみたま》」「和魂《にぎみたま》」「幸魂《さちみたま》」の活用《かつよう》となる。

「霊《れい》の霊《れい》」というべきは「奇魂《くしみたま》」の働《はたら》きで「天《てん》」に配《はい》し、「霊《れい》の体《たい》」というべきは「荒魂《あらみたま》」の働《はたら》きで「火《ひ》」に配《はい》し、「体《たい》の霊《れい》」と云《い》うべきは「和魂《にぎみたま》」の働《はたら》きで「水《みず》」に配《はい》し、「体《たい》の体《たい》」というべきは「幸魂《さちみたま》」の働《はたら》きで「地《ち》」に配《はい》する。四大《しだい》と四魂《しこん》とは、結局宇宙《けっきょくうちゅう》内部《ないぶ》の経綸《けいりん》を物質《ぶっしつ》と精神《せいしん》との二方面《ほうめん》から観察《かんさつ》したものに外《ほか》ならない。

天《てん》を代表《だいひょう》するものは「奇魂《くしみたま》」であるが、これは「和魂《にぎみたま》」がその活動《かつどう》の中枢《ちゅうすう》を代表《だいひょう》するということで、無論《むろん》その中《なか》には、他《た》の三魂《こん》も具備《ぐび》されている。割合《わりあい》から云《い》えば、「和魂《にぎみたま》」四分《ぶ》五厘《りん》、「奇魂《くしみたま》」二分《ぶ》五厘《りん》、「荒魂《あらみたま》」「幸魂《さちみたま》」各々《おのおの》一分《ぶ》五厘《りん》の見当《けんとう》である。他《た》の火《か》、水《すい》、地《ち》等《など》にも同様《どうよう》である。天《てん》の中《なか》に四魂《しこん》を配《はい》し、火《ひ》にも水《みず》にも地《ち》にも、各々《おのおの》四魂《しこん》を配《はい》すれば、十六種《しゅ》の配合《はいごう》を得《う》る。その十六種《しゅ》の各魂《かくみたま》に四魂《しこん》を配《はい》すれば六十四種《しゅ》となり、さらにこれを幾《いく》度《ど》も繰返《くりかえ》す等《など》、霊魂《れいこん》の活用《かつよう》は複雑《ふくざつ》で且《か》つ微妙《びみょう》であるから、推理分析等《すいりぶんせきなど》にたよって見《み》ても、容易《ようい》にその根底《こんてい》まで究《きわ》めることは出来得《できえ》ない。

例《たと》えば、天体《てんたい》から放射《ほうしゃ》する光線《こうせん》や温熱《おんねつ》にも必《かなら》ず神意《しんい》の発動《はつどう》があるに相違《そうい》ないが、現在《げんざい》の科学《かがく》の程度《ていど》では殆《ほとん》どこれを捕《とら》えるに由無《よしな》しである。……。

第十一章　神示の宇宙

そもそも「声《こえ》」というは、「心《こころ》の柄《え》」の義《ぎ》にして、「心《こころ》の発作《ほっさ》の表現《ひょうげん》」したものである。心《こころ》と声《こえ》との関係《かんけい》は、至微至妙《しびしみょう》で密接不離《みっせつふり》の関係《かんけい》を有《ゆう》することは、我々《われわれ》が日常経験《にちじょうけいけん》することでよく判《わか》る。喜怒哀楽《きどあいらく》の変化《へんか》も、甲《こう》と乙《おつ》との心《こころ》の相違《そうい》も、常《つね》に声音《せいおん》に現《あらわ》れる。無機物《むきぶつ》でも、松籟《しょうらい》（＝松に吹く風。その音。）と竹籟《ちくらい》とは違《ちが》い、金声《きんせい》と銀声《ぎんせい》とは違《ちが》い、三絃《げん》と太鼓《たいこ》とはまた違《ちが》う。

「声音《せいおん》即《すなわ》ち精神《せいしん》」、「言霊《ことたま》即《すなわ》ち神霊《しんれい》」と見《み》て決《けっ》して差支《さしつか》えがない。従《したが》って「天《てん》の神界《しんかい》」の神々《かみがみ》の御出生《ごしゅっしょう》ということは、「宇宙《うちゅう》の言霊《ことたま》の大成《たいせい》」ということになる。

『古事記《こじき》』三巻《かん》、その解釈法《かいしゃくほう》は高低深浅種々《こうていしんせんしゅじゅ》に分《わ》かれ、十有《ゆう》二種《しゅ》にも達《たっ》するが、最《もっと》も高《こう》遠《えん》なる解釈法《かいしゃくほう》は、「言霊学《げんれいがく》」としての解釈《かいしゃく》である。伊邪那岐《いざなぎ》（霊系《れいけい》）、伊邪那美《いざなみ》（体系《たいけい》）二《に》神《しん》が島《しま》を生《う》み、国《くに》を生《う》み、山川草木風雨《さんせんそうもくふうう》等《とう》の神々《かみがみ》を生《う》むということも、それはただ表面《ひょうめん》の辞宜《じぎ》（＝あいさつ。）であって、内実《ないじつ》は五大父音《だいふおん》の発生《はっせい》から、五十声音《せいおん》の発達《はったつ》を説《と》き、更《さら》に語典《ごてん》、（＝辞書。文法書。文典。）語則《ごそく》の綱要《こうよう》を説明《せつめい》している、言《い》わば一部《ぶ》の「言霊学教科書《げんれいがくきょうかしょ》」である。

「言霊学《げんれいがく》」より岐美《きみ》二神《にしん》の働《はたら》きを解《かい》すれば、伊邪那美命《いざなみのみこと》は「鳴《な》り鳴《な》りて鳴《な》り合《あ》わざる声《こえ》」即《すなわ》ち「ア」声《ごえ》（＝女性の声。）である。また伊邪那岐命《いざなぎのみこと》は「鳴《な》り鳴《な》りて鳴《な》り余《あま》れる声《こえ》」即《すなわ》ち「ウ」声《ごえ》（＝男性の声。）である。

岐美二神《きみにしん》は、各々《おのおの》「ア」「ウ」の二声《せい》を分《わ》けて、一切《さい》の声《こえ》を産《う》み出《だ》すということを音韻《おんいん》学上《がくじょう》の知識《ちしき》ある人《ひと》は、一切《さい》の声音《せいおん》がこの二声《せい》を基本《きほん》とすることは熟知《じゅくち》するところである。二大基礎音《だいきそおん》が一たび増加《ぞうか》して五大母音《だいぼいん》（＝大本言霊学ではこれを父音と称する。）となり、二たび増加《ぞうか》して五十声音《せいおん》となり、三たび増加《ぞうか》して七十五音声《おんせい》となり、四たび増加《ぞうか》して無量無辺《むりょうむへん》の声音《せいおん》となり、同時《どうじ》に森羅万象《しんらばんしょう》（＝宇宙に存在する一切。万有。）は成立《せいりつ》する。

「神即《かみすなわ》ち声音《せいおん》」、「声音即《せいおんすなわ》ち万有《ばんゆう》」、これらを別々《べつべつ》に引《ひ》き離《はな》して考《かんが》える事《こと》は出来《でき》ない。声《せい》音《おん》の円満晴朗《えんまんせいろう》なるは、霊魂《れいこん》の優秀高潔《ゆうしゅうこうけつ》ということで、一方《ぽう》が存在《そんざい》すれば必《かなら》ず他方《たほう》が伴《ともな》うことは、形《かたち》の影《かげ》とが離《はな》れざる事《こと》と同様《どうよう》である。世界《せかい》の国民中《こくみんちゅう》、五十声音《せいおん》の発音者《はつおんしゃ》は日本人《にほんじん》、蒙古人《もうこじん》に限《かぎ》る。これに反《はん》して混濁音《こんだくおん》たる鼻音《びおん》、濁音《だくおん》、拗音《ようおん》、促音《そくおん》の発音者《はつおんしゃ》は、支那《しな》、欧米《おうべい》人《じん》である。

◆伊邪那岐《いざなぎ》伊邪那美《いざなみ》二神《にしん》に「天《あま》の瓊矛《ぬほこ》（＝言霊。）を授《さず》けて……」という神示《しんじ》は、海月《くらげ》なす漂《ただよ》い騒《さわ》ぐ滄溟《そうめい》（＝青海原。）を日《ひ》の大神《おほかみ》の気吹《いぶき》により宇宙《うちゅう》に清鮮《せいせん》の息《いき》を起《おこ》して地上《ちじょう》一切《さい》を乾燥《かんそう》したまい、総《すべ》ての汚穢塵埃《おえじんあい》を祓《はら》い退《の》けし神《かみ》を「気吹戸主神《いぶきどぬしのかみ》」という。地上《ちじょう》一面泥《めんどろ》にまみれた草木《そうもく》の衣《ころも》をぬがしめるため風《かぜ》を起《おこ》し、風《かぜ》に雨《あめ》を添《そ》え清《きよ》めたまいぬ。この水火《いき》より生《うま》れし神《かみ》を「速秋津比売神《はやあきつひめのかみ》」という。山々《やまやま》の間《あいだ》の河川《かせん》を通《つう》じて一切《さい》の汚物《おぶつ》を神退《かむやら》いたもう、この御息《みいき》を「瀬織津比売神《せおりつひめのかみ》」という。地上各地《ちじょうかくち》より大海原《おおうなばら》に総《すべ》ての汚《けが》れを持《も》ち去《さ》り、地底《ちそこ》の国《くに》に持佐須良比失《もちさすらいうしな》う。この御息《みいき》を「速佐須良比売《はやさすらひめの》神《かみ》」という。以上四柱《いじょうよはしら》の神《かみ》を「祓戸四柱《はらいどよはしら》の神《かみ》」と称《しょう》し、宇宙《うちゅう》一切《さい》の「新陳代謝《しんちんたいしゃ》」の大機関《だいきかん》となしたもう。

この機関《きかん》により太陽《たいよう》、大地《だいち》、太陰《たいいん》、列星《れっせい》、及《およ》び人類動植物《じんるいどうしょくぶつ》に至《いた》るまで完全《かんぜん》に呼吸《こきゅう》（＝霊的呼吸と体的呼吸がある。）し、新陳代謝《しんちんたいしゃ》の機能《きのう》全《まった》く完備《かんび》する。四柱《よはしら》の神《かみ》の神業《しんぎょう》を「九山八海《つくし》の火燃輝《ひむか》のアオウエイ《たちばな》の諸所《おど》の青木原《あおぎはら》に御禊祓《みそぎはら》ひ給《たま》ふ」という。

（『霊界物語』第6巻・第19章「祓戸四柱」）

◆祓《はら》いには種々《しゅじゅ》の意味《いみ》がある。一身《しん》を清《きよ》め一家《か》を清《きよ》める小潔斎《しょうけっさい》、国家《こっか》を清《きよ》めるは中潔斎《ちゅうけっさい》、天地《てんち》の妖気《ようき》を祓《はら》い乾坤《けんこん》を清《きよ》めるは大潔斎《だいけっさい》なり。その例《れい》として、個人《こじん》の潔斎《けっさい》を述《の》べると瀬織津比売《せおりつひめ》の働《はたら》きは行水《ぎょうずい》・沐浴《もくよく》等《など》、秋津比売《あきつひめ》は口《くち》をすすぐ・うがい、伊吹《いぶき》戸主《どぬし》は深呼吸《しんこきゅう》など、佐須良比売《さすらひめ》は冷水摩擦《れいすいまさつ》・マッサージ（＝中では地震。）のこと。人生《じんせい》生理上《せいりじょう》では、瀬織津比売《せおりつひめ》は口中《こうちゅう》にて食物咀嚼《しょくもつそしゃく》の機能《きのう》、秋津比売《あきつひめ》は食道《しょくどう》から胃腸《いちょう》に食物《しょくもつ》を運《はこ》ぶ機能《きのう》、伊吹戸主《いぶきどぬし》は咀嚼《そしゃく》して出《で》た乳汁《にゅうじゅう》を肺臓《はいぞう》に持《も》ち出《だ》す機能《きのう》、佐須良比売《さすらひめ》は肺臓《はいぞう》にて空気《くうき》に触《ふ》れ、心臓《しんぞう》に帰《かえ》り、そして全身《ぜんしん》へ脈管《みゃくかん》で分布《ぶんぷ》する機能《きのう》を指《さ》す。あらゆる有機組織《ゆうきそしき》に必要《ひつよう》なる新陳代謝《しんちんたいしゃ》の自然法《しぜんほう》を述《の》べたもので、人間《にんげん》は小宇宙《しょううちゅう》としての機能《きのう》が具《そな》わっている。

◆日本《にほん》には毎年台風《まいとしたいふう》が到来《とうらい》し甚大《じんだい》な被害《ひがい》をもたらし、一方《いっぽう》では汚《よご》れを洗浄《せんじょう》する。

　広島《ひろしま》、長崎《ながさき》の原爆投下後《げんばくとうかご》、福島原発《ふくしまげんぱつ》の水素爆発後《すいそばくはつご》に相続《あいつ》いだ風雨《ふうう》・台風《たいふう》の到来《とうらい》は単《たん》に、自然現象《しぜんげんしょう》であったのか。神《かみ》は地上《ちじょう》に天国《てんごく》を建設《けんせつ》する経綸《けいりん》の主体《しゅたい》として人間《にんげん》を造《つく》り、その人間《にんげん》が作《つく》り出《だ》すものには善悪正邪《ぜんあくせいじゃ》がある。それ故常《ゆえつね》に霊《れい》・体《たい》の祓《はらい》が執行《しっこう》され、また祓《はら》いの開始《かいし》を主神《すしん》に祈《いの》るのが、御禊祓《みそぎはらい》の神事《しんじ》と天津祝詞《あまつのりと》、神言《かみごと》の言霊奏《ことたまそう》上《じょう》です。（大祓《おおはらい》の真意義《しんいぎ》について『善言美詞《ぜんげんびし》・祝詞解説《のりとかいせつ》』を参照下《さんしょうくだ》さい。）

◆例《たと》えとして赤道海流《せきどうかいりゅう》は太陽《たいよう》の温気《おんき》、宇宙《うちゅう》のマイクロ波等《はとう》の振動《しんどう》により海水《かいすい》に温熱《おんねつ》を与《あた》え、新陳代謝《しんちんたいしゃ》の活動《かつどう》が起《おこ》ると黒潮《くろしお》となり日本《にほん》に流《なが》れ来《く》る。また北極《ほっきょく》の寒気《かんき》は日本《にほん》ばかりか世界《せかい》の気候《きこう》に影響《えいきょう》を与《あた》える。これらの気象《きしょう》が宇宙衛星《うちゅうえいせい》の情報《じょうほう》として報《ほう》じられるが、この天地《てんち》の不可思議《ふかしぎ》な真象《しんしょう》「神《かみ》の黙示《もくじ》」「霊力体《れいりょくたい》」を俯仰観察《ふぎょうかんさつ》せよとの教示《きょうじ》です。

また宗教的《しゅうきょうてき》に高津神《たかつかみ》である。**雨《あめ》の神《かみ》**（＝水分の神 雨を降らせる神使。）、**風《かぜ》の神《かみ》**（＝気流を守る神使。）、**地《じ》震《しん》の神《かみ》**（＝国祖大神が怒りたもうた時に発動し、地震を起して極端な穢れを清める神使。）、**岩《いわ》の神《かみ》**（＝天災、地震気候風力を司どる神の統治の位置に立つ。）、**荒《あれ》の神《かみ》**（＝人類に警戒を与える時に発動し、世の汚れを清めるため暴風雨を起す神使。）として明示《めいじ》され、この新陳代謝《しんちんたいしゃ》の祓《はら》いを単《たん》に自然現象《しぜんげんしょう》と捉《とら》えるか、それとも神《かみ》の経綸《けいりん》には奥深《おくふか》さがあると認識《にんしき》するか否《いな》かにより、考《かんが》え方《かた》や行動《こうどう》が大《おお》きく変《かわ》って来《く》る。

◆那岐那美二神の七十五声の言霊

伊邪那岐大神《いざなぎのおほかみ》は、撞《つき》の御柱《みはしら》を中《なか》に置《お》き、左《ひだり》よりこの御柱《みはしら》を行《ゆ》き廻《めぐ》り、伊邪那美大神《いざなみのおほかみ》は右《みぎ》より廻《めぐ》り合《あ》い給《たま》いて、ここに天地《てんち》を造《つく》り固《かた》めなし、国生《くにう》み、島生《しまう》み、神生《かみう》み、人生《ひとう》み、山河百《さんぜんもも》の草木《くさき》の神《かみ》を生《う》みなしたもう善言美詞《かむよごと》を謡《うた》わせ給《たま》い。その御歌《みうた》

「天津御空《あまつみそら》の果《は》てのはて　九山八海《つくし》の火燃輝《ひむか》のアオウエイ《たちばな》の　アオウエイの五柱《いつはしら》　カ

サタナハマヤラワ　この九《ここの》つの御柱《みはしら》の　父《ちち》と母《はは》との言霊《ことたま》（=キリスト教では父なる神、母なる神と唱える。）に鳴《な》り出《いづ》る息《いき》は　キシチニヒミイリヰ　クスツヌフムユルウ　ケセテネヘメエレヱ　コソトノホモヨロヲ　これに続いて　ガゴグゲギ　ザゾズゼジ　ダドヅデジ　バボブベビ　パポプペピ　七十五声《ななそいつごえ》（=神の子たち。）生《う》みなして　果《は》てしも知《し》らぬ天地《あめつち》を　造《つく》り給《たま》ひし大御祖《おほみおや》」…。以下略。

（『霊界物語』第6巻・第21章「真木柱」）

◆「言霊学《げんれいがく》」では「筑紫《つくし》」は尽《つく》しである、究極《きゅうきょく》である、完全無欠《かんぜんむけつ》、円満具足《えんまんぐそく》、数《かず》で言《い》えば九である。「日向《ひむか》」は光明遍照《こうみょうへんじょう》の義《ぎ》。「立花《たちばな》の小戸《をど》」はタチは経《たて》の義《ぎ》、ハナは先《せん》頭《とう》の義《ぎ》、即《すなわ》ち経行《たてぎょう》のアオウエイの五大父音《だいふおん》を指《さ》す。「小戸《をど》」は「音《おと》」である、言葉《ことば》である。宇宙《うちゅう》は五大父音《だいふおん》により修理固成《しゅうりこせい》が出来《でき》たのである。

……主《ス》の神《かみ》が「幽《ゆう》から顕《けん》」に移《うつ》られる霊的世界《れいてきせかい》で、人間《にんげん》は那岐那美《なぎなみ》二神《しん》の御子《みこ》生《う》みの神業《みわざ》により生《う》まれた神《かみ》の分霊《ぶんれい》です。ここに端《たん》を発《はっ》した人霊《じんれい》は地球《ちきゅう》に人間《にんげん》として生《うま》れると、霊体《れいたい》共《とも》に成長《せいちょう》し天地《てんち》の神《かみ》の経綸《けいりん》に奉仕《ほうし》をなした後《のち》、やがて故郷《ふるさと》に帰《かえ》るのが高天原《たかあまはら》です。

◆霊の子　「神《かみ》が表《おもて》に現《あらは》れて　善神邪神《ぜんしんじゃしん》を立別《たてわ》ける　そもそも神《かみ》が人間《にんげん》を　この世《よ》に下《くだ》

し給《たま》ひしは　天国浄土《てんごくじやうど》の繁栄《はんえい》を　開《ひら》かむための思召《おぼしめ》し　選《え》り清《きよ》めたる魂《たま》と魂《たま》　高天《たかあま》原《はら》に現《あらは》れて　夫婦《めをと》の道《みち》を開《ひら》きつつ　現界人《げんかいじん》と同様《どうやう》に　霊的活動《れいてきくわつどう》を開始《かいし》して　情《じやう》と情《じやう》との結《むす》び合《あ》ひ　天人男女《てんにんなんにょ》は相共《あひとも》に　美斗能麻具倍比《ミトノマグハヒ》なしながら　清《きよ》き正《ただ》しき霊子《たまのこ》を地上《ちじやう》の世界《せかい》に生《う》み落《お》し　人間界《にんげんかい》に活動《くわつどう》する　夫婦《ふうふ》の体《たい》に蒔《ま》きつける　天《てん》より降《くだ》せし霊子《たまのこ》は　父《ちち》と母《はは》との御水火《みいき》にて　たちまち母体《ぼたい》に侵入《しんにふ》し　動静解凝引弛合分《どうせいかいぎょういんちがふぶん》の　八《やつ》の力《ちから》や剛柔流《がうじうりう》　三《み》つの体《たい》をもととして　十月《とつき》の間《あひだ》母《おや》の身《み》に　潜《ひそ》みて身体完成《しんたいくわんせい》し　霊《れい》子《し》の宮《みや》を機関《きくわん》とし　この世《よ》に現《あら》はれ来《き》たるなり　人《ひと》の子《こ》として生《う》まれたる　神《かみ》の御《み》子《こ》なる人々《ひとびと》は　地上《ちじやう》における教育《けういく》を　完全無欠《くわんぜんむけつ》に受《う》けながら　霊肉《れいにく》ともに発達《はつたつ》しその成人《せいじん》の暁《あかつき》は　この世《よ》を捨《す》てて天国《てんごく》の　御園《みその》に帰《かへ》るものぞかし　そも人間《にんげん》の肉体《にくたい》は　天津御国《あまつみくに》に住《す》まひたる　天人《てんにん》どもの霊《たま》の子《こ》が　発育遂《はついくと》ぐる苗代《なはしろ》ぞ　種蒔《たねま》き苗立《なへた》ち天国《てんごく》の　田畑《たはた》に移植《いしよく》する時《とき》は　人《ひと》はいよいよ現界《げんかい》を　離《はな》れて天《てん》に復活《ふくくわつ》し　天国浄《てんごくじやう》土《ど》の神業《しんげふ》に　参加《さんか》しまつる時《とき》ぞかし　あゝ惟神《かむながら》　惟神《かむながら》　神《かみ》の御国《みくに》は目《ま》のあたり　この地《ち》の上《うへ》に建設《けんせつ》し　天国浄土《てんごくじやうど》の移写《いしや》として　短《みじか》きこの世《よ》を楽《たの》しみつ　元津御霊《もとつみたま》を健《すこ》やかに　磨《みが》きつ育《そだ》てつ雲霧《くもきり》を　押分《おしわ》け帰《かへ》る神《かみ》の国《くに》……」

（『霊界物語』第42巻第21章「応酬歌」）

無量無辺《むりょうむへん》の種々《しゅじゅ》の声音変化《せいおんへんか》は、ただ一音《おん》の「ス」に帰一《きいつ》する。天之御中主神《あめのみなかぬしのかみ》が万有《ばんゆう》を巻《ま》き収《おさ》めて帰一《きいつ》絶対《ぜったい》一元《げん》の静的状態《せいてきじょうたい》が、即《すなわ》ち「ス」である。宇宙根源《うちゅうこんげん》の「ス」は、現《げん》に差別《さべつ》界《かい》に生息《せいそく》する人間《にんげん》では経験《けいけん》することは出来《でき》ないが、小規模《しょうきぼ》の「ス」は間断《かんだん》なく経験《けいけん》し得《う》る。万籟声《ばんらいこえ》を潜《ひそ》め、天地間《てんちかん》、寂《じゃく》たる境地《きょうち》は、即《すなわ》ち「ス」である。安眠静臥《あんみんせいが》、若《も》しくは黙座《もくざ》鎮魂《ちんこん》の状態《じょうたい》も、同《おな》じく「ス」である。「ス」は即《すなわ》ち絶対《ぜったい》であり、中和《ちゅうわ》であり、統一《とういつ》であり、また潜勢力《せんせいりょく》である。有《ゆう》にあらず、また無《む》にあらず、有無《うむ》を超越《ちょうえつ》した一切《さい》の極元《きょくげん》である。統《す》べる、皇《すめらぎ》、住《す》む、済《す》む等《など》の「ス」は、悉《ことごと》く同一根源《どういつこんげん》から出発《しゅっぱつ》した言霊《ことたま》の活用《かつよう》である。

◆『皇典釈義《こうてんしゃくぎ》・素盞嗚尊《すさのおのみこと》と近江《おうみ》の神々《かみがみ》』に「言霊説《げんれいせつ》は現今《げんこん》のエネルギズムに一大光彩《だいこうさい》を添《そ》える天津神算木《あまつかなぎ》はかえって原子動説《げんしどうせつ》の根源《こんげん》を顕示《けんじ》するなり」とある。万物創造《ばんぶつそうぞう》の根源《こんげん》「ス」の言霊《ことたま》こそ宇宙《うちゅう》の根元《こんげん》、即《すなわ》ち主神《スしん》・神素盞嗚大神《かむすさのをのおほかみ》のご活動《かつどう》の端緒《たんちょ》となる。

既《すで》に宇宙《うちゅう》の間《あいだ》に八百万《やほよろず》の神々《かみがみ》が顕現《けんげん》された以上《いじょう》は、是非《ぜひ》とも宇宙《うちゅう》の大元霊《だいげんれい》・天之御中主《あめのみなかぬしの》神《かみ》の極仁《きょくじん》、極徳《ごくとく》、極智《ごくち》、極威《ごくい》、極神霊《ごくしんれい》を代表《だいひょう》して、これを統一主宰《とういつしゅさい》する一神《しん》がなければならない。換言《かんげん》すれば「ス」の言霊《ことたま》の表現神《ひょうげんしん》がなければならない。神典《しんてん》『古事記《こじき》』には明瞭《めいりょう》にこの間《かん》の神秘《しんぴ》を漏《も》らしている。それが「三貴神《さんきしん》」の物語《ものがたり》である。

伊邪那岐命《いざなぎのみこと》の左《ひだり》の御目《おんめ》から御出生《ごしゅっしょう》になられたのが天照大神《あまてらすおほかみ》であり、左《ひだり》は即《すなわ》ち「火垂《ひだり》」で「霊系《れいけい》」を代表《だいひょう》される。右《みぎ》の御目《おんめ》から御出生《ごしゅっしょう》になられたのが月読命《つきよみのみこと》であり、右《みぎ》は即《すなわ》ち「水極《みぎ》」で「体系《たいけい》」を代表《だいひょう》される。御鼻《おんはな》を洗《あら》われる時《とき》に御出生《ごしゅっしょう》になられたのが素盞嗚尊《すさのおのみこと》で、鼻《はな》は即《すなわ》ち顔《かお》の正中《せいちゅう》に位《くらい》し、気息《いき》の根《ね》を司《つかさど》り、左右《さゆう》の鼻孔《びこう》は、霊体《れいたい》二系《けい》の何《いず》れをも備《そな》えている。即《すなわ》ち右《みぎ》と左《ひだり》の統治《とうち》の重要《じゅうよう》な位置《いち》にある。

なお『古事記《こじき》』は、例《たと》えの神話的筆法《しんわてきひっぽう》で、「三貴神《さんきしん》」の御分担御職責《ごぶんたんごしょくせき》を一層《そう》確定的《かくていてき》に描《えが》いている。天照大神《あまてらすおほかみ》の知《しろ》しめされる所《ところ》は高天原《たかあまはら》であるが「大本言霊学《おほもとげんれいがく》」で解釈《かいしゃく》すれば、高《たか》天原《あまはら》は「全大宇宙《ぜんだいうちゅう》」である。「天《てん》の神界《しんかい》」の統治権《とうちけん》の所在《しょざい》はこれで明白《めいはく》である。

月読命《つきよみのみこと》の知《しろ》しめされる所《ところ》は、夜《よ》の食国《おすくに》である。夜《よる》は即《すなわ》ち昼《ひる》の従《じゅう》であり、何処《どこ》までも天《あま》照大神《てらすおほかみ》を助《たす》けて宇宙《うちゅう》の経綸《けいりん》に当《あた》らねばならないのが御天職《ごてんしょく》である。（＝神典では、これを「あめのみかげ、ひのみかげと隠れまして」と表現する。）

次《つぎ》に素《す》盞嗚尊《さのおのみこと》の知《しろ》しめされる所《ところ》は大海原《おおうなばら》である。海原《うなばら》とは「大地《だいち》」である。即《すなわ》ち素《す》盞《さの》嗚尊《おのみこと》は宇宙《うちゅう》の中心《ちゅうしん》に位《くらい》し、陽《よう》と陰《いん》との天上《てんじょう》の二神《にしん》の御加護《ごかご》により、「統治《とうち》」の大責任《だいせきにん》を果《はた》されねばならない御職責《ごしょくせき》であるのだが、今《いま》は宇宙《うちゅう》の未完成時代《みかんせいじだい》で「天《てん》の神界《しんかい》」も、真《しん》の理《り》想世界《そうせかい》に能《あた》わず、「地《ち》の神界《しんかい》」の惑乱混濁《わくらんこんだく》は、更《さら》に一層《そう》激甚《げきじん》を極《きわ》め、妖気邪気朦々《ようきじゃきもうもう》、暗黒《あんこく》時代《じだい》を形成《けいせい》している。

これが全部《ぜんぶ》一掃《そう》せられて完全円満《かんぜんえんまん》なる理想時代《りそうじだい》となるのは、近《ちか》く開《ひら》かれるべき、第《だい》二の「天《あま》の岩戸開《いわとびら》き」の暁《あかつき》である。これからして、岩戸開《いわとびら》きが如何《いか》に広大無辺《こうだいむへん》な徹底的《てっていてき》の大維《だいい》新《しん》であるかが判《わか》る。顕幽両界《けんゆうりょうかい》にまたがり、天上地上《てんじょうちじょう》一切《さい》にわたりての大維新《だいいしん》である。人《にん》間《げん》の努力《どりょく》のみで到底《とうてい》出来《でき》る仕事《しごと》ではない。神人《しんじん》一致《ち》の活動《かつどう》、努力《どりょく》を待《ま》たなければならない。

従来人間《じゅうらいにんげん》も「理想世界《りそうせかい》」を招来《しょうらい》せんがために、随分出来《ずいぶんでき》る限《かぎ》りの努力《どりょく》をして来《き》た。宗《しゅう》教的《きょうてき》、倫理的教育《りんりてききょういく》の伸長《しんちょう》、医術《いじゅつ》の改良《かいりょう》、技術《ぎじゅつ》の向上《こうじょう》、法律規約《ほうりつきやく》若《も》しくは各種《かくしゅ》の条約《じょうやく》の設《せつ》定《てい》、博愛慈善事業《はくあいじぜんじぎょう》の推奨等《すいしょうなど》、数《かぞ》えれば無数《むすう》に上《のぼ》る。

宇宙《うちゅう》の内部《ないぶ》は、神《かみ》も人《ひと》も天《てん》も地《ち》も、首尾関連《しゅびかんれん》し同一原則《どういつげんそく》で支配《しはい》される一大機関《だいきかん》であるにも関《かかわ》らずこれを忘《わす》れ、人間界《にんげんかい》だけで単独《たんどく》に処分解決《しょぶんかいけつ》せんとするのだから駄目《だめ》である。

第十二章　活動の神　厳瑞二霊

「天《てん》の神界《しんかい》」を組織《そしき》する「天津神《あまつかみ》」に対《たい》して、「地《ち》の神界《しんかい》」の神々《かみがみ》を「国津神《くにつかみ》」と称《とな》える。

即《すなわ》ち「国津神《くにつかみ》」は、大地《だいち》の内部《ないぶ》を舞台《ぶたい》として活動《かつどう》する神々《かみがみ》を指《さ》す。

　最初大地《さいしょだいち》は、今日《こんにち》の如《ごと》き凝集固成《ぎょうしゅうこせい》した一小天体《しょうてんたい》ではなく、その太初《たいしょ》は天地未《てんちいま》だ剖判《ぼうはん》せず、宇宙全体《うちゅうぜんたい》は天《てん》にして、同時《どうじ》に地《ち》であった。それが造化陰陽《ぞうかいんよう》二系《けい》の神々《かみがみ》の活動《かつどう》の結果《けっか》、縮小《しゅくしょう》して先《ま》ず大々地《だいだいち》となり、更《さら》にそれが分裂《ぶんれつ》して八百万《やほよろず》の天体《てんたい》と成《な》り、最後《さいご》に宇宙《うちゅう》の中心《ちゅうしん》に現在《げんざい》の大地《だいち》を成《な》した。

　今仮《いまかり》に、宇宙間《うちゅうかん》に羅列運行《られつうんこう》する各種《かくしゅ》の天体《てんたい》を、八百万《やほよろず》の酒《さけ》に譬《たと》えるとすれば、大地《だいち》はそれら八百万《やほよろず》の酒《さけ》から絞《しぼ》りあげた酒粕《さけかす》の総集合体《そうしゅうごうたい》である。容積《ようせき》から云《い》えば大地《だいち》は甚《はなは》だ細微《さいび》だが、この団塊中《だんかいちゅう》には、あらゆる天体《てんたい》の要素《ようそ》を含有《がんゆう》している。

　構成《こうせい》の順序《じゅんじょ》から云《い》えば、大地《だいち》は天体中最後《てんたいちゅうさいご》に出来《でき》たが、見様《みよう》によっては、完全《かんぜん》なる大地《だいち》を構成《こうせい》するために、日月星辰《じつげつせいしん》が先《ま》ず分離《ぶんり》したとも言《い》える。宇宙万有悉《うちゅうばんゆうことごと》く宇宙《うちゅう》の縮図《しゅくず》でないものはないが、この意義《いぎ》において、大地《だいち》は特《とく》に重要《じゅうよう》な宇宙《うちゅう》の縮図《しゅくず》である。その容積《ようせき》の微小《びしょう》なるにも係《かかわ》らず、本邦《ほんぽう》の古典《こてん》を初《はじ》め、何処《どこ》の国《くに》の古経典《こきょうてん》においても、天《てん》と地《ち》とを対立《たいりつ》並称《へいしょう》する所以《ゆえん》である。

物質《ぶっしつ》にのみ拘泥《こうでい》する者《もの》は、その形《かたち》の小《しょう》なるを以《もっ》て、地球《ちきゅう》を軽視《けいし》する傾向《けいこう》にあるが、それは一を知《し》って未《いま》だ二を知《し》らないものである。天《てん》と地《ち》を対立《たいりつ》せしめるのは、決《けっ》して滑稽《こっけい》でも不合理《ふごうり》でもない。陽《よう》と陰《いん》、霊《れい》と体《たい》、プラスとマイナスを対立《たいりつ》せしめると同意義《どういぎ》、同価値《どうかち》を有《ゆう》する。

大地《だいち》は宇宙《うちゅう》にあって最重要《さいじゅうよう》の位置《いち》を占《し》める中心《ちゅうしん》の統一機関《とういつきかん》で、その中《なか》にはあらゆる天体《てんたい》の要素《ようそ》一切《さい》を包含《ほうがん》していることは科学《かがく》の研究結果《けんきゅうけっか》からも明白《めいはく》である。語《ご》を換《か》えると「八百万《やほよろず》の天津神《あまつかみ》」の分霊《ぶんれい》は、悉《ことごと》く大地《だいち》に宿《やど》っている。それが八百万《やほよろず》の「国津神《くにつかみ》の霊魂《れいこん》」である。天津神《あまつかみ》も八百万《やほよろず》、国津神《くにつかみ》も八百万《やほよろず》、そして「本霊《ほんれい》」と「分霊《ぶんれい》」とは相呼応《あいこおう》して、天《てん》と地《ち》との経綸《けいりん》を行《おこな》うのである。あたかも大小無数《だいしょうむすう》の歯車《はぐるま》が相関連《あいかんれん》して、一大機関《だいきかん》を構成《こうせい》するのと何《なん》の相違《そうい》もない。

「国津神《くにつかみ》」の発生《はっせい》は大地《だいち》の凝結集成《ぎょうけつしゅうせい》とその時《とき》と同《おな》じくし、これを経営《けいえい》する使命《しめい》を帯《お》びて発生《はっせい》したのであるが、その順序手続《じゅんじょてつづき》も、人間界《にんげんかい》から観《み》れば随分距離《ずいぶんきょり》が遠《とお》く、自然力《しぜんりょく》とか造化《ぞうか》の働《はたら》きとかいってしまいたくなる。

「天津神《あまつかみ》」を産《う》み成《な》し給《たも》うたのは、「ウ」「ア」の二大言霊《だいげんれい》を受持《うけも》ち給《たも》う伊邪那岐《いざなぎ》、伊邪那美《いざなみ》の二祖神《そしん》であった。「国津神《くにつかみ》」を産《う》み成《な》すべき大神事《だいしんじ》を分掌《ぶんしょう》し給《たも》うたのは、「霊系《れいけい》」に属《ぞく》して高天原《たかあまはら》を主宰《しゅさい》し給《たも》う天照大御神《あまてらすおほみかみ》、及《およ》び「体系《たいけい》」に属《ぞく》して地球《ちきゅう》を主宰《しゅさい》する素盞嗚尊《すさのおのみこと》の二神《にしん》であった。要《よう》するに、先《さき》に岐美二神《きみにしん》の行《おこな》われた同一神事《どういつしんじ》（＝御子生等。）を小規模《しょうきぼ》として、これを大地《だいち》に対《たい》して行《おこな》われたので、これを天然現象《てんねんげんしょう》として現《あら》わすと、火《ひ》と水《みず》との調和按配《ちょうわあんばい》により、土中《どちゅう》から神々《かみがみ》を発生《はっせい》せしめたのである。

『古事記《こじき》』には、この間《かん》の大神事《だいしんじ》を神話的《しんわてき》に面白《おもしろ》く描破《びょうは》してある。天《あま》の八洲河《やすかわ》での璽剱《たまつるぎ》の「誓約《うけい》」の段《だん》がそれである。

姉神《あねがみ》・天照大神《あまてらすおほかみ》は、先《ま》ず弟神《おとうとがみ》・素戔嗚尊《すさのおのみこと》の佩《は》（＝太刀を腰に。）かせ給《たま》える十握《とつか》の剣《つるぎ》を請《こ》いて、三段《だん》に打折《うちお》り、奴那登母々由良《ぬなともゆら》に天《あめ》の真名井《まない》に振《ふ》りそそぎ、佐賀美《さがみ》に賀美《かみ》て吹棄《ふきす》てられた。するとその息吹《いぶき》の狭霧《さぎり》に成《な》りませる神《かみ》は三女神《さんにょしん》で、即《すなわ》ち多紀理姫命《たぎりひめのみこと》（＝またの名・奥津嶋姫命。）、市寸嶋姫命《いちきしまひめのみこと》（＝またの名・狭依姫命。）及《およ》び多岐津姫命《たきつひめのみこと》である。

次《つぎ》に素戔嗚尊《すさのおのみこと》が、天照大神《あまてらすおほかみ》の左《ひだり》の御髻《みみずら》に纏《まか》せる八尺《やさか》の勾玉《まがたま》を請《こ》いうけて、伊吹放《いぶきはな》たれると、御出生《ごしゅっしょう》になったのは正勝吾勝命《まさかつあかつのみこと》であった。次《つぎ》に右《みぎ》の御髻《おんもとどり》の珠《たま》からは天菩日命《あめのほひのみこと》、御鬘《みぐし》の珠《たま》からは天津彦根命《あまつひこねのみこと》、左《ひだり》の御手《みて》の珠《たま》から活津彦根命《いくつひこねのみこと》、右《みぎ》の御手《みて》の珠《たま》からは熊野樟《くまのくす》日命《びのみこと》、併《あわ》せて五彦神《ひこがみ》が御出生《ごしゅっしょう》になった。この物語《ものがたり》が含蓄《がんちく》する神秘《しんぴ》は実《じつ》に深《ふか》い。

素戔嗚尊《すさのおのみこと》は「体系《たいけい》」（陰系《いんけい》、水系《すいけい》、地系《ちけい》）の活動力《かつどうりょく》である。この活動力《かつどうりょく》を表現《ひょうげん》する剱《つるぎ》を中枢《ちゅうすう》とし、「霊系《れいけい》」（陽系《ようけい》、火系《かけい》、男系《だんけい》、天系《てんけい》）の活動力《かつどうりょく》たる天照大神《あまてらすおほかみ》の御魂《みたま》をもって外《がい》周《しゅう》をつつめば、生《う》まれたものは三女神《さんにょしん》である。

それと正反対《せいはんたい》に、天照大神《あまてらすおほかみ》の御魂《みたま》を中枢《ちゅうすう》とし、素盞嗚尊《すさのおのみこと》の御魂《みたま》をもって外周《がいしゅう》を包《つつ》むと、生《う》まれたものは五男神《ごなんしん》である。

男性《だんせい》と女性《じょせい》との生《う》まれる神界《しんかい》の秘奥《ひおう》は、ここに示《しめ》されている。即《すなわ》ち女性《じょせい》の生《う》まれる場合《ばあい》、陰《いん》が陽《よう》に包《つつ》まれ、男性《だんせい》の生《う》まれる場合《ばあい》は、陽《よう》が陰《いん》に包《つつ》まれる。陰陽《いんよう》一対《つい》の二神《にしん》は、かくしてある時《とき》は女性《じょせい》を生《う》ましめ、ある時《とき》は男性《だんせい》を生《う》ましめる。

三女神《さんにょしん》とは即《すなわ》ち「三《み》つの御魂《みたま》」、「瑞《みづ》の御霊《みたま》」である。右《みぎ》の系統《けいとう》、水《みず》の系統《けいとう》で、円満美麗《えんまんびれい》にして、みずみずしい御魂《みたま》である。『大本神諭《おほもとしんゆ》』に「変性女子《へんじょうにょし》の御魂《みたま》」とあるのはこれを指《さ》すので、要《よう》するに外姿《がいし》は男性《だんせい》なれども、その内性《ないせい》が女性《じょせい》であることを云《い》う。又《また》五男神《ごなんしん》とは、即《すなわ》ち「五つの御魂《みたま》」、「厳《いづ》の御霊《みたま》」である。左《ひだり》の系統《けいとう》、火《ひ》の系統《けいとう》、稜々《いづいづ》（＝きびしいさま。）しき御魂《みたま》である。『大本神諭《おほもとしんゆ》』に「変性男子《へんじょうなんし》の御魂《みたま》」とあるのがそれで、要《よう》するに外姿《がいし》は女性《じょせい》で、その内性《ないせい》は男性《だんせい》であることを云《い》う。

二者各々《しゃおのおの》その特長《とくちょう》があるが、変性女子《へんじょうにょし》のみでも不完全《ふかんぜん》、又変性男子《またへんじょうなんし》のみでも一方《ぽう》に偏《へん》する。両者《りょうしゃ》を合一《ごういつ》して、初《はじ》めて長短得失相補《ちょうたんとくしつあいおぎな》って完全《かんぜん》なものとなる。これが即《すなわ》ち「伊《い》都能売御魂《づのめのみたま》」である。地《ち》の神界《しんかい》の経綸《けいりん》もその根本《こんぽん》において、変性女子《へんじょうにょし》たる素盞嗚尊《すさのおのみこと》と、変性男子《へんじょうなんし》たる天照大神《あまてらすおほかみ》の「誓約《うけい》」に基《もと》づいて出来《でき》たもので、人界《じんかい》の経綸《けいりん》も矢張《やは》り同一組織《どういつそしき》で遂行《すいこう》され、現《げん》に皇道大本《こうどうおほもと》も「厳《いづ》の御霊《みたま》」と「瑞《みづ》の御霊《みたま》」との結合《けつごう》により始《はじ》めて基礎《きそ》ができ、活動《かつどう》が出来《でき》ることになっている。人倫《じんりん》の大本《たいほん》たる夫婦《ふうふ》の関係《かんけい》も同様《どうよう》である。厳《いづ》と瑞《みづ》との霊的因縁《れいてきいんねん》ある二個《こ》の肉体《にくたい》が合一《ごういつ》して、初《はじ》めてその天職《てんしょく》を完全《かんぜん》に遂行《すいこう》し得《う》る。

『大本略儀』終り　大正14年3月29日　成瀬勝男　謹写

◆上記《じょうき》『大本略儀《おほもとりゃくぎ》』は大正《たいしょう》5（1916）年《ねん》9月《がつ》、出口瑞月口述《でぐちづいげつこうじゅつ》とあるが日付《ひづけ》の記載《きさい》はありません。この9月《がつ》に大本《おほもと》では、兵庫県高砂沖《ひょうごけんたかさごおき》の「神島開《かみしまびら》き」、艮《うしとら》の金神《こんじん》に対《たい》する坤《ひつじさる》の金神《こんじん》（＝弥勒大神、弥ますますに革まる力の意。）が出現《しゅつげん》される大《おお》きな神事《しんじ》が執行《しっこう》され、出口開祖《でぐちかいそ》、

聖師《せいし》、二代教主《だいきょうしゅ》はじめ多《おお》くの信者《しんじゃ》が参列《さんれつ》になります。このときの開祖《かいそ》の『教祖神諭《きょうそしんゆ》』大正《たいしょう》5年旧《ねんきゅう》9月《がつ》9日筆録《かひつろく》に

「五六七神様《みろくさま》の霊《みたま》は皆上島《みなかみしま》（神島《かみしま》）へ落《お》ちておられて、未申《ひつじさる》の金神《こんじん》どの、素盞嗚《すさのおの》尊《みこと》と小松林《こまつばやし》の霊《れい》が、五六七神《みろくさま》の御霊《おんれい》で、結構《けっこう》な御用《ごよう》がさして在《あ》りたぞよ。ミロクの根本《こんぽん》の天《てん》の御先祖様《ごせんぞさま》であるぞよ。国常立尊《くにとこたちのみこと》は地《ち》の先祖《せんぞ》であるぞよ。二度目《どめ》の世《よ》の立《たて》替《かえ》に就《つ》いては、天地《てんち》の先祖《せんぞ》がここまで苦労《くろう》を致《いた》さんと、物事成就《ものごとじょうじゅ》いたさむから、永《なが》い間皆《あいだみな》を苦労《くろう》させたなれど、茲《ここ》までに世界中《せかいじゅう》が混乱《なる》ことが、世《よ》の元《もと》から能《よ》く判《わか》りて居《お》りての経綸《しぐみ》でありたぞよ。……。出口直《でぐちなお》81歳《さい》の時《とき》の筆記《しるし》。」

と啓示《けいじ》され、この時開祖《ときかいそ》ご自身《じしん》、出口聖師《でぐちせいし》の神格《しんかく》を知《し》り驚嘆《きょうたん》されておられる。

一方《ぽう》出口聖師《でぐちせいし》の『大本略儀《おほもとりゃくぎ》』は大正《たいしょう》5年《ねん》9月筆録《がつひつろく》で、開祖《かいそ》の昇天《しょうてん》は大正《たいしょう》7年《ねん》11月《がつ》6日《か》なので、本文《ほんぶん》の開祖昇天記事《かいそしょうてんきじ》は、初稿《しょこう》の原稿《げんこう》に後日加筆《ごじつかひつ》されたものと思《おも》われます。また開祖昇天《かいそしょうてん》と第《だい》一次大戦終結日《じたいせんしゅうけつび》が同日《どうじつ》というのも不思議《ふしぎ》です。この略儀内容《りゃくぎないよう》には重要《じゅうよう》な教義《きょうぎ》が内包《ないほう》され、後日口述《ごじつこうじゅつ》の『霊界物語《れいかいものがたり》』にその詳細《しょうさい》が掲載《けいさい》されます。

◆大日本帝国《だいにほんていこく》が日露戦争《にちろせんそう》に突入《とつにゅう》する頃《ころ》の、明治《めいじ》37年執筆《ねんしっぴつ》の『道《みち》の栞《しおり》』「御霊《みたま》のことわ

け」には、天照大神《あまてらすおおかみ》と素盞嗚尊《すさのをのみこと》の「誓約《うけい》」が掲載《けいさい》され、「大海原即《おおうなばらすなわ》ちこの大地《だいち》の主《ぬし》は速素盞嗚尊《はやすさのおのみこと》である。この世《よ》の救《すく》い主《ぬし》である。だが皆命令《みなめいれい》を一として用《もち》いない。神々《かみがみ》は取違《とりちが》いをして、この大地《だいち》は汚《けが》れているから、高天原《たかあまはら》の日《ひ》の国《くに》（＝天国、浄土。）に昇《のぼ》ることばかり考《かんが》えている。速素盞嗚尊《はやすさのおのみこと》に罪穢《つみけが》れを祓《はら》っていただかねば、高天原《たかあまはら》には昇《のぼ》れないのである」と、地球《ちきゅう》の主《ぬし》がスサノオであることを明確《めいかく》に表示《ひょうじ》した日本最初《にほんさいしょ》の文献《ぶんけん》です。スサノオは日本唯一《にほんゆいいつ》の大先祖神《だいせんぞしん》でありながら、アマテラスに逆《さか》らった反逆《はんぎゃく》の悪神《あくがみ》であるとの印象《いんしょう》が強《つよ》く、現代《げんだい》でも理解《りかい》する人《ひと》は少《すく》ない。しかし日本《にほん》にスサノオ関係《かんけい》の神《かみ》を祭祀《さいし》する神社《じんじゃ》は断《だん》トツに多《おお》い。

また神典《しんてん》『古事記《こじき》』の解釈《かいしゃく》は、アマテラスを中心《ちゅうしん》に説《と》かれたものが日本《にほん》の神話《しんわ》として喧伝《けんでん》されてきた。それ故《ゆえ》、出口聖師《でぐちせいし》の「言霊《ことたま》」により説《と》かれたものと必然的《ひつぜんてき》に相違《そうい》がある。この相違《そうい》は、宇宙《うちゅう》、地球《ちきゅう》、神霊界《しんれいかい》の根源《こんげん》にせまるもので、現代《げんだい》の政治《せいじ》、経済《けいざい》、科学《かがく》、宗教《しゅうきょう》、教育《きょういく》の根本《こんぽん》を指導《しどう》する。日本《にほん》は「言霊《ことたま》の天照国《あまてるくに》、言霊《ことたま》のさやけき国《くに》」といわれ、その言霊《ことたま》、万物《ばんぶつ》の根言《こんげん》、神《かみ》、心《こころ》、それが本書《ほんしょ》の課題《かだい》です。

◆神《かむ》素盞嗚大神《すさのをのおほかみ》の「山上《さんじょう》の神訓《しんくん》」

一、無限絶対無始無終《むげんぜったいむしむしゅう》に坐《ま》しまして霊《れい》・力《りょく》・体《たい》の大元霊《だいげんれい》と現《あらわ》れたもう真《まこと》の神《かみ》は、ただ一柱《ひとはしら》おわすのみ。これを真《まこと》の神《かみ》または宇宙《うちゅう》の主神《スしん》という。汝《なんじ》ら、この大神《おほかみ》を真《まこと》の父《ちち》となし母《はは》となして敬愛《けいあい》し奉《たてまつ》るべし。天之御中主大神《あめのみなかぬしのおほかみ》と奉称《ほうしょう》し、また大国常《おほくにとこ》立大神《たちのおほかみ》と奉称《ほうしょう》する。

二、厳《いづ》の御魂《みたま》「日《ひ》の大神《おほかみ》」、瑞《みづ》の御魂《みたま》「月《つき》の大神《おほかみ》」は、主《ス》の神即《かみすなわ》ち大国常立大神《おほくにとこたちのおおかみ》の神霊《しんれい》の御顕現《ごけんげん》にして、高天原《たかあまはら》の天国《てんごく》にては「日《ひ》の大神《おほかみ》」と顕《あらわ》れ給《たま》い、高天原《たかあまはら》の霊《れい》国《ごく》にては「月《つき》の大神《おほかみ》」と顕《あらわ》れ給《たも》う。

三、愛善《あいぜん》の徳《とく》に住《じゅう》するものは天国《てんごく》に昇《のぼ》り、信真《しんしん》の光徳《こうとく》に住《じゅう》するものは霊国《れいごく》に昇《のぼ》るものぞ。

四、このほか天津神八百万《あまつかみやほよろず》坐《ま》しませども、皆天使《みなてんし》と知《し》るべし。真《まこと》の神《かみ》は大国常立大《おほくにとこたちのおほ》神《かみ》、またの名《な》・天照皇大御神《あまてらすすめおほみかみ》、ただ一柱《ひとはしら》坐《ま》しますのみぞ。

五、真《まこと》の神《かみ》は、天之御中主大神《あめのみなかぬしのおほかみ》ただ一柱《ひとはしら》のみ。故《ゆえ》に「幽《ゆう》の幽《ゆう》」と称《たた》え奉《まつ》る。

六、国津神八百万《くにつかみやほよろず》坐《ま》しませども皆現界《みなげんかい》における宣伝使《せんでんし》や正《ただ》しき誠《まこと》の司《つかさ》と知《し》るべし。

七、真《まこと》の神《かみ》の変現《へんげん》したまいし神《かみ》を「幽《ゆう》の顕《けん》」と称《たた》え奉《まつ》る、天国《てんごく》における「日《ひ》の大神《おほかみ》」、霊国《れいごく》における「月《つき》の大神《おほかみ》」は何《いず》れも「幽《ゆう》の顕神《けんしん》」なり。

八、一旦人《いったんひと》の肉体《にくたい》を保《たも》ちて霊界《れいかい》に入《い》り給《たま》いし神《かみ》を、「顕《けん》の幽《ゆう》」と称《とな》え奉《たてまつ》る。大国主《おほくにぬしの》大神及《おほかみおよ》び諸々《もろもろ》の天使及《てんしおよ》び天人《てんにん》の類《たぐい》をいう。

九、顕界《けんかい》に肉体《にくたい》を保《たも》ちて、神《かみ》の大道《おほじ》を伝《つた》え、また現界諸種《げんかいしょしゅ》の事業《じぎょう》を司宰《しさい》する人間《にんげん》を称《しょう》して、「顕《けん》の顕神《けんしん》」と称《とな》え奉《まつ》る。而《しか》して真《しん》に敬愛《けいあい》し尊敬《そんけい》し依信《いしん》すべき根本《こんぽん》の大《おほ》神《かみ》は「幽《ゆう》の幽《ゆう》」に坐《ま》します一柱《ひとはしら》の大神《おほかみ》のみ。その他《た》の八百万《やほよろず》の神々《かみがみ》は、主神《すしん》（＝言霊学上「神素盞嗚大神」と奉称する。）の命《めい》に依《よ》りて各《おのおの》その神務《しんむ》を分掌《ぶんしょう》し給《たも》うものぞ。

十、愛善《あいぜん》の徳《とく》に住《じゅう》し信真《しんしん》の光《ひかり》に住《じゅう》し、神《かみ》を愛《あい》し神《かみ》を信《しん》じ神《かみ》の為《ため》に尽《つく》すものは天界《てんかい》の住民《じゅうみん》となり、悪《あく》と虚偽《きょぎ》とに浸《ひた》りて魂《たましい》を曇《くも》らすものは地獄《じごく》に自《みずか》ら堕落《だらく》するものぞ。

（『霊界物語』第63巻・第4章「山上訓」）

第二編　宇宙太元

第一章　天地の剖判・日地月の発生

本章《ほんしょう》は前編《ぜんぺん》の「大本略儀《おほもとりゃくぎ》」を寓話的《ぐうわてき》に表現《ひょうげん》したものです。この他宇宙太元《ほかうちゅうたいげん》について、言霊学《げんれいがく》（＝言霊には天地の法則がある。それを説いた学問。）による宇宙《うちゅう》の説明《せつめい》、天《あま》の数歌《かずうた》一、二、三、四……九、十による説明《せつめい》、月火水木金土日《げつかすいもくきんどにち》の七陽《よう》による説明《せつめい》。また世界《せかい》の天地開闢創造説《てんちかいびゃくそうぞうせつ》が『天祥地瑞《てんしょうちずい》』第《だい》76巻《かん》に15例掲載《れいけいさい》される。現代《げんだい》の科学物理学《かがくぶつりがく》ではインフレーション説《せつ》、ビックバーン説《せつ》などがある。

盲目《めくら》の神使《しんし》に迎《むか》えられて、自分《じぶん》（王仁三郎《おにさぶろう》）は地《ち》の高天原《たかあまはら》へたどりついたが、自分《じぶん》の眼《め》の前《まえ》には、何時《いつ》の間《ま》にか、大地《だいち》の主宰神《しゅさいしん》にまします国常立大神《くにとこたちのおほかみ》（＝国祖。）と、稚姫君命《わかひめぎみのみこと》（＝天照大神の妹神。）が出御遊《しゅつぎょあそ》ばしたもうた。自分《じぶん》は仰《おう》せのまに〱この両神《りょうしん》より、貴重《きちょう》なる天《てん》眼鏡《がんきょう》を賜《たま》わり、いよいよ神界《しんかい》を探検《たんけん》すべき大命《たいめい》を拝受《はいじゅ》したのである。

忽《たちま》ち眼前《がんぜん》の光景《こうけい》は見《み》るみる変《へん》じて、すばらしい高《たか》い山《やま》が、雲表《うんぴょう》に聳《そび》えたっている。その山《やま》には牽線車《ケーブルカー》のようなものが架《かか》っていた。自分《じぶん》は登《のぼ》るかと思《おも》って、一歩《いっぽ》山路《やまみち》に足《あし》を踏《ふ》みこむと、不思議《ふしぎ》や、五体《ごたい》は何物《なにもの》かに引上《ひきあ》げらるゝような心持《こころもち》に、直立《ちょくりつ》したままスウと昇騰《しょうとう》してゆく。

これこそ仏者《ぶっしゃ》のいわゆる須弥山《しゅみせんざん》で、宇宙《うちゅう》の中心《ちゅうしん》に無辺《むへん》の高《たか》さをもって屹立《きつりつ》している。それは決《けっ》して、肉眼《にくがん》にて見《み》うる種類《しゅるい》の、現実的《げんじつてき》の山《やま》ではなくして、全《まった》く霊界《れいかい》の山《やま》であるから、自分《じぶん》とても霊《れい》で上《のぼ》ったので、決《けっ》して現体《げんたい》で上《のぼ》ったのではない。

自分《じぶん》は須弥山《しゅみせんざん》の頂上《ちょうじょう》に立《た》って、大神《おおかみ》より賜《たまわ》った天眼鏡《てんがんきょう》を取《と》り出《だ》して、八方《はっぽう》を眺《なが》めはじめた。すると茫々《ぼうぼう》たる宇宙《うちゅう》の渾沌《こんとん》たる中《なか》に、どこともなしに一つの球《まる》い凝塊《かたまり》ができるのが見《み》える。

それは丁度毬《ちょうどまり》のような形《かたち》で、周辺《しゅうへん》には一杯《いっぱい》に泥水《どろみず》が漂《ただよ》うている。見《み》るまにその球《まる》い凝塊《かたまり》は厖大《ぼうだい》して、宇宙全体《うちゅうぜんたい》に拡《ひろ》がるかと思《おも》われた。やがて眼《め》もとどかぬ拡《ひろ》がりに到達《とうたつ》したが、球形《きゅうけい》の真中《まんなか》には、鮮《あざ》やかな金色《きんいろ》をした一つの円柱《えんちゅう》が立《た》っていた。

円柱《えんちゅう》はしばらくすると、自然《しぜん》に左旋運動《させんうんどう》をはじめる。周辺《しゅうへん》に漂《ただよ》う泥《どろ》は、円柱《えんちゅう》の回転《かいてん》につれて渦巻《うずまき》をえがいた。その渦巻《うずまき》は次第《しだい》に外周《がいしゅう》に向《む》けて、大《おお》きな輪《わ》に拡《ひろ》がっていった。はじめは緩《ゆる》やかに直立《ちょくりつ》して回転《かいてん》していた円柱《えんちゅう》は、その速度《そくど》を加《くわ》えるにつれ、次第《しだい》に傾斜《けいしゃ》の度《ど》を増《ま》しながら、視角《しかく》に触《ふ》れぬような速《はや》さで、回転《かいてん》しはじめた。

すると、大《おお》きな円《まる》い球《たま》の中《なか》より、暗黒色《あんこくしょく》の小塊体《しょうかいたい》が振《ふ》り放《はな》たるゝようにポツポツと飛《と》び出《だ》して、宇宙全体《うちゅうぜんたい》に散乱《さんらん》する。観《み》ればそれが無数《むすう》の光《ひかり》のない星辰《ほし》と化《な》って、或《ある》いは近《ちか》く、或《ある》いは遠《とお》く位置《いち》を占《し》めて左旋《させん》するように見《み》える。後方《こうほう》に太陽《たいよう》が輝《かがや》きはじめるとともに、それらの諸星《しょせい》は皆一斉《みないっせい》に輝《かがや》き出《だ》した。

その金《きん》の円柱《えんちゅう》は、たちまち竜体《りゅうたい》と変化《へんか》して、その球《まる》い大地《だいち》の上《うえ》を東西南北《とうざいなんぼく》に馳《は》せめぐりはじめた。そうしてその竜体《りゅうたい》の腹《はら》から、口《くち》から、また全身《ぜんしん》からも、大小無数《だいしょうむすう》の竜体《りゅうたい》が生《うま》れいでた。

金色《こんじき》の竜体《りゅうたい》と、それから生《う》まれ出《い》でた種々《しゅじゅ》の色彩《いろつや》をもった大小無数《だいしょうむすう》の竜体《りゅうたい》は、地上《ちじょう》の各所《かくしょ》を泳《およ》ぎはじめた。もっとも大《おお》きな竜体《りゅうたい》の泳《およ》ぐ波動《はどう》で、泥《どろ》の部分《ぶぶん》は次第《しだい》に固《かた》くなりはじめ、水《みず》の部分《ぶぶん》は希薄《きはく》となり、そのとき竜体《りゅうたい》が尾《お》を振《ふ》り廻《まわ》すごとに、その泥《どろ》の波《なみ》の形《かたち》ができる。もっとも大《おお》きな竜体《りゅうたい》の通《とお》った所《ところ》は大山脈《だいさんみゃく》が形造《かたちづく》られ、中小種々《ちゅうしょうしゅじゅ》の竜体《りゅうたい》の通《とお》った所《ところ》は、またそれ相応《そうおう》の山脈《さんみゃく》が形造《かたちづく》られた。低《ひく》き所《ところ》には水《みず》が集《よ》り、かくして海《うみ》もまた自然《しぜん》にできることになった。この最《もっと》も大《おお》いなる御竜体《ごりゅうたい》を、「大国常立命《おほくにとこたちのみこと》」と称《とな》え奉《たてまつ》ることを自分《じぶん》は知《し》った。

宇宙《うちゅう》はその時《とき》、朦月夜《おぼろづきよ》の少《すこ》し暗《くら》い加減《かげん》のような状態《じょうたい》であったが、海原《うなばら》の真中《まんなか》と思《おも》われる所《ところ》に、忽然《こつぜん》として銀色《ぎんいろ》の柱《はしら》が突出《とつしゅつ》してきた。その高《たか》さは非常《ひじょう》に高《たか》い。それが忽《たちま》ち右旋《みぎめぐ》りに回転《かいてん》をはじめた。その旋回《せんかい》につれて柱《はしら》の各所《かくしょ》から種々《いろいろ》の種物《たねもの》が飛《と》び散《ち》るように現《あら》われて、山野河海一切《さんやかかいいっさい》のところに撒《ま》き散《ち》らかされた。しかしまだその時《とき》は人類《じんるい》は勿論《もちろん》、草木《そうもく》、禽獣《きんじゅう》、虫魚《ちゅうぎょ》の類《たぐい》は何物《なにもの》も発生《はっせい》してはいなかった。

たちまち銀《ぎん》の柱《はしら》が横様《よこさま》に倒《たお》れたと見《み》るまに、銀色《ぎんいろ》の大《おお》きな竜体《りゅうたい》に変《へん》じている。その竜《りゅう》体《たい》は海上《かいじょう》を西《にし》から東《ひがし》へと、泳《およ》いで進《すす》みだした。この銀色《ぎんいろ》の竜神《りゅうじん》が坤金神《ひつじさるのこんじん》と申《もう》すのである。

また東《ひがし》からは国祖大国常立命《こくそおおくにとこたちのみこと》が、金色《こんじき》の大《おお》きな竜体《りゅうたい》を現《げん》じて、固《かた》まりかけた地上《ちじょう》を馳《は》せてこられる。両《ふた》つの御竜体《ごりゅうたい》は、双方《そうほう》より顔《かお》を向《む》き合《あ》わして、何《なに》ごとかを諜《しめ》しあわされた様子《ようす》である。しばらく後《のち》、金色《こんじき》の竜体《りゅうたい》は左《ひだり》へ旋回《せんかい》しはじめ、銀色《ぎんいろ》の竜体《りゅうたい》はまた右《みぎ》へ旋回《せんかい》し始《はじ》められた。

そのため地上《ちじょう》は恐《おそ》ろしい大音響《だいおんきょう》を発《はつ》して振動《しんどう》し、大地《だいち》はその振動《しんどう》によって、非常《ひじょう》な光輝《こうき》を発射《はっしゃ》してきた。

このとき金色《きんいろ》の竜体《りゅうたい》の口《くち》からは、大《だい》なる赤《あか》き玉《たま》が大音響《だいおんきょう》と共《とも》に飛《と》び出《だ》して、まもなく天《てん》へ騰《のぼ》って太陽《たいよう》となった。銀色《ぎんいろ》の竜体《りゅうたい》はと見《み》れば、口《くち》から霧《きり》のような清水《せいすい》を噴《ふ》きだし、間《ま》もなく水《みず》は天地《てんち》の間《あいだ》にわたした虹《にじ》の橋《はし》のような形《かたち》になって、その上《うえ》を白色《はくしょく》の球体《きゅうたい》が騰《のぼ》ってゆく。このとき白色《はくしょく》の球体《きゅうたい》は太陰《たいいん》となり、虹《にじ》のような尾《お》を垂《た》れて、地上《ちじょう》の水《みず》を吸《す》いあげる。地上《ちじょう》の水《みず》は見《み》る間《ま》に、次第《しだい》にその容量《ようりょう》を減《げん》じてくる。

金竜《きんりゅう》は天《てん》に向《むか》って息吹《いぶき》を放《はな》つ。その形《かたち》もまた虹《にじ》の橋《はし》をかけたように見《み》えている。すると太陽《たいよう》はにわかに光《ひかり》を強《つよ》くし、熱《ねつ》を地上《ちじょう》に放射《ほうしゃ》しはじめた。

水《みず》は漸《ようや》く滅《ひ》いてきたが、山野《さんや》は搗《つき》たての団子《だんご》か餅《もち》のように柔《やわ》らかいものであった。それも次第《しだい》に固《かた》まってくると、前《まえ》に蒔《ま》かれた種《たね》は、そろそろ芽《め》を出《だ》しはじめる。一番《ばん》に山《やま》には松《まつ》が生《は》え、原野《げんや》には竹《たけ》が生《は》え、また彼方《かなた》こなたに梅《うめ》が生《は》えだした。

次《つ》いで杉《すぎ》、桧《ひのき》、槇《まき》などいう木《き》が、山《やま》や原野《げんや》のところどころに生《しょう》じた。つぎに一切《いっさい》の種物《たねもの》は芽《め》を吹《ふ》き、今《いま》までまるで土塊《つちくれ》で作《つく》った炮烙《ほうらく》をふせたような山《やま》が、にわかに青々《あおあお》として、美《うつく》しい景色《けしき》を呈《てい》してくる。

地上《ちじょう》が青々《あおあお》と樹木《じゅもく》が生《は》え始《はじ》めるとともに、今《いま》まで濁《にご》って赤褐色《せっかっしょく》であった天《てん》は、青《あお》く藍色《あいいろ》に澄《す》みわたってきた。そうして濁《にご》りを帯《お》びて黄《き》ずんでいた海原《うなばら》の水《みず》は、天《てん》の色《いろ》を映《うつ》すかのように青《あお》くなってきた。

地上《ちじょう》がこうして造《つく》られてしまうと、元祖《もと》の神様《かみさま》も、もう御竜体《ごりゅうたい》をお有《も》ちになる必要《ひつよう》がなくなられたわけである。それで金《きん》の竜体《りゅうたい》から発生《はっせい》せられた、大《おお》きな剣膚《たちはだ》の厳《いか》めしい角《つの》の多《おお》い一種《しゅ》の竜神《りゅうじん》は、人体化《じんたいか》して、荘厳尊貴《そうごんそんき》にして立派《りっぱ》な人間《にんげん》の姿《すがた》に変化《へんか》せられた。これはまだ本当《ほんとう》の現体《げんたい》の人間姿《にんげんすがた》ではなくして、霊体《れいたい》の人間姿《にんげんすがた》であった。

このとき、太陽《たいよう》の世界《せかい》にては、伊邪那岐命《いざなぎのみこと》がまた霊体《れいたい》の人体姿《じんたいすがた》と現《げん》ぜられて、その神《かみ》をさし招《まね》かれる。そこで荘厳尊貴《そうごんそんき》なる、かの立派《りっぱ》な大神《おほかみ》は、天《てん》に上《のぼ》って「撞《つき》の大神《おほかみ》」となり遊《あそ》ばし、天上《てんじょう》の主宰神《しゅさいしん》となりたもうた。

白色《はくしょく》の竜体《りゅうたい》から発生《はっせい》された一番力《ばんちから》ある竜神《りゅうじん》は、また人格化《じんかくか》して男神《だんしん》と現《あら》われたもうた。この神《かみ》は非常《ひじょう》に容貌美《ようぼううるわ》しく、色白《いろしろ》くして大英雄《だいえいゆう》の素質《そしつ》を備《そな》えておられた。その黒《くろ》い頭髪《かみ》は、地上《ちじょう》に引《ひ》くほど長《なが》く垂《た》れ、髭《ひげ》は腹《はら》まで伸《の》びている。この男神《おとこがみ》を「素盞鳴大神《すさのをのおほかみ》」と申《もう》し上《あ》げる。

自分《じぶん》はその男神《おとこがみ》の神々《こうごう》しい容姿《ようし》に打《う》たれていると、その御身体《おからだ》から真白《まっしろ》の光《ひかり》が現《あら》われて、天《てん》に冲《ちゅう》して月界《げっかい》へお上《あが》りになってしまった。これを月界《げっかい》の主宰神《しゅさいしん》で「月夜見尊《つきよみのみこと》」と申《もう》し上《あ》げるのである。そこで大国常立命《おほくにとこたちのみこと》は、太陽《たいよう》、太陰《たいいん》の主宰神《しゅさいしん》が決《き》まったので、御自身《ごじしん》は地上《ちじょう》の神界《しんかい》を御主宰《ごしゅさい》したもうことになり、須佐之男大神《すさのをのおほかみ》は、地上物質界《ちじょうぶっしつかい》の主宰《しゅさい》となり給《たも》うたのである。

（『霊界物語』第1巻　第3編「天地の剖判」　第20章「日地月の発生」
大正10・10・20　旧9・20　谷口正治録（＝生長の家創始者。））

第二章　弥勒神《みろくのかみ》の因縁《いんねん》　六六六の大神と五六七の大神

前章《ぜんしょう》に、天地《てんち》の剖判《ぼうはん》における艮《うしとら》の金神《こんじん》と坤《ひつじさる》の金神《こんじん》がこの大地《だいち》をつき固《かた》められる因《いん》縁《ねん》が示《しめ》される。その関連として大正《たいしょう》8年《ねん》2月《がつ》18日《にち》（旧正月《きゅうしょうがつ》18日《にち》）『伊都能売神諭《いづのめしんゆ》』の一部《ぶ》に弥勒《みろく》の大神《おほかみ》、日《ひ》の大神《おほかみ》、国常立尊《くにとこたちのみこと》の神代《かみよ》の関係《かんけい》、さらに六六六《みろく》の大神《おほかみ》のゝ《ホチ》

―の一霊《れい》が地上《ちじょう》に下《くだ》って五六七の弥勒下生《みろくげしょう》（＝法身・応身・報身の三身の王弥勒。）が寓話的《ぐうわてき》に示《しめ》される。―

この地《ち》の世界《せかい》の初《はじま》りは世界《せかい》一体《たい》に泥海《どろうみ》であって、光《ひか》りも温《ぬく》みも何《なに》ものもなかりたぞよ。丁度譬《ちょうどたと》えて云《い》えば朧月夜《おぼろづきよ》の二三層倍《そうばい》も暗《くら》い冷《つめ》たい世界《せかい》で、山《やま》も河《かわ》も草木《くさき》も何一種《なにひといろ》なかったのであるぞよ。その泥《どろ》の世界《せかい》に身《み》のたけは五百丈《じょう》ばかり、身《み》の太《ふと》さは三百丈《じょう》ほどもある蛇体《じゃたい》の荒神《あらがみ》が住居《すまい》しておられたのが、御精神《ごせいしん》のよい大神様《おほかみさま》の前身《ぜんしん》で、これが五六七《みろく》の大神《おほかみ》様《さま》とおなりあそばしたのであるぞよ。

誠《まこと》にのどやかな御神姿《おすがた》で、鱗《うろこ》は一枚《まい》もなし、角《つの》も一本《いっぽん》もなし、体《からだ》の色《いろ》は青水晶《あおすいしょう》のような立派《りっぱ》な神様《かみさま》で、天地《てんち》の元《もと》の祖神《おやがみ》となられたのであるぞよ。この世《よ》を創造《そうぞう》して、天地《てんち》を開《ひら》くことに非常《ひじょう》に苦心《くしん》あそばしたのが、この大神様《おほかみさま》が第《だい》一番《ばん》で、ミロクの大神《おほかみ》ともツキの大神《おほかみ》とも申《もう》し上《あ》げる御神様《おんかみさま》であるぞよ。

世界《せかい》を造《つく》るについて非常《ひじょう》に独《ひとり》神で御心配《ごしんぱい》をあそばしてござるとこへ、同《おな》じく似《に》たような御神姿《おすがた》の大蛇神《だいじゃしん》が現《あら》われたが、この神《かみ》には頭《あたま》に十六本《ぽん》の角《つの》が生《は》えて、その角《つの》の先《さき》から大変《たいへん》な光《ひか》りが現《あら》われておる神様《かみさま》に、六六六《みろく》の大神様《おほかみさま》が世界創造《せかいそうぞう》の御相談《ごそうだん》をおかけになったのであるぞよ。

さてその時《とき》の六六六の大神様《おほかみさま》の言葉《ことば》には、いつまでこうして泥《どろ》の世《せ》界《かい》の暗《くら》い所《ところ》に住居《すまい》をいたしておっても、何《なに》一つの楽《たの》しみもなし、何《なん》の功能《こうのう》もなし、たくさんの眷属《けんぞく》もあることなり、何《なん》とかいたして立派《りっぱ》な天地《てんち》を造《つく》りあげ、万《よろず》の眷属《けんぞく》の楽《たの》しく暮《くら》らすように致《いた》したいのが、我《われ》の大望《たいもう》であるが、そなた様《さま》は我《われ》の片腕《かたうで》となりて天地《てんち》を立《た》て別《わ》け、美《うる》わしき地上《ちじょう》の世《せ》界《かい》を造《つく》るお心《こころ》は有《あ》りませぬかとお尋《たず》ねあそばしたら、日《ひ》の大神《おほかみ》の前身《ぜんしん》なる頭《あたま》に十六本《ぽん》の光《ひか》る角《つの》を生《は》やした大蛇神様《だいじゃしんさま》がお答《こたえ》には、我身《わがみ》は女体《にょたい》のことなり、かつまたこんな業《ごう》の深《ふか》い見《み》苦《ぐる》しき姿《すがた》でありますから、あなた様《さま》のような御精神《ごせいしん》のよい、立派《りっぱ》な神様《かみさま》の片腕《かたうで》に成《な》るということは、恐《おそ》れ入《い》りてお言葉《ことば》に従《したが》うことが出来《でき》ませぬと大変《たいへん》にへりくだって御辞退《ごじたい》あそばしたなれど、六六六の大神様《おほかみさま》が強《し》いてお頼《たの》みになり、我《われ》の片腕《かたうで》になるのはそなた様《さま》より外《ほか》にない、我《われ》が見込《みこ》んでおるからとの仰《おお》せに、日《ひ》の大神様《おほかみさま》も左様《さよう》なれば御本望《ごほうもう》の遂《と》ぐるまで我身《わがみ》の力《ちから》一ぱい活動《かつどう》いたしてみます。

さる代《かわ》りに天地《てんち》が立派《りっぱ》に出来《でき》あがりましたら、我《われ》を末代《まつだい》あなた様《さま》の女房役《にょうぼうやく》といたして下《くだ》され、私《わたし》は女房役《にょうぼうやく》となりて万古末代《まんごまつだい》世界《せかい》を照《て》らします、との御約束《おやくそく》が地《ち》の高天原《たかあまはら》の竜宮《りゅうぐう》館《やかた》で結《むす》ばれたのでありたぞよ。

そこへ艮《うしとら》の金神《こんじん》の前身《ぜんしん》国常立尊《くにとこたちのみこと》の荒神《あらがみ》が現《あら》われて、世界《せかい》を造《つく》りあそばすお手伝《てつだい》を命《さ》して下《くだ》されとお願《ねが》い申《もう》し上《あ》げたのでありたぞよ。

そこで六六六の大神様《おほかみさま》が早速《さっそく》に御承知《ごしょうち》くだされて仰《おお》せあそばすには、その方《ほう》は見《み》かけによらぬ誠忠無比《せいちゅうむひ》の神《かみ》であるから世界《せかい》の一切《さい》をまかすから、落度《おちど》のなきように致《いた》すがよかろうと仰《おお》せられ、そのうえに国常立之尊《くにとこたちのみこと》に思兼《おもいかね》の神《かみ》と申《もう》す御名《おんな》を下《くだ》され、八百万《やおよろず》の神様《かみさま》を天《あま》の山河澄《やす》の川原《かわはら》に集《あつ》めて一人《にん》の眷属《けんぞく》も残《のこ》さず相談《そうだん》の中間《なかま》へ入《い》れて大集会《だいしゅうかい》をあそばしたので、地《ち》のある限《かぎ》りに住居《すまい》いたしておれる蛇体《じゃたい》の神々様《かみがみさま》が集《あつま》り合《お》うて御協議《ごきょうぎ》のうえ、六六《みろ》六様《くさま》の仰《おお》せのとおりに国常立之尊《くにとこたちのみこと》を総体《そうたい》の局《つぼね》に選《えら》み下《くだ》さりたのであるぞよ。

　そこで八百万《やおよろず》の神々《かみがみ》の意見《いけん》を聞《き》き取《と》りて、その由《よし》を五六七《みろく》の大神様《おほかみさま》へ申《もう》し上《あ》げたら、日《ひ》の大神《おほかみ》伊邪那岐之尊様《いざなぎのみことさま》と月《つき》の大神《おほかみ》五六七様《みろくさま》との御弐体《おふたかた》の大神様《おほかみさま》がさらに集会《しゅうかい》あそばして、国常立之尊《くにとこたちのみこと》を地《ち》の造《つく》り主《ぬし》と致《いた》すぞよとの御命令《ごめいれい》が下《くだ》されたので、この方《ほう》が地《ち》の主宰《しゅさい》となりて多陀与幣流地《ただよへるくに》面を修理固成《つくりかため》いたしたのであるぞよ。

　天《てん》も水《み》（六《み》）中界《ちゅうかい》も水《み》（六《み》）下界《げかい》も水《み》（六《み》）で世界中《せかいじゅう》の天地《てんち》中界《ちゅうかい》三才《さい》が水《み》（六《み》）ばかりでありた世《よ》に一番《ばん》の大将神《たいしょうがみ》の御位《みくらい》でお出《い》であそばしたので六《み》（水《み》）を三つ合《あわ》せてミロクの大神《おほかみ》と申《もう》すのであるが、天《てん》の水《みず》の（六《み》）の中《なか》から丶《ほち》の一霊《れい》が地《ち》に下《くだ》りて五《いづ》（火《ひ》）と天《てん》が固《かた》まり地《ち》の六《み》（水《み》）に丶《ほち》の一霊《れい》が加《くわ》わりて地《ち》は七《なな》（地成《なな》）となりたから、世《よ》の元《もと》から申《もう》せばミロクは六六六《みろく》なり、今《いま》の世《よ》の立直《たてなお》しの御用《ごよう》から申《もう》せばミロクは五六七《みろく》と成《な》るのであるから、六百六十六の守護《しゅご》は今《いま》までのミロクで、これからのミロクの御働《おはたら》きは五六七《みろく》となるのであるぞよ。

国常立之尊《くにとこたちのみこと》が世《よ》の元《もと》を修理固成《かためしめ》るについて、天地中界《てんちちゅうかい》の区別《くべつ》もなく、世界《せかい》は一団《だん》の泥《どろ》土泥水《つちどろみず》で手《て》のつけようなかりたので、堅《かた》いお土《つち》の種《たね》をミロクの大神様《おほかみさま》にお願《ねが》い申《もう》し上《あ》げたら、大神様《おほかみさま》がすぐに御承知《ごしょうち》になりて一生懸命《いつしょうけんめい》に息《いき》を吹《ふ》き懸《か》けなされて、一凝《こ》りの堅《かた》いお土《つち》が出来《でき》たのを国常立之尊《くにとこたちのみこと》のこの方《ほう》にお授《さず》けになりたので、その一団《だん》の御土《おつち》を種《たね》にいたして土《つち》と水《みず》とを立《た》て別《わ》け、山《やま》、川《かわ》、原《はら》、野《の》、海《うみ》をこしらえたのが地《ち》の先祖《せんぞ》の大国常立之尊《おほくにとこたちのみこと》であるぞよ。

（『神霊界』大正8年3月1日号）

第三章　「安息日《あんそくび》」の真意義

天地《てんち》謀判《ぼうはん》に先《さき》だち、宇宙《うちゅう》の大元霊《だいげんれい》たる無声無形《むせいむけい》の一神《いっしん》あり。これを神典《しんてん》にては、天之《あめの》御中主大神《みなかぬしのおほかみ》ととなえ奉《たてまつ》り、神界《しんかい》にては大六合常立尊《おほくにとこたちのみこと》と申《もう》す。西洋《せいよう》にてはゴッドといい、仏教《ぶっきょう》では阿弥陀如来《あみだにょらい》という。中国《ちゅうごく》では古来天帝《こらいてんてい》または天主《てんしゅ》という。吾々《われわれ》はきわめて言語《げんご》の少《すく》ない簡単《かんたん》な御名《おんな》を選《えら》んで、ここでは天主《てんしゅ》ととなえ奉《たてまつ》る。

天主《てんしゅ》は、過去現在未来《かこげんざいみらい》に一貫《いっかん》して無限絶対無始無終《むげんぜったいむしむしゅう》の大神霊《だいしんれい》にましまし、その絶対《ぜったい》の霊《れい》威《い》を発揮《はっき》して宇宙万有《うちゅうばんゆう》を創造《そうぞう》したもうた。

大宇宙《だいうちゅう》の太初《たいしょ》にあたって、きわめて不完全《ふかんぜん》なる霊素《れいそ》が出現《しゅつげん》し、それが漸次発達《ぜんじはったつ》して霊《れい》の活用《かつよう》を発生《はっせい》するまでの歳月《さいげつ》はほとんど十億年《おくねん》を費《つい》やしている。これを神界《しんかい》においては、ヒツカ（一日《ひっか》）という。

次《つぎ》にその霊《れい》の発動力《はつどうりょく》たる霊体《れいたい》（幽体《ゆうたい》）なるものが宇宙間《うちゅうかん》に出現《しゅつげん》した。これをチカラと称《とな》える。チとは霊《れい》または火《ひ》の意味《いみ》であり、カラとは元素《げんそ》の意味《いみ》である。この宇宙《うちゅう》に元素《げんそ》の活《かつ》用《よう》するにいたるまでの歳月《さいげつ》は、また十億年《おくねん》を費《つい》やしている。この十億年間《おくねんかん》を神界《しんかい》では**フツカ（二日《ふつか》）**という。

次《つぎ》にこの元素《げんそ》に霊気《れいき》発生《はっせい》して、現顕《げんけん》の物体《ぶったい》を形成《けいせい》するにいたるまでの歳月《さいげつ》は、また大《たい》略《りゃく》十億年《おくねん》をついやしている。この十億年間《おくねんかん》の霊体《れいたい》の進歩《しんぽ》を称《しょう》して**ミツカ（三日《みつか》）**という。

ここにいよいよ霊《れい》、力《りょく》、体《たい》の三大勢力《さんだいせいりょく》発揮《はっき》して、無数《むすう》の固形体《こけいたい》や液体《えきたい》が出現《しゅつげん》した。太《たい》陽《よう》、太陰《たいいん》、大地《だいち》、諸星《しょせい》の発生《はっせい》はつぎの十億年間《おくねんかん》の間《あいだ》の歳月《さいげつ》を費《つい》やしている。これを神界《しんかい》にては**ヨツカ（四日《よつか》）**という。

またつぎの十億年間《おくねんかん》の歳月《さいげつ》を費《つい》やしたる神霊《しんれい》の活動状態《かつどうじょうたい》を、神界《しんかい》にては**イツカ（五《いつ》日《か》）**という。イツは稜威《みいづ》にしてカは光輝《こうき》の意《い》である。この五日《いつか》の活動力《かつどうりょく》により、動植物《どうしょくぶつ》の種天地《たねてんち》の間《あいだ》に出現《しゅつげん》した。いよいよ五十億年間《おくねんかん》の星霜《せいそう》を経《へ》て陰陽《いんよう》、水火《すいか》の活用《かつよう》あらわれ、宇《う》宙《ちゅう》一切《いっさい》の万物《ばんぶつ》に水火《すいか》の活用《かつよう》が加《くわ》わり、森羅万象《しんらばんしょう》の大根源《だいこんげん》が確立《かくりつ》した。この歳月《さいげつ》は六億年《おくねん》を費《つい》やしている。この六億年間《おくねんかん》の神霊《しんれい》の活用《かつよう》をムユカ（六日《むゆか》）という。

かくのごとくして天主《てんしゅ》は宇宙万有一切《うちゅうばんゆういっさい》をムユカに創造《そうぞう》された。

それより天主《てんしゅ》は一大金剛力《だいこんごうりき》を発揮《はっき》して、世界《せかい》を修理固成《しゅうりこせい》し、完全無欠《かんぜんむけつ》の理想世界《りそうせかい》いわゆる五六七《みろく》の神代《かみよ》、松《まつ》の世《よ》を建設《けんせつ》されるその工程《こうてい》が七千万年《せんまんねん》の歳月《さいげつ》であって、これをナナカ（七日《ななか》）という。ナナとは地成《なな》、名成《なな》、成就《なな》、安息《あんそく》の意《い》である。七日《ななか》の神霊《しんれい》の活用完了《かつようかんりょう》の暁《あかつき》にいたって、至善至美至真《しぜんしびししん》の宇宙《うちゅう》が完成《かんせい》される。これを安息日《ななか》という。

安息日《ななか》の七千万年間《せんまんねんかん》は天主《てんしゅ》の荒工事《あらこうじ》をおわって、その修理固成《しゅうりこせい》のために活動《かつどう》される時代《じだい》で、世人《せじん》のいうごとく神《かみ》の休息《きゅうそく》したもう意味《いみ》ではない。もしも天主《てんしゅ》にして一日《いちにち》はおろか一《いっ》分間《ぷんかん》でもその神業《しんぎょう》を休《やす》めたもうことがありとすれば、宇宙一切《うちゅういっさい》の万物《ばんぶつ》はたちまち滅亡《めつぼう》してしまうからである。ゆえにこの安息日《あんそくび》は人々《ひとびと》神《かみ》の洪恩《こうおん》を感謝《かんしゃ》し、かつその神徳《しんとく》を讃美《さんび》すべく祝《しゅく》すべき日《ひ》である。

かくして五十六億《おく》七千万年《せんまんねん》を経《へ》て、五六七《みろく》の神政《しんせい》まったく成就《じょうじゅ》され、天主《てんしゅ》の経綸《けいりん》の聖代《せいだい》がくるのである。しかるに幸《さいわ》いなるかな、五六七《みろく》の歳月《さいげつ》もほとんど満期《まんき》に近《ちか》づいておる。いよいよ五六七《みろく》神政《しんせい》出現《しゅつげん》の上《うえ》は、完全無欠《かんぜんむけつ》、至善至美《しぜんしび》の世界《せかい》となり、神人和合《しんじんわごう》して永遠《えいえん》無窮《むきゅう》に栄《さか》えゆくのである。ゆえに今日《こんにち》までの世界《せかい》は未完成時代《みかんせいじだい》であった。ここに天運到来《てんうんとうらい》して、神政《しんせい》の開《ひら》かれる時機《じき》となった。現代《げんだい》はその過渡時代《かとじだい》であるから、その前提《ぜんてい》として種々《しゅじゅ》の事変《じへん》の各所《かくしょ》に突発《とっぱつ》するのも、神界《しんかい》の摂理上《せつりじょう》やむを得《え》ざる次第《しだい》であろうと思《おも》う。

この安息日《あんそくび》については各教法家《かくきょうほうか》の諸説《しょせつ》も、古今東西《ここんとうざい》の区別《くべつ》なく論議《ろんぎ》されておるが、私《わたくし》は世説《せせつ》の如何《いかん》にかかわらず、神示《しんじ》のままを述《の》べたまでである。

【附言】

聖書《せいしょ》に、神《かみ》は六日に世界《せかい》を造《つく》り了《お》えて、七日目《ななかめ》に安息《あんそく》せりという神言《しんげん》がある。この

神言研究《しんげんけんきゅう》の大要《たいよう》を述《の》べると、

○ナの言霊《ことたま》は宇宙万有一切《うちゅうばんゆういっさい》を兼《か》ねて統一《とういつ》するということである。◉《ス》の凝《こ》る形《かたち》であり、行届《いきとど》く言霊《ことたま》であり、天国《てんごく》の経綸《けいりん》を地上《ちじょう》に移《うつ》すことともなり、◉《ス》の確定《かくてい》ともなり、調理《ちょうり》となり成就《じょうじゅ》となり、水素《すいそ》の形《かたち》となり、押《お》し鎮《しず》むる言霊《ことたま》の活用《かつよう》である。

次《つぎ》のナ○も同様《どうよう》の意義《いぎ》の活用《かつよう》である。

○カの言霊《ことたま》は、乾《かわ》かし固《かた》むる活用《かつよう》となり、晴《は》れて見《み》ゆる也《なり》、一切《いっさい》の物発生《ものはっせい》の神力《しんりき》となり、光明《こうみょう》となるの活用《かつよう》である。

○メの言霊《ことたま》は、世界《せかい》を見《み》るの活用《かつよう》となり、起《おこ》り兆《そめ》となり、本質《ほんしつ》を写《うつ》し、女子《にょし》を生《う》み、天《あま》の岩戸《いわと》を開《ひら》き、草木《くさき》の芽《め》となり、眼目《がんもく》となるの活用《かつよう》である。

以上《いじょう》の言霊《ことたま》により、神《かみ》は七日目《ななかめ》に安息《あんそく》したもうという神語《しんご》は、要《よう》するに宇宙万有一切《うちゅうばんゆういっさい》の生物《いきもの》に対《たい》して、神人《しんじん》、樹草《じゅそう》、動物《どうぶつ》、鳥族《ちょうぞく》、虫魚《ちゅうぎょ》の区別《くべつ》なく、各自《かくじ》その所《ところ》に安《やす》んじて、その天職《てんしょく》に奉仕《ほうし》する聖代《せいだい》の現《あら》われである。ゆえに七日《ななか》は現代《げんだい》の暦《こよみ》にいう日月火水木金土《じつげつかすいもくきんど》の一週間《しゅうかん》の日数《にちすう》の意味《いみ》ではない。

（『霊界物語』第3巻　第50章「安息日」　大正10・12・10　旧11・12　加藤明子録）

第四章　宇宙の太元

大宇宙《だいうちゅう》の元始《げんし》に当《あた》って、湯気《ゆげ》とも煙《けむり》とも何《なん》とも形容《けいよう》の仕難《しがた》い一種《しゅ》異様《いよう》の微妙《びみょう》のものが漂《ただよ》いたり。殆《ほと》ど十億年間《おくねんかん》の歳月《さいげつ》を経《へ》て、一種無形《しゅむけい》、無声《むせい》、無色《むしょく》の霊物《れいぶつ》となりたり。これを宇宙《うちゅう》の大元霊《だいげんれい》と云《い》う。『神典《しんてん》』にては、天之御中主神《あめのみなかぬしのかみ》と称《とな》えまた天之峰火男《あめのみねひお》の神《かみ》と称《しょう》し、仏典《ぶってん》にては阿弥陀如来《あみだにょらい》と称《しょう》し、キリスト教《きょう》にては、ゴッド又《また》はゼウスと云《い》い、易学《えきがく》にては太極《たいきょく》と云《い》い、支那《しな》にては天主《てんしゅ》、天帝《てんてい》、又《また》は単《たん》に天《てん》の語《ご》をもって示《しめ》される。国《くに》によりては造物主《ぞうぶつしゅ》、または世界《せかい》の創造者《そうぞうしゃ》ともいう。

この天之御中主神《あめのみなかぬしのかみ》の霊徳《れいとく》は、漸次《ぜんじ》（＝次第に。）宇宙《うちゅう》に瀰漫《びまん》（＝満ちあふれる。充実、拡がり満ちる。）し、氤氳《いんうん》（＝気がさかんになる。）化醇《かじゅん》（＝混じりけの無いものに変化。）して遂《つい》に「霊《れい》、力《りょく》、体《たい》」を完成《かんせい》し、無限絶対《むげんぜったい》無始《むし》無終《むしゅう》の大宇宙《だいうちゅう》の森羅万象《しんらばんしょう》を完成《かんせい》したる神《かみ》を称《しょう》して「大国治立尊《おほくにはるたちのみこと》」（一名《めい》・天常立命《あめのとこたちのみこと》）と云《い》い、「ミロクの大神《おほかみ》」とも云《い》うなり。

　宇宙《うちゅう》の大原因《だいげんいん》たる、一種《しゅ》微妙《びみょう》の霊物《れいぶつ》、天之御中主神《あめのみなかぬしのかみ》の無色無形無声《むしょくむけいむせい》の純霊《じゅんれい》は遂《つい》に「霊力《れいりょく》」を産出《さんしゅつ》する。これを霊系《れいけい》の祖神《そしん》「高皇産霊神《たかみむすびのかみ》」と云《い》う。次《つぎ》に元子《げんし》、いわゆる水素《すいそ》（または元素《げんそ》という）を醸成《じょうせい》したり。これを体系《たいけい》の祖神《そしん》「神皇産霊神《かむみむすびのかみ》」という。霊《れい》は「陽主《ようしゅ》陰従《いんじゅう》」にして、体《たい》は「陰主陽従《いんしゅようじゅう》」なり。かくしてこの二神《にしん》の霊《れい》と体《たい》とより一種《しゅ》異様《いよう》の力《りき》徳《とく》を生《しょう》じ、これを「霊体《ちから》」という。ほとんど三十億年《おくねん》の歳月《さいげつ》を要《よう》して、「霊《れい》・力《りょく》・体《たい》」のやや完全《かんぜん》を得《え》たるなり。『皇典《こうてん》』にては、これを「造化《ぞうか》の三神《しん》」という。

　ここに完全《かんぜん》なる「水素《すいそ》」を産出《さんしゅつ》したり。水素《すいそ》は漸次集合《ぜんじしゅうごう》して現今《げんこん》の呑《の》むごとき清水《せいすい》となりぬ。この清水《せいすい》には「高皇産霊神《たかみむすびのかみ》」の火霊《かれい》を宿《やど》し、よく流動《りゅうどう》する力《ちから》が備《そな》わりぬ。水《みず》を動《うご》かすものは火《ひ》にして、火《ひ》を働《はたら》かすものは水《みず》なり。この水《みず》の流体《りゅうたい》を、神典《しんてん》にては「葦芽彦遅《あしがいひこじの》神《かみ》」という。一切《いっさい》「動物《どうぶつ》の根元《こんげん》」となし、ここに霊系即《れいけいすなわ》ち火《ひ》の霊《れい》を宿《やど》して一種《しゅ》の力徳《りきとく》を発生《はっせい》し「動物《どうぶつ》の本質《ほんしつ》」となる。神祇官所祭《しんぎかんしょさい》の「生魂《いくむすび》」これなり。

次《つぎ》に火水抱合《ひみずほうごう》して一種《しゅ》の固形物体発生《こけいぶったいはっせい》し、宇宙一切《うちゅういっさい》を修理固成《しゅうりこせい》する根元力《こんげんりょく》となる。これを「常立神《とこたちのかみ》」といい、「剛体素《ごうたいそ》」という。神祇官所祭《しんぎかんしょさい》の「玉留魂《たまつめむすび》」これなり。金《きん》、銀《ぎん》、銅《どう》、鉄《てつ》、燐《りん》、砂《すな》、石等《いしとう》はこの「玉留魂《たまつめむすび》」をもっとも多量《たりょう》に包含《ほうがん》し、万有一切《ばんゆういっさい》の骨《ほね》となる。この「剛体素《ごうたいそ》」、「玉留魂《たまつめむすび》」の完成《かんせい》するまでに太初《たいしょ》より殆《ほとん》ど五十億年《おくねん》を費《つい》やしたり。ここに海月《くらげ》なす漂《ただよ》える宇宙《うちゅう》はようやく固体《こたい》を備《そな》うるにいたりぬ。

この水《みず》を胞衣《えな》となして想像《そうぞう》されたる宇宙一切《うちゅういっさい》の円形《えんけい》なるは、水《みず》の微粒子《びりゅうし》の円形《えんけい》なるに基《もと》づくものなり。「剛体《ごうたい》」は「玉留魂《たまつめむすび》」、すなわち「常立命《とこたちのみこと》」の神威発動《しんいはつどう》によりて、日地月《ひつちつき》星《ほし》はようやく形成《けいせい》されたり。大宇宙《だいうちゅう》の一小部分《しょうぶぶん》たる我《わ》が宇宙《うちゅう》の大地《だいち》は、あたかも炮烙《ほうらく》を伏《ふ》せたるがごとき山《やま》と、剛《ごう》・流《りゅう》の混交《こんこう》（混淆《こんこう》）したる泥海《どろうみ》なりしなり。

ここに絶対無限力《ぜったいむげんりょく》の「玉留魂《たまつめむすび》」の神《かみ》は弥々《いよいよ》その神徳《しんとく》を発揮《はっき》して大地《だいち》の海陸《かいりく》を区別《くべつ》し、清《せい》軽《けい》なるものは靉《たなび》きて大空《たいくう》となり、重濁《じゅうだく》なるものは淹滞《えんたい》して下《した》に留《とど》まり、大地《だいち》を形成《けいせい》したり。されどこの時《とき》の宇宙《うちゅう》の天地《てんち》は生物《せいぶつ》の影《かげ》は未《いま》だ無《な》かりけり。

ここに「流《りゅう》・剛《ごう》」すなわち「生魂《いくむすび》」と「玉留魂《たまつめむすび》」との水火合《いきあわ》して不完全《ふかんぜん》なる呼吸《こきゅう》を営《いとな》み、その中《うち》より「植物《しょくぶつ》の本質《ほんしつ》」たる「柔体《じゅうたい》」、即《すなわ》ち「足魂《たるむすび》」を完成《かんせい》したり、これを『神典《しんてん》』にては「豊雲野命《とよくもぬのみこと》」というなり。いよいよ宇宙《うちゅう》は「霊《れい》・力《りょく》・体《たい》」の元子《げんし》なる、「剛《ごう》・柔《じゅう》・流《りゅう》」の本質完成《ほんしつかんせい》されたのである。されど宇宙《うちゅう》は未《いま》だその活動《かつどう》を開始《かいし》するに至《いた》らなかった。

これらの元子《げんし》と元因《げんいん》とは互《たが》いに生成化育《せいせいかいく》し、力《ちから》はますます発達《はったつ》して、動《どう》・静《せい》・解《かい》・凝《ぎょう》・引《いん》・弛《ち》・合《ごう》・分《ぶん》の「八力《はちりき》」を産出《うみだ》した。『神典《しんてん》』にては宇宙《うちゅう》の動力《どうりょく》を「大戸地神《おほとのぢのかみ》」といい、静力《せいりょく》を「大戸辺神《おほとのべのかみ》」といい、解力《かいりょく》を「宇比地根神《うひぢねのかみ》」といい、凝力《ぎょうりょく》を「須比地根神《すひじねのかみ》」といい、また引力《いんりょく》を「生杙神《いくぐいかみ》」といい、弛力《ちりょく》を「角杙神《つぬぐいのかみ》」といい、合力《ごうりょく》を「面足神《おもたるのかみ》」といい、分力《ぶんりょく》を「惶根神《かしこねのかみ》」という。

この八力完成《はちりきかんせい》して始《はじ》めて宇宙《うちゅう》の組織成就《そしきじょうじゅ》し、大空《たいくう》に懸《かか》れる太陽《たいよう》は、無数《むすう》の星辰《ほし》の相互《そうご》の八力《はちりき》の各自《かくじ》の活動《かつどう》により、その位置《いち》を保《たも》ち大地《だいち》またこの八力《はちりき》によって、その地位《ちい》を保持《ほじ》する事《こと》となりし。かくして大宇宙《だいうちゅう》は完成《かんせい》に至《いた》るまで殆《ほとん》ど五十六億万年《おくまんねん》を費《つい》やしたり。

ここに宇宙《うちゅう》の主宰神《しゅさいしん》と顕現《けんげん》し給《たも》う無限絶対《むげんぜったい》の力《ちから》を「大国治立命《おほくにはるたちのみこと》」と称《しょう》し奉《たてまつ》る。「国治立命《くにはるたちのみこと》」は、「豊雲野命《とよくもぬのみこと》」（またの御名《みな》豊国姫命《とよくにひめのみこと》）と剛柔相対《ごうじゅうあいたい》して地上《ちじょう》に動植物《どうしょくぶつ》を生成化育《せいせいかいく》し、二神《にしん》の水火《いき》より伊邪那岐《いざなぎ》・伊邪那美《いざなみ》二尊《にそん》を生《う》み、日月《じつげつ》を造《つく》りてその「主宰《しゅさい》神《しん》」たらしめたまいける。

かくして大宇宙《だいうちゅう》の大原因霊《だいげんいんれい》たる「天之御中主神《あめのみなかぬしのかみ》」は五十六億万年《おくまんねん》を経《へ》て宇宙一切《うちゅういっさい》を創造《そうぞう》し、ここに「大国治立命《おほくにはるたちのみこと》」と顕現《けんげん》し、その霊魂《れいこん》を分派《ぶんぱ》して我《わ》が宇宙《うちゅう》に下《くだ》したまえり。即《すなわ》ち「国治立命《くにはるたちのみこと》」これなり。「国治立命《くにはるたちのみこと》」の仁慈無限《じんじむげん》の神政《しんせい》も、星移《ほしうつ》り年重《としかさ》なるに連《つ》れて妖邪《ようじゃ》の気《き》、宇宙《うちゅう》に瀰漫《びまん》し、遂《つい》にその邪気《じゃき》のために一時《いちじ》「独神《ひとりがみ》にして隠身《かくれみ》なり」（＝澄み極まった神のご神徳の形容。）の必然的経綸《ひつぜんてきけいりん》を行《おこな》わせたもう事《こと》とはなりぬ。……これより以前《いぜん》の事《こと》は、神々《かみがみ》として完全《かんぜん》に華々《はなばな》しいご活動《かつどう》はなく、時《とき》の力《ちから》により氤氳化醇《いんうんかじゅん》の結果《けっか》、宇宙《うちゅう》が形成《けいせい》するを待《ま》たれたるなり。（『霊界物語』第6巻　第1章「宇宙太元」　大正11・1・16　旧10・12・19）

第五章　神示の宇宙

宇宙間《うちゅうかん》には、「神霊原子《しんれいげんし》」というものがある。また単《たん》に「霊素《れいそ》」とも「火素《かそ》」とも云《い》う。「火素《かそ》」は万物一切《ばんぶついっさい》の中《うち》に包含《ほうがん》されてあり、空中《くうちゅう》にも沢山《たくさん》に充実《じゅうじつ》している。また「体素《たいそ》」というものがあって単《たん》に「水素《すいそ》」ともいう。火素水素相抱擁帰一《かそすいそあいほうようきいつ》して、「精気《せいき》」なるもの宇宙《うちゅう》に発生《はっせい》する。これは火素水素《かそすいそ》が最《もっと》も完全《かんぜん》に活用《かつよう》を始《はじ》めて発生《はっせい》したものである。この「精気《せいき》」より電子《でんし》が生《うま》れ、電子《でんし》は発達《はったつ》して宇宙間《うちゅうかん》に電気《でんき》を発生《はっせい》し、一切《いっさい》の万物活動《ばんぶつかつどう》の原動《げんどう》力《りょく》となるのである。

しかしてこの「霊素《れいそ》」を神界《しんかい》にては「高皇産霊神《たかみむすびのかみ》」といい、「体素《たいそ》」を「神皇産霊神《かむみむすびのかみ》」という。この霊体二素《れいたいにそ》の神霊《しんれい》より、遂《つい》に今日《こんにち》の学者《がくしゃ》の所謂《いわゆる》「電気《でんき》」が発生《はっせい》し、宇宙間《うちゅうかん》に動《どう》・静《せい》・解《かい》・凝《ぎょ》・引《いん》・弛《ち》・合《ごう》・分《ぶん》の「八力《はちりき》」完成《かんせい》し、遂《つい》に大宇宙小宇宙《だいうちゅうしょううちゅう》が形成《けいせい》されたり。

物質文明《ぶっしつぶんめい》は日《ひ》に月《つき》に発達《はったつ》し、神秘《しんぴ》の鍵《かぎ》をもって神界《しんかい》の秘門《ひもん》を開《ひら》いた如《ごと》くに感《かん》じられる世《よ》の中《なか》になったと言《い》っているが、まだまだ宇宙《うちゅう》の真理《しんり》や科学《かがく》は神界《しんかい》の門口《かどぐち》にも達《たっ》していない。しかし今日《こんにち》は、高皇産霊神《たかみむすびのかみ》（霊系《れいけい》）、神皇産霊神《かむみむすびのかみ》（体系《たいけい》）の二大原動力《にだいげんどうりょく》より発生《はっせい》した電《でん》気《き》の応用《おうよう》は進《すす》みきて、無線電信《むせんでんしん》や、電話《でんわ》やラジオが活用《かつよう》されて来《き》たのは五六七《みろく》の神政《しんせい》の魁《さきがけ》として、もっとも結構《けっこう》なことであります。

しかしながら物《もの》には一利一害《いちりいちがい》のともなうもので、善悪相混《ぜんあくあいこん》じ、美醜《びしゅう》たがいに交《まじ》わる造化《ぞうか》の法則《ほうそく》に漏《も》れず、便利《べんり》になればなるほど、一方《ぽう》にまたそれに匹敵《ひってき》する不便《ふべん》な事《こと》が出来《でき》るのである。

電気《でんき》なるものは、前述《ぜんじゅつ》のように宇宙《うちゅう》の「霊素《れいそ》」、「体素《たいそ》」より生成《せいせい》したものであるが、その電気《でんき》の濫用《らんよう》のために、宇宙《うちゅう》の霊妙《れいみょう》な「精気《せいき》」を費消《ひしょう》すればするだけ、反対《はんたい》に邪気《じゃき》を発生《はっせい》せしめて、宇宙《うちゅう》の精気《せいき》を抹消《まっしょう》し、ために人間《にんげん》その他一切《たいっさい》の生物《せいぶつ》を軟弱《なんじゃく》ならしめ、精神的《せいしんてき》に退化《たいか》せしめ、邪悪《じゃあく》の気宇宙《きうちゅう》に充《み》つれば満《み》ちるほど、空気《くうき》は濁《にご》り悪病《あくびょう》発生《はっせい》し害虫《がいちゅう》が増加《ぞうか》する。

されど今日《こんにち》の人間《にんげん》としては、これ以上《いじょう》の発明《はつめい》はまだ出来《でき》ていないから、五六七《みろく》神政出《しんせいしゅつ》現《げん》の過渡時代《かとじだい》においては、最《もっと》も有益《ゆうえき》にして必要《ひつよう》なものとなっている。

モ一歩進《いっぽすす》んで「不増不滅《ふぞうふげん》の霊気《れいき》をもって電気電話《でんきでんわ》に代《か》える様《よう》になれば、宇宙《うちゅう》に忌《い》まわしき邪気《じゃき》の発生《はっせい》を防《ふせ》ぎ、至粋至純《しすいしじゅん》の精気《せいき》に由《よ》って、世界《せかい》は完全《かんぜん》に治《おさ》まって来《く》る。」この域《いき》に達《たっ》するにも、今日《こんにち》のような浅薄《せんぱく》なものを捨《す》て、「神霊《しんれい》」に目覚《めざ》めねばならぬ。

大本《おほもと》の信者《しんじゃ》の中《なか》には、電気燈《でんきとう》を排斥《はいせき》する方々《かたがた》が、たまたま在《あ》るように聞《き》きますが、それは余《あま》り気《き》が早過《はやす》ぎる。これ以上《いじょう》の文明利器《ぶんめいりき》が発明《はつめい》されて、昔《むかし》の行燈《あんどん》が不用《ふよう》になった様《よう》に電《でん》燈《とう》が不用《ふよう》になる時期《じき》の来《き》た時《とき》に電気《でんき》を廃《はい》すればよい。

また宇宙《うちゅう》には無限《むげん》の「精気《せいき》」が充満《じゅうまん》してあるから、何程電気《なにほどでんき》を費消《ひしょう》しても無尽蔵《むじんぞう》である。決《けっ》して無《な》くなるという心配《しんぱい》は要《い》らぬ。また一旦電気濫費《いったんでんきらんぴ》より発生《はっせい》した邪気《じゃき》も宇宙無限《うちゅうむげん》の水《すい》火《か》の活動《かつどう》によって、新陳代謝《しんちんたいしゃ》が始終行《しじゅうおこな》われておるから大丈夫《だいじょうぶ》である。この新陳代謝《しんちんたいしゃ》の活《かっ》用《よう》こそ、神典《しんてん》に所謂《いわゆる》「祓戸四柱《はらひどよはしら》の大神《おほかみ》」の不断的活動《ふだんてきかつどう》に由《よ》るのである。

人間《にんげん》は宇宙《うちゅう》の縮図《しゅくず》にして天地《てんち》の移写《いしゃ》である。ゆえに人体一切《じんたいいっさい》の組織《そしき》と活用《かつよう》が判《わか》れば、宇《う》宙《ちゅう》の真相《しんそう》が明瞭《めいりょう》になって来《く》る。諺《ことわざ》に曰《い》う「燈台下暗《とうだいもとくら》し」と、吾人《ごじん》の体内《たいない》にて間断《かんだん》なく天《あめ》の御柱《みはしら》なる五大父音《だいふおん》と、国《くに》の御柱《みはしら》なる九大母音《だいぼおん》が声音《せいおん》を発《はっ》して生理作用《せいりさよう》を営《いとな》みいる如《ごと》く、宇宙《うちゅう》にもまた無限絶大《むげんぜつだい》の声音《せいおん》が鳴《な》り鳴《な》りて、鳴《な》り余《あま》りつつある。

しかして大空《たいくう》は主《しゅ》として五大父音《だいふおん》を発生《はっせい》し、地上及《ちじょうおよ》び地中《ちちゅう》は主《しゅ》として九大母音《ぼおん》鳴《な》り鳴《な》りて、鳴《な》り足《た》らざる部分《ぶぶん》は天空《てんくう》の五大父音《だいふおん》を以《もっ》てこれを補《おぎな》い、生成化育《せいせいかいく》の神業《しんぎょう》を完成《かんせい》しつつある。天空《てんくう》もまた大地《だいち》の九大母音《だいぼおん》の補《おぎな》いにより、よく安静《あんせい》を保《たも》ち、光温《こうおん》を生成化育《せいせいかいく》しつつあり。またこの天地《てんち》の父母音《ふぼおん》の十四大音声《だいおんせい》の言霊力《げんれいりょく》によりて、「キシチニヒミイリヰ」の「火《ひ》の言霊《ことたま》」を生成《せいせい》し、また「ケセテネヘメエレヱ」の「水《みず》の言霊《ことたま》」と、「コソトノホモヨロヲ」の「地《ち》の言霊《ことたま》」と、「クスツヌフムユルウ」の「結《むすび》（即《すなわ》ち神霊《しんれい》）の言霊《ことたま》」とを生成《せいせい》し、天地間《てんちかん》の森羅万象《しんらばんしょう》を活《い》き働《はたら》かしめつつ造化《ぞうか》の神業《しんぎょう》が永遠無窮《えいえんむきゅう》に行《おこな》われている。

試《こころ》みに天空《てんくう》の声《こえ》を聞《き》こうとすれば、深夜《しんや》心《こころ》を鎮《しず》めて、左右《さゆう》の人差指《ひとさしゆび》を左右《さゆう》の耳《みみ》に堅《かた》く当《あ》てて見《み》ると、確《たし》かに「アオウエイ」の「五大父音《だいふおん》」を歴然《れきぜん》と聞《き》くことが出来《でき》る。

瑞月王仁《ずいげつおに》の無学者《むがくしゃ》がこんなことを言《い》って、現代《げんだい》の学者《がくしゃ》は迂遠《うえん》（＝直接の役に立たない。実際的でない。）極《きわ》まる愚論《ぐろん》と一笑《いっしょう》に附《ふ》し去《さ》るであろうが、身体《しんたい》を循環《じゅんかん》する呼吸器音《こきゅうきおん》や、血液《けつえき》や、食道管《しょくどうかん》や、腸胃《ちょうい》の蠕動音《ぜんどうおん》（＝かすかに動く音。筋肉の収縮音。）がそれである。しかるにその音声《おんせい》を以《もっ》て宇宙《うちゅう》の音響《おんきょう》と見《み》做《な》すなど、実《じつ》に呆《あき》れて物《もの》が言《い》えぬと笑《わら》われるであろう。安《いず》んぞ知《し》らん、人間《にんげん》の体内《たいない》に発生《はっせい》する音響《おんきょう》そのものは、宇宙《うちゅう》の神音霊声《しんおんれいせい》なることを。

今《いま》医家《いか》の使用《しよう》する聴診器《ちょうしんき》を応用《おうよう》して考《かんが》えると、心臓部《しんぞうぶ》より上半身《かみはんしん》の体内《たいない》の音響《おんきょう》は、五大《だい》父音《ふおん》が主《しゅ》として鳴《な》り轟《とどろ》き、以下《いか》の内臓部《ないぞうぶ》の音響《おんきょう》は九大母音《だいぼおん》鳴《な》り渡《わた》り、その他《た》の「火《か》・水《すい》・地《ち》・結《けつ》」の音声《おんせい》の互《たが》いに交差運動《こうさうんどう》の模様《もよう》を聞《き》くことが出来《でき》る。人体《じんたい》にしてこれ等《ら》の音声《おんせい》休止《きゅうし》する時《とき》は、生活作用《せいかつさよう》の廃絶《はいぜつ》した時《とき》なり。宇宙《うちゅう》もまたこの大音声休止《だいおんせいきゅうし》せば、宇宙《うちゅう》はここに壊滅《かいめつ》してしまう。

地中《ちちゅう》の神音《しんおん》は人間下体部《にんげんかたいぶ》の音響《おんきょう》と同一《どういつ》なり。ただ宇宙《うちゅう》と人体《じんたい》とは大小《だいしょう》の区別《くべつ》あるをもって、その音声《おんせい》にも大小《だいしょう》あるまでなり。大声耳裡《たいせいじり》に入《い》らず（＝荘子の天地篇、すぐれた音楽が俗耳に入りにくいように、高尚な道理を説き聞かせても、俗人には理解されにくいという意。）、ゆえに天眼通《てんがんつう》、いわゆる透視《とうし》を為《な》すに瞑目《めいもく》するがごとく、宇宙《うちゅう》の大声《たいせい》を聞《き》かんとすれば、第《だい》一に閉耳《へいじ》するの必要《ひつよう》がある。

神典《しんてん》に曰《いは》く、「鳴《な》り鳴《な》りて鳴《な》り余《あま》れる処一所《ところひとところ》あり、鳴《な》り鳴《な》りて鳴《な》り足《た》らざる処一所《ところひとところ》あり」と、これ「大空及《たいくうおよ》び大地《だいち》の音声活用《おんせいかつよう》の神理《しんり》」を示《しめ》されたものである。聖書《せいしょ》に曰《い》う「太初《はじめ》に道《ことば》あり云々《うんぬん》」と、これに依《よ》りて宇宙言霊《うちゅうことたま》の如何《いか》なる活用《かつよう》あるかを窺知《きち》すべきである。

（『霊界物語』第4巻・第50章「神示《しんじ》の宇宙」その5　大正10・12・28　旧11・30　松村仙蔵録）

第六章　空相と実相

龍樹菩薩《りゅうずぼさつ》は空《くう》を説《と》いた。空《くう》と言《い》うのは神又《かみまた》は霊《れい》と言《い》う事《こと》である。目《め》に見《み》えず、耳《みみ》に聞《き》こえぬ世界《せかい》であるから空《くう》と言《い》うのである。空相《くうそう》は実相《じっそう》を生《う》む、霊《れい》より物質《ぶっしつ》が生《うま》れて来《く》る事《こと》を意味《いみ》する。無《む》より有《ゆう》を生《しょう》ずるというのも同《おな》じ意味《いみ》で、神《かみ》が総《すべ》ての根元《こんげん》でありそれより森羅《しんら》万象《ばんしょう》を生《しょう》ずるのである。霊《れい》が先《さき》であり体《たい》が後《あと》である。家《いえ》を建《た》てようと思《おも》う思《おも》いは外的《がいてき》に見《み》て空《くう》である。けれども其思《そのおも》いの中《なか》には、ちゃんと立派《りっぱ》な建造物《けんぞうぶつ》が出来上《できあが》って居《い》るのである、それがやがて設計図《せっけいず》となって具体化《ぐたいか》する。更《さら》に木材《もくざい》の蒐集《しゅうしゅう》となり組立《くみたて》となり、遂《つい》に実際《じっさい》の大廈高楼《たいかこうろう》が現出《げんしゅつ》する。空相《くうそう》が実相《じっそう》を生《う》み、無《む》より有《ゆう》が生《しょう》じたのである。

真如実相《しんにょじっそう》という意《い》を聞《き》くのか、真如《しんにょ》は神《かみ》、仏《ほとけ》、絶対無限《ぜったいむげん》の力《ちから》を言《い》うのであるから、前《まえ》と同《おな》じ意味《いみ》である。実相《じっそう》は物質的《ぶっしつてき》意味《いみ》である。

（『月鏡』）

第三編　神と心と言霊

第一章　人生の本分（道すがら）

「天帝一物《てんていいちぶつ》を創造《そうぞう》す。悉《ことごと》く力徳《りきとく》による。ゆえに善悪相混《ぜんあくあいこん》じ美醜《びしゅう》互《たが》いに相交《あいまじ》わる」

これ『道《みち》の大原《たいげん》』の初発《しょはつ》に示《しめ》されたる聖句《せいく》である。つらつら考《かんが》えるに、蒼空《そうくう》を仰望《ぎょうぼう》しても海原《うなばら》を見《み》ても、山川虫魚《さんせんちゅうぎょ》を見《み》ても、ことごとく善悪美醜《ぜんあくびしゅう》の区別《くべつ》が様々《さまざま》あって、「この世界《せかい》は至善至美《しぜんしび》の神様《かみさま》がお造《つく》りになった以上《いじょう》は、悪《あく》ということは微塵《みじん》もなく、至善至美《しぜんしび》の物《もの》ばかりであらねばならぬ」という人《ひと》があるが、決《けっ》してそうはゆきません。

「天帝《てんてい》はたして全智全能《ぜんちぜんのう》にして、万物《ばんぶつ》を造《つく》りかつ真善美《しんぜんび》を好《この》むものならば、何故《なにゆえ》その全《ぜん》智全能《ちぜんのう》の神徳《しんとく》によって、美《び》なるもの善《ぜん》なるもののみを拵《こしら》えて、醜悪《しゅうあく》なるものを拵《こしら》えぬはずである。神《かみ》の意志《いし》はたして真善美《しんぜんび》を愛《あい》するならば、元《もと》より善《ぜん》ばかりを拵《こしら》えておけば、別《べつ》に悪《あく》を造《つく》っておいて、悪《あく》を改《あらた》めしめんとて、宣伝《せんでん》に努力《どりょく》する必要《ひつよう》はないではないか。要《よう》するに、天帝《てんてい》は自分《じぶん》から醜悪《しゅうあく》なるものを造《つく》り、その醜悪《しゅうあく》を嫌《きら》うというのは自家撞着《じかどうちゃく》（＝同じ人の言行がくいちがって、つじつまが合わない。）も甚《はなは》だしい矛盾《むじゅん》である。吾《われ》らはここに至《いた》って、全智全能《ぜんちぜんのう》の神《かみ》を疑《うたが》わざるを得《え》ず」と言《い》った人《ひと》が沢山《たくさん》あった。しかしながら何人《なんびと》といえど今日《こんにち》までの諸々《もろもろ》の宗教《しゅうきょう》、倫理《りんり》、道徳説《どうとくせつ》が、頭脳《ずのう》にしみ込《こ》んでいる人《ひと》の考《かんが》えからみれば、実《じつ》に最《もっと》も至極《しごく》の疑問《ぎもん》である。

喜楽《きらく》（＝出口聖師。）も少年《しょうねん》の頃《ころ》から、この問題《もんだい》には大変《たいへん》心《こころ》を砕《くだ》いてきた。時《とき》の古今《ここん》を問《と》わず、洋《よう》の東西《とうざい》を論《ろん》ぜず、すべての哲学者《てつがくしゃ》、宗教家《しゅうきょうか》もこの問題《もんだい》については、しきりに研究《けんきゅう》をしていたようである。世界皆善論《せかいかいぜんろん》を唱《とな》える者《もの》もあれば、世界皆悪論《せかいかいあくろん》を唱《とな》えるものも現《あらわ》れている。また「この世《よ》は夢《ゆめ》の浮世《うきよ》じゃ」といって厭離穢土《えんりえど》と称《しょう》し、「未来《みらい》の天国浄土《てんごくじょうど》を楽《たの》しむのが人生《じんせい》の大目的《だいもくてき》だ」などとまちまちの説《せつ》を立《た》て、諸説紛々《しょせつふんぷん》として落《お》ち着《つ》く所《ところ》を知《し》らず、宙《ちゅう》に迷《まよ》うておる姿《すがた》である。古今《ここん》の学者《がくしゃ》が一人《ひとり》として今日《こんにち》に至《いた》るまで、大宇宙《だいうちゅう》の本体《ほんたい》をとらえ、「人生《じんせい》の真目的《しんもくてき》」を諒解《りょうかい》したる者《もの》はないようである。

仏教《ぶっきょう》にしても儒教《じゅきょう》にしても、現代我国《げんだいわがくに》の十三派《ぱ》の神道宗教《しんどうしゅうきょう》にしても、その他種々雑多《たしゅじゅざった》の宗教《しゅうきょう》にしても、決《けっ》して宇宙《うちゅう》の真相《しんそう》を解決《かいけつ》し得《え》たものは無《な》い。しかしながら尊《とうと》いことには、わが国《くに》には皇祖皇宗《こうそこうそう》の御遺訓《ごいくん》なる『古事記《こじき》』『日本書紀《にほんしょき》』その他《た》の古書《こしょ》が伝《つた》わり、言《こと》霊《たま》の明鏡《めいきょう》が歴然《れきぜん》として輝《かがや》き、宇宙《うちゅう》の真理《しんり》を解決《かいけつ》すべき宝典《ほうてん》にとぼしくなけれども、闇黒《あんこく》なる今日《こんにち》の思想界《しそうかい》においては、この真理《しんり》を諒解《りょうかい》するだけの偉人《いじん》も賢哲《けんてつ》も学者《がくしゃ》も現《あらわ》れていないということは、国家社会《こっかしゃかい》のために実《じつ》に慨嘆《がいたん》の至《いた》りである。

喜楽《きらく》は幼時《ようじ》より我国体《わがこくたい》の淵源《えんげん》（＝みなもと。）を極《きわ》めんとし、かつ明治《めいじ》三十一年《ねん》以後今日《いごこんにち》にいたるまで、ほとんど二十五年間《ねんかん》、艱難辛苦《かんなんしんく》を積《つ》み、神界《しんかい》の真相《しんそう》の一端《いったん》を極《きわ》めた結果《けっか》、宇宙《うちゅう》真理《しんり》の一部《ぶ》を『霊界物語《れいかいものがたり》』として発表《はっぴょう》することとなった。『道《みち》の大原《たいげん》』の聖句《せいく》にも、天地《てんち》間《かん》の万物《ばんぶつ》に善悪美醜《ぜんあくびしゅう》の混淆《こんこう》せるは、全《まった》く力徳《りきとく》の按配《あんばい》によるものと断定《だんてい》を下《くだ》してあるのは、万古不易《ばんこふえき》の真理《しんり》である。

さてこの力徳《りきとく》ということは、一朝一夕《いっちょういっせき》に説《と》き明《あ》かすわけにはゆかぬ。約言《やくげん》すれば動静《どうせい》解凝引弛合分《かいぎょういんちごうぶん》の八力《はちりき》の活動《かつどう》の如何《いかん》によって、善悪美醜《ぜんあくびしゅう》、大小強弱《だいしょうきょうじゃく》が分《わか》れるのである。

「人《ひと》は天地《てんち》の花《はな》、万物《ばんぶつ》の霊長《れいちょう》」と称《とな》えられているが、大本《おほもと》では一歩《いっぽ》進《すす》んで、

「神《かみ》は万物普遍《ばんぶつふへん》の霊《れい》にして、人《ひと》は天地経綸《てんちけいりん》の司宰者《しさいしゃ》なり」

と断定《だんてい》を下《くだ》しているのである。

かくのごとき尊《とうと》き天地経綸《てんちけいりん》の司宰者《しさいしゃ》たる人間《にんげん》にも、また善悪美醜《ぜんあくびしゅう》、大小強弱《だいしょうきょうじゃく》の区別《くべつ》があって、中《なか》には天地経綸《てんちけいりん》の司宰者《しさいしゃ》どころか、かえって天地経綸《てんちけいりん》の妨害《ぼうがい》をなす人間《にんげん》が沢山《たくさん》に出来《でき》ている。かくのごとき人間《にんげん》が現《あらわ》れてくるのは、要《よう》するに、一つは教育《きょういく》の如何《いかん》にもよるのは無論《むろん》だが、真《しん》の原因《げんいん》は決《けっ》してそうではない。肝腎《かんじん》の大原因《だいげんいん》は、天賦《てんぷ》の力徳《りきとく》の過不及《かふきゅう》によるところの結果《けっか》で、お筆先《ふでさき》のいわゆる身魂《みたま》の因縁性来《いんねんしょうらい》による。

概《がい》して人間《にんげん》の肉体《にくたい》の善悪強弱《ぜんあくきょうじゃく》は、すべて力徳《りきとく》の過不及《かふきゅう》により生《しょう》ずるところの結果《けっか》であ

る。人《ひと》の心《こころ》の善悪智愚《ぜんあくちぐ》は、元《もと》より教育《きょういく》によってその一部分《ぶぶん》は左右《さゆう》される。しかし人《ひと》は神様《かみさま》に次《つ》いで尊《とうと》きもので、世界《せかい》を善《ぜん》に進《すす》め、美《び》に開《ひら》くべき天職《てんしょく》を天賦的《てんぷてき》に持《も》っている。人間《にんげん》は小《しょう》なる神《かみ》として、また神《かみ》の生宮《いきみや》としてこの世《よ》に生《う》れ出《い》でたる以上《いじょう》は、終生神《しゅうせいかみ》の御旨《みむね》を奉戴《ほうたい》し、天地《てんち》の御用《ごよう》を助《たす》け奉《まつ》らねば、人《ひと》として生《うま》れ出《い》でたる本分《ほんぶん》が尽《つく》せないのである。

人間《にんげん》は裸体《はだか》で生《う》まれて来《き》たのであるから、また裸体《はだか》で死《し》ねばよいというような棄鉢根《すてばちこん》性《じょう》では、人生天賦《じんせいてんぷ》の職責《しょくせき》が遂《と》げられぬのみならず、せっかく神界《しんかい》より選《えら》ばれて神《かみ》の生宮《いきみや》に生《うま》れさせていただいた、大神《おほかみ》の御聖旨《ごせいし》に背《そむ》くことになる。

人生《じんせい》の本分《ほんぶん》として、第《だい》一に天地神明《てんちしんめい》の大業《たいぎょう》に奉仕《ほうし》し、政治《せいじ》をすすめ、産業《さんぎょう》を拓《ひら》き、かつ真《しん》の宗教《しゅうきょう》を宣伝《せんでん》し、道義心《どうぎしん》の発達《はったつ》を助《たす》けて世界《せかい》の醜悪《しゅうあく》を駆追《くつい》し、真善美《しんぜんび》の天地《てんち》に進《すす》めてゆかねばならぬのである。他人《たにん》はどうでもかまわぬ、自分《じぶん》のみ清《きよ》く正《ただ》しければいいのだといって、聖人《せいじん》気《き》取《ど》りで済《す》ましているようなことでは、人間《にんげん》としての天職《てんしょく》を全《まった》くしたものということは出来《でき》ない。

喜楽《きらく》は常《つね》に「政《せい》・教《きょう》・慣《かん》・造《ぞう》」（＝「四大綱領」。「祭教慣造」。）の進歩発達《しんぽはったつ》を祈願《きがん》し、かつ完成《かんせい》せしむるをもって、人《ひと》たるものの天職《てんしょく》だと考《かんが》えている。

一、**政《せい》は万世一系《ばんせいいっけい》なり。**（＝「祭政一致の大道」天上の儀を地上に移すこと。）

一、**教《きょう》は天授《てんじゅ》の真理《しんり》なり。**（＝教は、人造にあらず。）

一、**慣《かん》は天人道《てんじんどう》の常《じょう》なり。**（＝天道は神の力徳の発動、人道の常経は天道が人によって行なわれること。）

一、**造《ぞう》は適宜《てきぎ》の事務《じむ》なり。**（＝造は、状況に合った事務。実業家の職責。）

即《すなわ》ちこの四大綱領《しだいこうりょう》を実践躬行《じっせんきゅうこう》」（＝実際におこなうこと。）するのが人生《じんせい》の本分《ほんぶん》である。……吾人《ごじん》は人生《じんせい》の重大《じゅうだい》なる責任《せきにん》を感《かん》じ、どうしても肉体《にくたい》の安楽《あんらく》のみをむさぼることはできない。人生《じんせい》の本分《ほんぶん》を幾分《いくぶん》なりとも遂行《すいこう》し得《え》ざる内《うち》は、いかなる栄華《えいが》も歓楽《かんらく》も、自分《じぶん》の心《こころ》をみたすことはできない。美衣《びい》、美食《びしょく》、財宝《ざいほう》なども到底天授《とうていてんじゅ》の心魂《しんこん》を喜《よろこ》ばすに足《た》らぬ。ただ天下公共《てんかこうきょう》のために、自分《じぶん》としての天職《てんしょく》を尽《つく》し得《う》ることが肝腎《かんじん》である。……以下略《いかりゃく》。

（『霊界物語』第38巻・第一章「道すがら」大正11・10・14　北村隆光録）

第二章　人生の目的

神《かみ》は全大宇宙《ぜんだいうちゅう》を創造《そうぞう》し、宇宙一切《うちゅういっさい》の花《はな》とし実《み》として人間《にんげん》を造《つく》った。人間《にんげん》は神《かみ》の精霊《せいれい》を宿《やど》し、神《かみ》に代《かわ》って地上《ちじょう》の世界《せかい》は云《い》うも更《さら》なり、宇宙一切霊界迄《うちゅういっさいれいかいまで》も支配《しはい》せしむることゝしたのである。

然《しか》るに人間《にんげん》は現界《げんかい》に生《うま》るゝ刹那《せつな》の苦《くる》しみによって一切《いっさい》の使命《しめい》を忘却《ぼうきゃく》し、唯地上《ただちじょう》のみの経綸者《けいりんしゃ》として生《うま》れて来《き》たものゝ様《よう》に思《おも》っている位《くらい》は上等《じょうとう》の部分《ぶぶん》である。現代《げんだい》の科学《かがく》に心酔《しんすい》して居《い》る所謂立派《いわゆるりっぱ》な人間《にんげん》は、人《ひと》は何処《いずこ》より来《きた》り、何処《いずこ》へ去《さ》ると云《い》う点《てん》さえも明《あき》らかに分《わか》って居《い》ない。大極《たいきょく》と云《い》い、大自然《だいしぜん》と云《い》い、上帝《じょうてい》又《また》は天帝《てんてい》と云《い》い、阿弥陀《あみだ》と称《とな》え、ゴッドと云《い》うも皆《みな》、無始無終《むしむしゅう》、無限絶対《むげんぜったい》の普遍《ふへん》の「霊《れい》・力《りょく》・体《たい》」を指《さ》したものである。故《ゆえ》に神《かみ》とか、大自然《だいしぜん》とか云《い》うものは、宗教家《しゅうきょうか》の云《い》う如《ごと》く絶対的《ぜったいてき》の、全智全能者《ぜんちぜんのうしゃ》ではない。

地上《ちじょう》の花《はな》たる人間《にんげん》を疎外《そがい》しては、神《かみ》の全智全能《ぜんちぜんのう》もあったものではない。けれども、神《かみ》は全智全能《ぜんちぜんのう》なるが故《ゆえ》に人間《にんげん》を地上《ちじょう》に下《くだ》して、天地経綸《てんちけいりん》の用《よう》をなさしめて居《い》る。神《かみ》と人《ひと》と相《あい》まって初《はじ》めて全智全能《ぜんちぜんのう》の威力《いりょく》が発揚《はつよう》されるのである。

数百万年《すうひゃくまんねん》の太古《たいこ》より、因蘊化醇《いんうんかじゅん》されたる今日《こんにち》の宇宙《うちゅう》も、人間《にんげん》と云《い》うものを地上《ちじょう》に下《くだ》し、これに霊《れい》と力《ちから》を与《あた》えて各々《おのおの》その任《にん》を全《まっと》うせしめたから、今日《こんにち》の稍完全《ややかんぜん》なる宇宙《うちゅう》が構成《こうせい》されたのである。

神《かみ》は山川草木《さんせんそうもく》を或力《あるちから》により造《つく》り出《だ》したが、しかしながら人間《にんげん》の活動《かつどう》が加《くわ》わらなかったならば、依然《いぜん》として山河草木《さんかそうもく》は太初《はじめ》のまゝで、少《すこ》しも進歩発達《しんぽはったつ》はしていないのである。

自然《しぜん》に生《は》えた山野《さんや》の草木《くさき》、果実《かじつ》は極《きわ》めて小《ちい》さく、極《きわ》めて味《あじ》が悪《わる》い。瑞穂《みづほ》の国《くに》の稲穂《いなほ》といえど、太初《はじめ》地上《ちじょう》に発生《はっせい》したものは僅《わず》かに三粒《つぶ》か十粒《つぶ》の籾《もみ》を頂《いただ》いて居《い》たのに過《す》ぎない。それを人間《にんげん》が色々《いろいろ》と工夫《くふう》して、今日《こんにち》の如《ごと》く立派《りっぱ》な稲穂《いなほ》を造《つく》り出《だ》すようになったのである。

その外《ほか》一切《いっさい》万事《ばんじ》皆《みな》人間《にんげん》の力《ちから》の加《くわ》わって居《い》ない物《もの》はない。併《しか》しながら人間《にんげん》は独力《どくりょく》では働《はたら》きは出来《でき》ない、何《いず》れも神《かみ》の分霊分魂《ぶんれいぶんこん》が、体内《たいない》に宿《やど》って、地上《ちじょう》の世界《せかい》を今日《こんにち》の現状《げんじょう》まで開発《かいはつ》させたのである。

人間《にんげん》は神《かみ》と共《とも》に働《はたら》いて、天国《てんごく》を造《つく》り、浄土《じょうど》も造《つく》り、文明《ぶんめい》の世《よ》も造《つく》るのである。この原理《げんり》を忘《わす》れて、唯《ただ》神仏《しんぶつ》さえ信仰《しんこう》すれば全智全能《ぜんちぜんのう》だから、信心《しんじん》さえ届《とど》けばどんな事《こと》でも神《かみ》が聞《き》いてくれるように思《おも》うのは迷信《めいしん》、妄信《もうしん》の甚《はなは》だしきものと云《い》わなければならぬ。

また神《かみ》の造《つく》った宇宙《うちゅう》には一つの不思議《ふしぎ》な意志《いし》がある。その意志《いし》によって人間《にんげん》は人間《にんげん》を統《とう》一《いっ》し、魚族《ぎょぞく》は魚族《ぎょぞく》を統一《とういつ》し、鳥類《ちょうるい》、虫《むし》けらに至《いた》るまで、一々指導者《しどうしゃ》がこしらえてある。

併《しか》しながら釈迦《しゃか》の云《い》ったように、地上《ちじょう》にミロクが出現《しゅつげん》する迄《まで》は、この天地間《てんちかん》は未完成時《みかんせいじ》代《だい》であって、蜂《はち》に王《おう》があるが如《ごと》く、蟻《あり》に親玉《おやだま》があるが如《ごと》く、真《まこと》の人間界《にんげんかい》の統一者《とういつしゃ》指導者《しどうしゃ》が無《な》かったのである。要《よう》するに宇宙《うちゅう》が未《いま》だそこまで進《すす》んで居《い》なかったからである。

この無限絶対《むげんぜったい》なる宇宙《うちゅう》の完成《かんせい》は今日《こんにち》まで五十六億《おく》七千万年《せんまんねん》を要《よう》している。故《ゆえ》にこれからの世《よ》の中《なか》は永遠無窮《えいえんむきゅう》であって、いつまで続《つづ》くか、計算《けいさん》が出来《でき》ない程《ほど》のものである。天文学者《てんもんがくしゃ》などが、何億年《なんおくねん》すれば太陽《たいよう》の熱《ねつ》がなくなるとか、月《つき》がどうとか、星《ほし》がどうとか云《い》って居《い》る論説《ろんせつ》などは、迷論《めいろん》である。いよいよ天地人三才《てんちじんさんさい》の完成《かんせい》する間際《まぎわ》であり、今《いま》や新時代《しんじだい》が生《うま》れんとする生《せい》の苦悶時代《くもんじだい》である。……以下《いか》略。

（『水鏡』・「神の経綸」）

第三章　言霊と心

一　神《かみ》はコトバである。コトバは神《かみ》の意志《いし》である。日本《にほん》においては、神《かみ》の御名《おんな》に何々《なになに》—

の命《みこと》（尊《みこと》）とあるのは「御言《みこと》」の義《ぎ》である。コトバとは霊《れい》という見地《けんち》からして、日《に》本《ほん》には「言霊《ことたま》」という語《ご》が昔《むかし》から存在《そんざい》している。「言霊《ことたま》の助《たす》くる国《くに》」「言霊《ことたま》の活《はたら》き居《い》る国《くに》」等《など》の語《ご》が伝《つた》えられる。

「霊魂《れいこん》」の活用《かつよう》を分類《ぶんるい》すれば奇魂《くしみたま》、荒魂《あらみたま》、和魂《にぎみたま》、幸魂《さちみたま》の四魂《しこん》のことで、これを統括《とうかつ》するところの全霊《ぜんれい》に分《わか》れる。いわゆる「一霊四魂《いちれいしこん》」であるが、この根源《こんげん》の「一霊四魂《いちれいしこん》」を代《だい》表《ひょう》する声音《せいおん》は「アオウエイ」の五大父音《だいふおん》である。

宇宙根本《うちゅうこんぽん》の造化作用《ぞうかさよう》は要《よう》するに至祖神《しそしん》の「一霊四魂《いちれいしこん》」の運用《うんよう》の結果《けっか》であるから、至祖神《しそしん》のご活動《かつどう》につれて必然的《ひつぜんてき》に「アオウエイ」の五大父音《だいふおん》が先《ま》ず全大宇宙《ぜんだいうちゅう》に発生《はっせい》し、そしてその声音《せいおん》は今日《こんにち》といえども依然《いぜん》として虚空《こくう》に充《み》ち満《み》ちている。だが、あまりに大《だい》なる声音《せいおん》なので、あまりに微細《びさい》な声音《せいおん》と同様《どうよう》に、普通人間《ふつうにんげん》の肉耳《にくじ》には感《かん》じられない。しかしあまり大《おお》きくない中間音《ちゅうかんおん》は間断《かんだん》なく吾人《ごじん》の耳朶《じだ》に触《ふ》れ、天音地籟一《てんおんちらいいつ》として五大父音《だいふおん》に帰着《きちゃく》せぬものはない。鎮魂《ちんこん》して吾人《ごじん》の霊耳《れいじ》を開《ひら》けば、聴《き》こえる範囲《はんい》は更《さら》に拡大《かくだい》する。

さて、声音《せいおん》は「心《こころ》の柄《え》」（＝声（こ）え）。「心《こころ》の運用機関《うんようきかん》」であるから、天神《てんしん》の「一霊四魂《いちれいしこん》」の活用《かつよう》が複雑《ふくざつ》に赴《おもむ》くだけ、声音《せいおん》の数《すう》も複雑《ふくざつ》に停止《ていし》するところはない。その中《なか》にあって宇宙《うちゅう》間《かん》に発生《はっせい》した清音《せいおん》のみを拾《ひろ》い集《あつ》めると四十五音《おん》、濁音《だくおん》、半濁音《はんだくおん》を合《がっ》すれば七十五音《おん》となる。これは声音研究者《せいおんけんきゅうしゃ》の熟知《じゅくち》するところである。拗音《ようおん》（＝や・ゆ・よ・わの仮名を他の仮名の下に小さく添えて表す。きゃ、きゅ、きょ、など。）、促音《そくおん》（＝つまる音。）、鼻音等《びおんとう》を合併《がっぺい》すれば更《さら》に多数《たすう》に上《のぼ》るが、要《よう》するにみな七十五音《おん》の変形《へんけい》で、あらゆる音声《おんせい》、あらゆる言語《げんご》は根本《こんぽん》の七十五声音《せいおん》の運用《うんよう》と結合《けつごう》との結果《けっか》に外《ほか》ならない。

それゆえ宇宙《うちゅう》の森羅万象一切《しんらばんしょういっさい》はこれら無量無辺《むりょうむへん》の音声即《おんせいすなわ》ち言霊《ことたま》の活用《かつよう》の結果《けっか》と見《み》て差支《さしつか》えない。

これは人間《にんげん》の上《うえ》に照《て》らして見《み》てもその通《とお》りである事《こと》がよく分《わ》かる。人間《にんげん》の心《こころ》の活用《かつよう》のある限《かぎ》り、これを表現《ひょうげん》する言霊《ことたま》がある。「進《すす》め」と思《おも》う瞬間《しゅんかん》には、その言霊《ことたま》は吾人《ごじん》の身体《からだ》の中府《ちゅうふ》から湧《わ》き、「退《しりぞ》け」と思《おも》う瞬間《しゅんかん》にも、「寝《ね》よう」と思《おも》う瞬間《しゅんかん》にも、「行《や》ろう」と思《おも》う瞬《しゅん》間《かん》にも、その他《た》如何《いか》なる場合《ばあい》にも、常《つね》にその言霊《ことたま》は吾人《ごじん》の中心《ちゅうしん》から湧出《ゆうしゅつ》する。すなわち人《にん》間《げん》の一挙一動《いっきょいちどう》ことごとく「言霊《ことたま》の力《ちから》で左右《さゆう》される」といってよい。

（『霊界物語』第39巻「付録・大祓祝詞解」「高天原」『善言美詞・祝詞解説』参照）

第四章　一霊四魂の働き

神直日神《かむなおひのかみ》は宇宙主宰《うちゅうしゅさい》の神《かみ》の直霊魂《ちょくれいこん》にして、大直日神《おほなおひのかみ》は天帝《てんてい》の霊魂《れいこん》の分賦《ぶんぷ》たる吾人《ごじん》の霊魂《れいこん》をして完全《かんぜん》無疵《むきず》たらしめんとする直霊《ちょくれい》である。

いわゆる人《ひと》の罪科《つみとが》を未然《みぜん》にふせぐ至霊《しれい》にして、大祓《おほはらい》の祝詞《のりと》に、これを気吹戸主神《いぶきどぬしのかみ》という。

また八十曲津日神《やそまがつひのかみ》、大曲津日神《おほまがつひのかみ》は大祓祝詞《おほはらいのりと》にこれを瀬織津姫神《せおりつひめのかみ》といい、伊都能売神《いづのめのかみ》を速秋《はやあき》津彦神《つひこのかみ》、速秋津姫神《はやあきつひめのかみ》（速秋津《はやあきつ》比《ひ》売《め》の神《かみ》）といい、神素盞鳴大神《かむすさのをのおほかみ》を速佐須良姫神《はやさすらひめのかみ》と申《もう》すのである。以上四柱《いじょうよはしら》の神様《かみさま》を総称《そうしょう》して「祓戸《はらいど》の大神《おほかみ》」という。

すなわち伊邪那岐命《いざなぎのみこと》が黄泉津国《よもつのくに》の汚穢混濁《おえこんだく》を払滌《ふつじょう》せんとして、筑紫《つくし》の日向《ひむか》の橘《たちばな》の小戸《おど》の阿波岐原《あはぎがはら》に、禊身《みそぎ》祓《はら》いの神業《しんぎょう》を修《しゅう》したまいし時《とき》に生《あ》れませる大神《おほかみ》である。

大曲津日神《おほまがつひのかみ》は大神《おほかみ》の神勅《しんちょく》を奉《ほう》じて邪神《じゃしん》を誅征《ちゅうせい》し、討伐《とうばつ》したもう大首領《だいしゅりょう》の任《にん》にあたる神《かみ》であって八十曲津日神《やそまがつひのかみ》を指揮《しき》し使役《しえき》したもう神《かみ》である。これを現界《げんかい》に移写《いしゃ》する時《とき》は、大君《おおぎみ》の勅命《ちょくめい》をかしこみて征途《せいと》にのぼる総司令官《そうしれいかん》の役目《やくめ》である。以下《いか》の将卒《しょうそつ》は、すなわち八十曲《やそまが》津日神様《つひのかみさま》であり、直日《なおひ》（直霊《なおひ》）と曲霊《まがひ》について左《さ》の大要《たいよう》を示《しめ》す。

（一）直《ちょく》　霊《れい》

○直日《なおひ》の霊《みたま》は荒魂《あらみたま》の中《なか》にも、和魂《にぎみたま》の中《なか》にも、奇魂《くしみたま》の中《なか》にも、幸魂《さちみたま》の中《なか》にも含有《がんゆう》される。
各自《かくじ》きわめて美《うるわ》しく、いたって細《くわ》しき霊《みたま》の名称《めいしょう》にして、善々美々《ぜんぜんびび》なるものをいう。

○直霊《なおひ》は過失《かしつ》を未然《みぜん》に消滅《しょうめつ》せしむる能力《のうりょく》あり。四魂各自《しこんかくじ》もちいて直《ちょく》はその中《うち》にある。これすなわち直霊《なおひ》なり、神典《しんてん》これを神直日《かむなおひ》大直日《おおなおひ》という。始祖《しそ》の所名《しょめい》なり。

○神直日《かむなおひ》とは、天帝《てんてい》の本霊《ほんれい》たる四魂《しこん》に具有《ぐゆう》する直霊魂《ちょくれいこん》をいう。

○大直日《おおなおひ》とは、吾人上帝《ごじんじょうてい》より賦与《ふよ》されたわが魂《みたま》の中《なか》に具有《ぐゆう》する直霊魂《ちょくれいこん》をいう。

直霊		
	勇	荒魂
	親	和魂
	愛	幸魂
	智	奇魂

(二) 曲《きょく》霊《れい》

○曲霊《きょくれい》は神典《しんてん》にてこれを八十曲津神《やそまがつかみ》、大曲津神《おほまがつかみ》という。

○八十曲津神《やそまがつかみ》は吾人《ごじん》の霊魂以外《れいこんいがい》にありて災禍《さいか》をなす曲霊《きょくれい》なり、大曲津神《おほまがつかみ》は吾人《ごじん》の霊魂《れいこん》中《ちゅう》にひそみて災禍《さいか》をなす曲霊《きょくれい》なり。

○曲霊《きょくれい》なるものはことごとく罪悪汚穢《ざいあくおえ》より湧出《ゆうしゅつ》するものなり。

○曲霊《きょくれい》、荒魂《あらみたま》が乱《みだ》れるときは争《あらそ》いとなり、和魂《にぎみたま》が乱《みだ》れるときは悪《あく》となり、幸魂《さちみたま》が乱《みだ》れるときは逆《ぎゃく》となり、奇魂《くしみたま》が乱《みだ》れるときは狂《きょう》となる。

○曲霊《きょくれい》は体《たい》を重《おも》んじ霊《れい》を軽《かる》くみることにより出《い》でる悪霊《あくれい》なり。

○曲霊《きょくれい》は世俗《せぞく》のいわゆる悪魔《あくま》なり、邪神《じゃしん》なり、妖魅《ようみ》なり、探女《さぐめ》なり。

曲霊
- 争……荒魂
- 悪……和魂
- 逆……幸魂
- 狂……奇魂

（三） 神明の戒律

○省《かえりみる》、恥《はじる》、悔《くいる》、畏《おそれる》、覚《さとる》の五情《じょう》は霊魂中《れいこんちゅう》に含有《がんゆう》する。すなわち神明《しんめい》の戒律《かいりつ》なり。末世《まっせ》の無識《むしき》、みだれに戒律《かいりつ》を作《つく》り、後学《こうがく》を眩惑《げんわく》し、知識《ちしき》の開発《かいはつ》を妨害《ぼうがい》す、神府《しんぷ》の罪奴《ざいど》というべし。

霊魂

恥……荒　魂……勇
悔……和　魂……親
省……直　霊
畏……幸　魂……愛
覚……奇　魂……智

○釈迦《しゃか》の十戒《じっかい》といい、キリストの十戒《じっかい》といい、その他《た》の学者神道者《がくしゃしんどうしゃ》の唱導《しょうどう》する戒律《かいりつ》は、悉皆《しっかい》（＝みな。のこらず。ことごとく。）浅薄《せんぱく》（＝学問や思慮が足らず浅はかなこと。）、偏狭《へんきょう》、頑迷《がんめい》、固執《こしつ》（＝自分の主張をかたくまげない。）にして社会《しゃかい》の発達《はったつ》、人智《じんち》の開明《かいめい》に害《がい》をなすものなり。

○人《ひと》は天帝《てんてい》の御子《みこ》なり。神子《みこ》たるもの、真《しん》の父《ちち》たり母《はは》たる上帝《じょうてい》より賦与《ふよ》せられた至明《しめい》至聖《しせい》な戒律《かいりつ》を度外視《どがいし》し、人《ひと》の智慮《ちりょ》によって作為《さくい》したる不完全《ふかんぜん》なる戒律《かいりつ》を楯《たて》とたのみ、もって心《こころ》を清《きよ》め徳《とく》を行《おこな》い、向上《こうじょう》し発展《はってん》し、立命《りつめい》せんとするは愚《ぐ》の骨頂《こっちょう》にして、あたかも木《き》によって魚《うお》を求《もと》めんとするがごとし。

○省《かえり》みる。この戒律《かいりつ》を失《うしな》いたる時《とき》は、直霊《なおひ》直《ただ》ちに曲霊《きょくれい》に変《へん》ず。

○恥《はじ》る。この戒律《かいりつ》を失《うしな》いたる時《とき》は、荒魂《あらみたま》直《ただ》ちに争魂《そうこん》に変《へん》ず。

○悔《くい》る。この戒律《かいりつ》を失《うしな》いたる時《とき》は、和魂《にぎみたま》直《ただ》ちに悪魂《あくこん》に変《へん》ず。

○畏《おそれ》る。この戒律《かいりつ》を失《うしな》いたる時《とき》は、幸魂《さちみたま》直《ただ》ちに逆魂《ぎゃくこん》に変《へん》ず。

○覚《さと》る。この戒律《かいりつ》を失《うしな》いたる時《とき》は、奇魂《くしみたま》直《ただ》ちに狂魂《きょうこん》に変《へん》ず。

（四）直霊《なおひ》・五情・曲霊《きょくれい》の解《かい》

省

恥……争
悔……悪
曲霊
畏……逆
覚……狂

直霊

荒魂……勇
和魂……親
幸魂……愛
奇魂……智

○荒魂《あらみたま》は勇《ゆう》なり。勇《ゆう》の用《はたらき》は進《しん》なり果《か》なり奮《ふん》なり勉《べん》なり克《こく》（かつ）なり。

○和魂《にぎみたま》は親《しん》なり。親《しん》の用《はたらき》は平《へい》なり修《しゅう》なり斉《さい》なり治《ち》なり交《こう》なり。

○幸魂《さちみたま》は愛《あい》なり。愛《あい》の用《はたらき》は益《えき》なり造《ぞう》なり生《せい》なり化《か》なり育《いく》なり。

○奇魂《くしみたま》は智《ち》なり。智《ち》の用《はたらき》は巧《こう》なり感《かん》なり察《さつ》なり覚《かく》なり悟《ご》なり。

経

荒魂《あらみたま》の体《たい》は勇《ゆう》なり。勇《ゆう》の用《はたらき》は進果奮勉克《しんかふんべんこく》なり。
和魂《にぎみたま》の体《たい》は親《しん》なり。親《しん》の用《はたらき》は平修斎治交《へいしゅうさいちこう》なり。

緯

幸魂《さちみたま》の体《たい》は愛《あい》なり。愛《あい》の用《はたらき》は益造生化育《えきぞうせいかいく》なり。
奇魂《くしみたま》の体《たい》は智《ち》なり。智《ち》の用《はたらき》は巧感察覚悟《こうかんさつかくご》なり。

（五）義

○義《ぎ》は四魂《しこん》おのおのこれあり、しかして「裁制断割《さいせいだんかつ》」を主《つかさど》るなり。

○これを四魂《しこん》に配《はい》せば「裁《さい》」は智《ち》なり、「制《せい》」は親《しん》なり、「断《だん》」は勇《ゆう》なり、「割《かつ》」は愛《あい》なり。

○「裁《さい》」は「弥縫補綴《びほうほてつ》」の意《い》を兼《か》ね、「制《せい》」は「政令法度《せいれいはっと》」の意《い》を兼《か》ね、「断《だん》」は「果毅《かき》敢為《かんい》」の意《い》を兼《か》ね、「割《かつ》」は「忘身殉難《ぼうしんじゅんなん》」の意《い》を兼《か》ねる。

▼政《せい》は「正《せい》」なり、令《れい》は「理《り》」なり、法《ほう》は「公《こう》」なり、度《ど》は「同《どう》」なり。

○過《あやま》ちを悔《く》い改《あらた》めるは「義《ぎ》」なり。

義

栽…智……兼・弥《び》縫《ほう》補《ほ》綴《てつ》之《の》意《い》（＝正義のため欠点をおぎない補修する。）

制…親……兼・政《せい》令《れい》法《はっ》度《と》之《の》意《い》（＝平和のための法律や政令を整える。）

断…勇……兼・果《か》毅《き》敢《かん》為《い》之《の》意《い》（＝意思強く、決断よく、果敢に物事を実行する。）

割…愛……兼・忘《ぼう》身《しん》殉《じゅん》難《なん》之《の》意《い》（＝生成化育のため、身を忘れて犠牲をいとわない。）

（六）欲

○欲《よく》は四魂《しこん》より出《い》でて、しかして義《ぎ》を併立《へいりつ》する。ゆえに義《ぎ》の「栽《さい》、制《せい》、断《だん》、割《かつ》」に対《たい》して、「名《めい》、位《い》、寿《じゅ》、富《ふう》」となる。名《めい》は美《び》を欲《ほっ》し、位《い》は高《こう》を欲《ほっ》し、寿《じゅ》は長《ちょう》を欲《ほっ》し、富《ふう》は大《だい》を欲《ほっ》す。

義
- 断…勇
- 制…親
- 割…愛
- 裁…智

欲
- 位…高…勇…進
- 富…大…親…平
- 寿…長…愛…益
- 名…美…智…巧

伊都能売神
- 経
  - 荒魂……勇
  - 和魂……親
- 緯
  - 奇魂……智
  - 幸魂……愛

経魂《けいこん》たる荒和二魂《こうわにこん》の主宰《しゅさい》する神魂《しんこん》を「厳《いづ》の御魂《みたま》」（＝父なる神、金剛界、日天使。）といい、緯魂《いこん》たる奇幸二魂《きこうにこん》の主宰《しゅさい》する神魂《しんこん》を「瑞《みづ》の御魂《みたま》」（＝母なる神、胎蔵界、月天使。）といい、厳瑞合一《げんづいごういつ》したる至《し》霊《れい》を「伊都能売御魂《いづのめのみたま》」（＝主（ス）神・メシアの神・再臨のキリスト・ミカエルの神・五六七（みろく）下生。）という。

（『霊界物語』第10巻・第29章「言霊解　三」大正9・1・15　講演録筆録・谷村真友）

◆人間《にんげん》の肉体《にくたい》は、いわゆる精霊《せいれい》の容器《ようき》である。そして、天人《てんにん》の養成所《ようせいじょ》ともなり、あるいは邪鬼《じゃき》、悪鬼《あっき》どもの巣窟《そうくつ》となるものである。同《おな》じ人間《にんげん》にして種々《しゅじゅ》の変化《へんか》を来《き》たすのは、人間《にんげん》が主《しゅ》とする愛《あい》の情動《じょうどう》如何《いかん》によって、天人《てんにん》となり、精霊界《せいれいかい》（＝中有界。六道の辻。）に迷《まよ》い、あるいは地獄《じごく》の妖怪的人物《ようかいてきじんぶつ》となるのである。……。

（『霊界物語』第47巻第11章「手苦駄女」）

◆**真《まこと》の神《かみ》**（＝神素盞鳴大神。）は、「月《つき》の国《くに》」においては瑞《みづ》の御霊《みたま》の大神《おほかみ》と現《あらわ》れ給《たま》ひ、「日《ひ》の国《くに》」においては、厳《いづ》の御霊《みたま》の大神《おほかみ》と現《あらわ》れ給《たも》う。そうして、厳《いづ》の御霊《みたま》（＝経魂。荒魂、和魂。）の大神《おほかみ》のみを認《みと》めて、瑞《みづ》の御霊《みたま》（＝緯魂。奇魂、幸魂。）の大神《おほかみ》を否《いな》むがごとき信条《しんじょう》の上《うえ》に、安心《あんしん》立命《りつめい》を得《え》んとするものは、残《のこ》らず高天原《たかあまはら》の圏外《けんがい》に放《ほり》り出《だ》されるものである。かくのごとき人間《にんげん》は、高天原《たかあまはら》より何等《なんら》の内流《ないりゅう》なきゆえ、次第《しだい》に思索力《しさくりょく》を失《うしな》い、何事《なにごと》につけても、正当《せいとう》なる思念《しねん》を有《ゆう》し得《え》ざるにより精神《せいしん》次第《しだい》に衰弱《すいじゃく》となる。瑞《みづ》の御霊《みたま》の神格《しんかく》を無視《むし》し、その人格《じんかく》のみを認《みと》めるものも同様《どうよう》である。

天地《てんち》の統御神《とうぎょしん》たる、日《ひ》の国《くに》にます厳《いづ》の御霊《みたま》に属《ぞく》する一切《いっさい》の事物《じぶつ》は、残《のこ》らず瑞《みづ》の御《み》霊《たま》の大神《おほかみ》の支配権《しはいけん》に属《ぞく》している。瑞《みづ》の御霊《みたま》の大神《おほかみ》は、大国常立大神《おほくにとこたちのおほかみ》はじめ、日《ひ》の大《おほ》神《かみ》、月《つき》の大神《おほかみ》そのほか一切《いっさい》の神権《しんけん》を一身《しん》にあつめて、宇宙《うちゅう》に神臨《しんりん》したもうのである。そしてこの大神《おほかみ》は天上《てんじょう》を統御《とうぎょ》し、中有界《ちゅううかい》、現界《げんかい》、地獄《じごく》をも統御《とうぎょ》したもうは当然《とうぜん》の理《り》である。厳《いづ》の御霊《みたま》の大神《おほかみ》は万物《ばんぶつ》の父《ちち》であり、瑞《みづ》の御霊《みたま》の大神《おほかみ》は万物《ばんぶつ》の母《はは》である。すべて高天原《たかあまはら》は、この神々《かみがみ》の神格《しんかく》によって形成《けいせい》せられている。……。

人間《にんげん》には一霊四魂《いちれいしこん》いうものがある。一霊《いちれい》とは、真霊《ちょくれい》であり、神直日《かむなおひ》、大直日《おおなおひ》と称《しょう》するものである。神直日《かむなおひ》とは神《かみ》さま特有《とくゆう》の直霊《ちょくれい》であり、大直日《おおなおひ》とは人間《にんげん》が神格《しんかく》の流入《りゅうにゅう》を摂受《せつじゅ》した直霊《ちょくれい》をいう。

四魂《しこん》とは和魂《にぎみたま》、幸魂《さちみたま》、奇魂《くしみたま》、荒魂《あらみたま》をいう。この四魂《しこん》は人間《にんげん》はいうに及ば《およば》す、高天原《たかあまはら》にも現実《げんじつ》の地球上《ちきゅうじょう》にも、それぞれの守護神《しゅごじん》として厳存《げんぞん》する。荒魂《あらみたま》は勇《ゆう》、和魂《にぎみたま》は親《しん》、奇魂《くしみたま》は智《ち》、幸魂《さちみたま》は愛《あい》を司《つかさど》る。信《しん》の真《しん》は四魂《しこん》の本体《ほんたい》となり、愛《あい》の善《ぜん》は四魂《しこん》の用《よう》となっている。直霊《ちょくれい》は瑞《みづ》の御霊《みたま》の大神《おほかみ》の神格《しんかく》の内流《ないりゅう》、すなわち直流入《ちょくりゅうにゅう》された神力《しんりき》である。ゆえに瑞《みづ》の御霊《みたま》（神素盞嗚大神《かむすさのをのおほかみ》）の御神格《ごしんかく》は、すべての生命《せいめい》の原頭《げんとう》とならせたもうものである。

（『霊界物語』第47巻・第9章「愛と信」略記）

（第四編「言霊と宇宙小論」（三四）「和合の真義」に類似文章あり。）

◆**大聖師《だいせいし》**　三千世界《さんぜんせかい》の人類《じんるゐ》や　禽獣虫魚《きんじうちうぎよ》に至《いた》るまで　救《すく》ひの御船《みふね》を差《さ》し向《む》けて　誠《まこと》の教《のり》をさとしゆく　神幽現《しんいうげん》の大聖師《だいせいし》　太白星《たいはくせい》の東天《とうてん》に　閃《ひらめ》くごとく現《あら》はれぬ　一切万《いつさいばん》事救世《じきうせい》の　誠《まこと》の智慧《ちゑ》を胎蔵《たいざう》し　世間《せけん》のあらゆる智者学者《ちしやがくしや》　すべての権威《けんゐ》に超越《てうゑつ》し　迫害苦痛《はくがいくつう》を一身《いつしん》に　甘受《かんじゆ》し世界《せかい》を助《たす》け行《ゆ》く　歓喜《くわんき》と平和《へいわ》を永遠《えいゑん》に　森羅万象《しんらばんしやう》に供給《きようきふ》し　至幸至福《しかうしふく》の神恵《しんけい》の　精神上《せいしんじやう》の王国《わうごく》を　この土《ど》の上《うへ》に建設《けんせつ》し　無限《むげん》の仁慈《じんじ》を経《たて》となし　無窮《むきう》の智識《ちしき》を緯《ぬき》として　小人弱者《せうじんじやくしや》の耳《みみ》に克《よ》く　理解《りかい》し易《やす》き明教《めいけう》を　徹底的《てつていてき》に唱導《しやうだう》す　如何《いか》なる悪魔《あくま》も言霊《ことたま》の　威力《ゐりよく》に言向和《ことむけやは》しつつ　寄《よ》せくる悲哀《ひあい》と災厄《さいやく》を　少《すこ》しも心《こころ》にかけずして　所信《しよしん》を飽《あ》くまで貫徹《くわんてつ》し　裁制断割の道極《みちきは》め　神人和合《しんじんわがふ》の境《きやう》に立《た》ち　悪魔《あくま》の敵《てき》に会《あ》ふごとに　心《こころ》はますます堅実《けんじつ》に　信仰熱度《しんかうねつど》を日《ひ》に加《くは》へ　三千世《さんぜんせ》界《かい》に共通《きようつう》の　真《しん》の文明《ぶんめい》を完成《くわんせい》し　世界雑多《せかいざつた》の宗教《しうけう》や　すべての教義《けうぎ》を統一《とういつ》し　崇高《すうかう》至上《しじやう》の道徳《だうとく》を　不言実行体現《ふげんじつかうたいげん》し　暗黒無道《あんこくぶだう》の社会《しやくわい》をば　神《かみ》の教《をしへ》と神力《しんりき》に　照破《せうは》しつくし天津日《あまつひ》の　光《ひかり》を四方《よも》に輝《かがや》かす　仁慈《じんじ》の神《かみ》の神業《しんげふ》に　奉仕《ほうし》するこそ世《よ》を救《すく》ふ　大神《だいしん》人《じん》の任務《にんむ》なれ　あゝ惟神《かむながら》　惟神《かむながら》　御霊幸《みたまさち》はへましませよ。

（『霊界物語』第64巻上・第2章「宣伝使」　大正12・7・10　旧5・27　加藤明子録）

第五章　宇宙の根本組織　霊五体五の原則

天帝《てんてい》、大六治立尊《おほくにはるたちのみこと》は、一霊四魂三元八力《いちれいしこんさんげんはちりき》をもって万物《ばんぶつ》を造《つく》り、みづから直接《ちょくせつ》これを保《ほ》護《ご》し給《たも》うことなく、各自《かくじ》にその守《まも》り神《がみ》を定《さだ》めて、これを管掌《かんしょう》せしめ給《たも》う。

大神《おほかみ》は太陽《たいよう》を造《つく》って、これに霊魂《れいこん》、霊力《れいりょく》、霊体《れいたい》を賦与《ふよ》したまい、大地《だいち》を造《つく》りてまたこれに霊魂《れいこん》、霊力《れいりょく》、霊体《れいたい》を賦与《ふよ》し、太陰《たいいん》を造《つく》り、列星《れっせい》を造《つく》り、その他万物各自《たばんぶつかくじ》に霊魂《れいこん》、霊力《れいりょく》、霊体《れいたい》を賦与《ふよ》したまいしなり。今《いま》はただその「一霊四魂《いちれいしこん》」について、その大略《たいりゃく》を述《の》べる。

大宇宙《だいうちゅう》には、一霊四魂《いちれいしこん》が原動力《げんどうりょく》となり活機凛々乎《かっきりんりんこ》として活動《かつどう》しつつあり。まず小宇宙《しょううちゅう》（＝太陽系の宇宙。）の一霊四魂《いちれいしこん》につき述《の》べるならば、大空《たいくう》の中心《ちゅうしん》に懸《かか》れる太陽《たいよう》は直霊《ちょくれい》であり、これを一霊《いちれい》ともいい、「大直日神《おほなおひのかみ》」ともいう。

しかして太陽《たいよう》には、荒魂《あらみたま》、和魂《にぎみたま》、幸魂《さちみたま》、奇魂《くしみたま》の四魂《しこん》が完全《かんぜん》に備《そな》わり、その四魂《しこん》はまた一々直霊《ちょくれい》を具有《ぐゆう》し、また分《わか》れ、また四魂《しこん》を為《な》している。そうしてこれらの直霊《ちょくれい》を「神直日《かむなおひの》神《かみ》」という。その四魂《しこん》また分派《ぶんぱ》して四魂《しこん》をなし、各々《おのおの》直霊《ちょくれい》を備《そな》える。大空《たいくう》の諸星《しょせい》は、皆《みな》一霊四魂《いちれいしこん》を各自《かくじ》に具有《ぐゆう》しおるものなり。

しかして太陽《たいよう》の一霊四魂《いちれいしこん》を「厳《いづ》の身魂《みたま》」と総称《そうしょう》し、かつ「霊主体従《れいしゅたいじゅう》の身魂《みたま》」ともいうなり。故《ゆえ》に大空《たいくう》は霊《れい》を主《しゅ》とし、体《たい》を従《じゅう》とす。大空中《たいくうちゅう》に懸《かか》れる太陽《たいよう》、太陰《たいいん》および列星《れっせい》は、皆《みな》幽体《ゆうたい》を以《もっ》て形成《かたちづく》られあるなり。ゆえに太陽《たいよう》、列星《れっせい》の中《なか》に鉱物《こうぶつ》ありといえども、大地《だいち》のごとく堅《かた》からず、重《おも》からず、その重量《じゅうりょう》に非常《ひじょう》の差《さ》あるを知《し》るべし。

大空中《たいくうちゅう》における一霊四魂《いちれいしこん》の分布状態《ぶんぷじょうたい》を、仮《かり》に図《ず》をもって示《しめ》せば左図《さず》の如《ごと》し。

【一霊四魂分布の図】

符号

荒魂

和魂

奇魂

幸魂

直霊

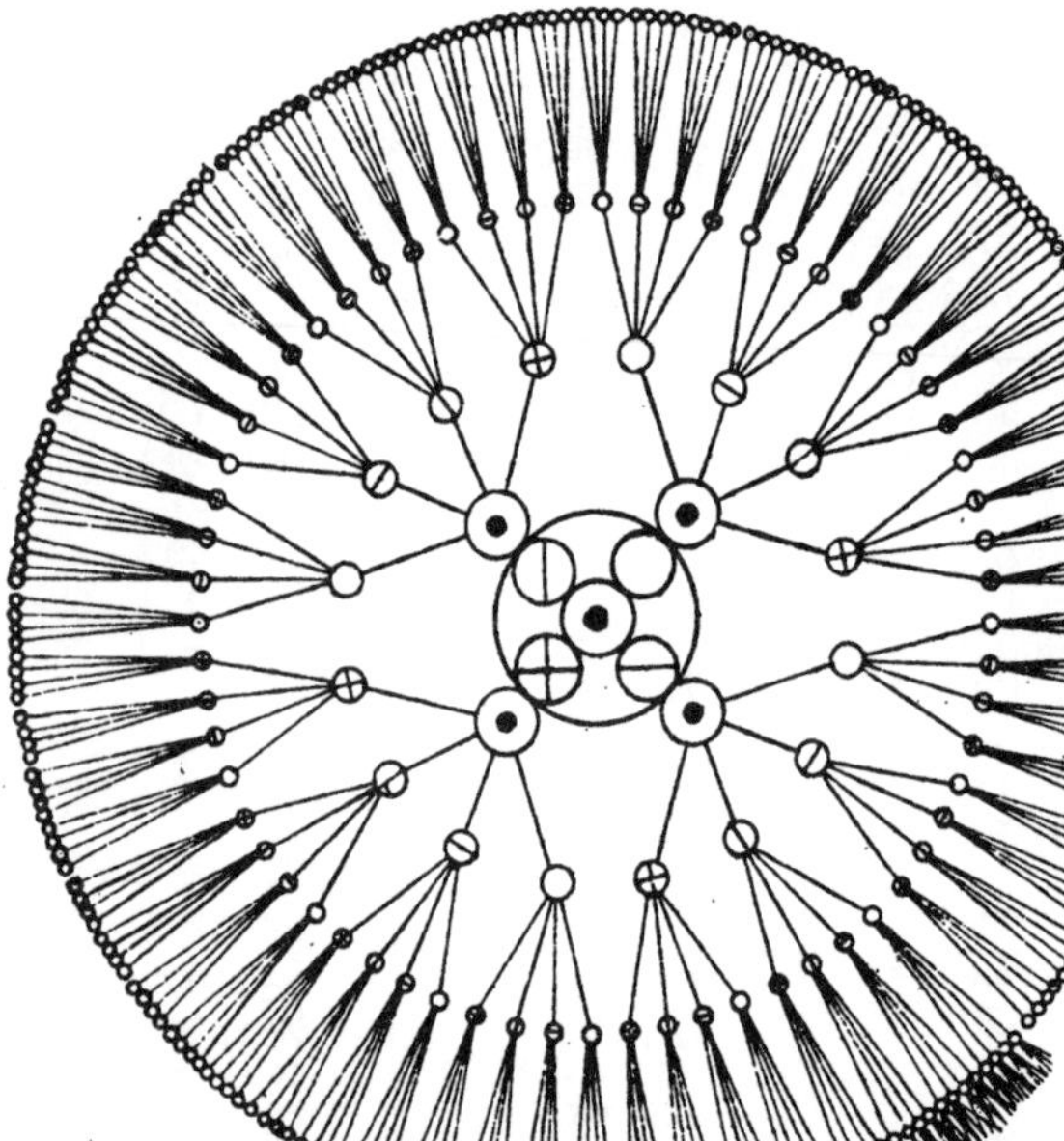

各魂みなこれと同じく四魂に分れつひに億兆無数となる

備考

月も　地も

また同じく

大宇宙も

また同じ

大地《だいち》は体《たい》を主《しゅ》とし、霊《れい》を従《じゅう》として形成《かたちづく》られあり。ゆえに木火土金水《もっかどごんすい》が凝結《ぎょうけつ》して生成化育《せいせいかいく》を営《いとな》みつつあるなり。太陽《たいよう》の霊魂《れいこん》を「厳《いづ》の身魂《みたま》」と称《しょう》するに対《たい》し、地《ち》の霊《れい》を「瑞《みづ》の身魂《みたま》」といい、「体主霊従《たいしゅれいじゅう》の身魂《みたま》」という。

また大地球《だいちきゅう》の直霊《ちょくれい》を「大曲津日《おほまがつひ》の神《かみ》」といい、荒魂《あらみたま》、和魂《にぎみたま》、幸魂《さちみたま》、奇魂《くしみたま》の四魂《しこん》を備《そな》え、その四魂《しこん》は太陽《たいよう》のごとく分離《ぶんり》してまた直霊《ちょくれい》を備《そな》える。その直霊《ちょくれい》を「八十曲津日《やそまがつひ》の神《かみ》」という。この四魂《しこん》また更《さら》に分《わ》かれ、際限《さいげん》なく大地《だいち》一面《めん》に一霊四魂《いちれいしこん》を分布《ぶんぷ》されつつあるなり。

天地開闢《てんちかいびゃく》の初《はじ》めにあたり、清《きよ》く、軽《かる》き物《もの》は天《てん》となり、重《おも》く、濁《にご》れるものは地《ち》となりぬ。ゆえに地上《ちじょう》は幾億万年《いくおくまんねん》を経《へ》るといえども、天空《てんくう》のごとく清明無垢《せいめいむく》なることは、到底《とうてい》できざるは自然《しぜん》の道理《どうり》なり。

ゆえに地上《ちじょう》に棲息《せいそく》する限《かぎ》りは、体主霊従《たいしゅれいじゅう》の身魂《みたま》に制御《せいぎょ》されるものなり。ここにおいて体主霊従《たいしゅれいじゅう》を調和《ちょうわ》し、霊体一致《れいたいいっち》の美《うるわ》しき身魂《みたま》を造《つく》らざるべからざるなり。

体主霊従《たいしゅれいじゅう》とは、「体六霊四《たいろくれいし》」の意《い》にあらず、霊主体従《れいしゅたいじゅう》とは「霊六体四《れいろくたいし》」の意《い》にあらず、体主霊従《たいしゅれいじゅう》なるものは、「体五霊五《たいごれいご》」の意味《いみ》なり。

然《しか》るにややもすれば、地上《ちじょう》の人類《じんるい》は体六《たいろく》あるいは体七《たいしち》、体八《たいはち》となり、霊四《れいし》、霊三《れいさん》、霊二《れいに》、霊一《れいいち》となり易《やす》きものなり。ゆえに体主霊従《たいしゅれいじゅう》といえども、「体五霊五《たいごれいご》」は、すなわち天《てん》の命《めい》ずるところにして、これに体超過《たいちょうか》すれば、いわゆる罪《つみ》となるなり。体五霊五《たいごれいご》の天則《てんそく》を破《やぶ》りたる吾人《ごじん》の身魂《みたま》を、「大曲津神《おほまがつかみ》」といい、また吾人《ごじん》をして外面《がいめん》より悪《あく》に導《みちび》く身魂《みたま》を「八十《やそ》曲津神《まがつかみ》」というなり。

ゆえに「大曲津日《おほまがつひ》の神《かみ》」、「八十曲津日《やそまがつひ》の神《かみ》」は曲津《まがつ》の名《な》ありといえども、決《けっ》して悪神《わるがみ》にあらず。悪《あく》を制御《せいぎょ》する一種《しゅ》の「直日神《なおひのかみ》」なり。「曲津日《まがつひ》」と「曲津《まがつ》」という神《かみ》の区別《くべつ》を混《こん》同《どう》せざるよう注意《ちゅうい》すべし。

大地《だいち》の一霊四魂《いちれいしこん》の分布《ぶんぷ》は、すなわち前記《ぜんき》の図《ず》に準《じゅん》じて知《し》るべきなり。しかして「厳《いづ》の身《み》魂《たま》」は、荒魂《あらみたま》、和魂《にぎみたま》もっとも重《おも》きを占《し》め、「瑞《みづ》の身魂《みたま》」は、奇魂《くしみたま》、幸魂《さちみたま》もっとも重《おも》きを占《し》めるなり。

つぎに「伊都能売《いづのめ》の身魂《みたま》」について略述《りゃくじゅつ》すれば、この身魂《みたま》（＝身体と魂。）は、一《いつ》に「月《つき》の霊魂《れいこん》」ともいい、「五六七《みろく》の身魂《みたま》」と称《しょう》せられる。「五六七《みろく》の身魂《みたま》」は、厳《いづ》の身魂《みたま》に偏《へん》せず、瑞《みづ》の身魂《みたま》にも偏《へん》せず、厳《いづ》、瑞《みづ》の身魂《みたま》を相調和《あいちょうわ》したる完全無欠《かんぜんむけつ》のものなり。

しかして伊都能売《いづのめ》の身魂《みたま》は、最《もっと》も反省力《はんせいりょく》の強《つよ》き活動《かつどう》を備《そな》えて、太陽《たいよう》のごとく常《つね》に同《おな》じ円《えん》形《けい》を保《たも》つことなく、地球《ちきゅう》のごとく常《つね》に同形《どうけい》を保《たも》ちて同所《どうしょ》に固着《こちゃく》することなく、日夜天地《にちやてんち》の間《あいだ》を公行《こうこう》して、明《めい》となり、暗《あん》となり、或《ある》いは上弦《じょうげん》の月《つき》となり、また下弦《かげん》の月《つき》となり、半《はん》円《えん》となり、満月《まんげつ》となり、時々刻々《じじこくこく》に「省《かえり》みる」の実証《じっしょう》を示《しめ》しいるなり。

かくのごとく吾人《ごじん》の身魂《みたま》の活用《かつよう》し得《う》るを伊都能売《いづのめ》の身魂《みたま》という。伊都能売《いづのめ》の身魂《みたま》の活動《かつどう》は、時《とき》として瑞《みづ》の身魂《みたま》と同一視《どういつし》され、あるいは変性女子《へんじょうにょし》の身魂《みたま》と誤解《ごかい》されることあり。伊《い》都能売《づのめ》の身魂《みたま》は、変性男子《へんじょうなんし》の身魂《みたま》にもあらず、また変性女子《へんじょうにょし》の身魂《みたま》にもあらず。完全無欠《かんぜんむけつ》にして明暗《めいあん》、遠近《えんきん》、大小《だいしょう》、賢愚《けんぐ》、肖不肖《しょうふしょう》、善悪等《ぜんあくとう》の自由自在《じゆうじざい》の活動《かつどう》をなし得《う》る至粋至純《しすいしじゅん》の神霊《しんれい》の活用《かつよう》なり。

かくのごとく自由自在《じゆうじざい》の神人《しんじん》たることを得《え》ば、初《はじ》めて、五六七《みろく》の活動《かつどう》をなし得《う》べきなり。月《つき》にもまた一霊四魂《いちれいしこん》あり。その四魂《しこん》の各々《おのおの》にも、また一霊四魂《いちれいしこん》の備《そな》われることは、太陽《たいよう》、地球《ちきゅう》と同一《どういつ》なり。しかしてこの月球《げっきゅう》を保持《ほじ》するは、……北斗星《ほくとせい》、北極星《ほっきょくせい》、オリオン星《せい》および三角星《さんかくせい》の四大星体《しだいせいたい》なり。この四大星体《しだいせいたい》は月球《げっきゅう》の直接保護《ちょくせつほご》に任《にん》じ、瑞《みず》の身魂《みたま》の活用《かつよう》を主《しゅ》としつつ、大空《たいくう》、大地《だいち》の中間《ちゅうかん》を調理按配《ちょうりあんばい》する重要《じゅうよう》なる職務《しょくむ》を有《ゆう》するものなり。

【附言】「霊五体五《れいごたいご》」（霊主体従《れいしゅたうじゅう》）を「ひのもとの身魂《みたま》」といい、「体五霊五《たいごれいご》」（体主霊従《たいしゅれいじゅう》）をまた「ひのもとの身魂《みたま》」という。しかし行動上《こうどうじょう》の体主霊従《たいしゅれいじゅう》は、これを悪《あく》の身魂《みたま》または智慧《ちえ》の身魂《みたま》というなり。また霊主体従《れいしゅたうじゅう》とは「霊五体五《れいごたいご》」の意味《いみ》にして、体主霊従《たいしゅれいじゅう》とは「体五霊五《たいごれいご》」の意味《いみ》なりという説明《せつめい》は、「組織的《そしきてき》の説明《せつめい》」（＝宇宙の組織形体。）にして、「行動上《こうどうじょう》の説明《せつめい》」にあらず。読者《どくしゃ》よく〳〵注意《ちゅうい》すべし。

（『霊界物語』第6巻・第26章「体五霊五」大正11・1・21　旧10・12・24　外山豊二録）

第六章　宇宙は愛の発動より

無始無終《むしむしゅう》の宇宙間《うちゅうかん》において、最《もっと》も強《つよ》く美《うるわ》しきものは愛《あい》の発動《はつどう》なり。大虚空中《だいこくうちゅう》に愛《あい》の発《はつ》動《どう》ありて始《はじ》めてスの言霊《ことたま》は生《う》まれ、天地《てんち》の万神《ばんしん》は生《う》まる。ゆえに「神《かみ》は愛《あい》なり力《ちから》なり」と称《しょう》する所以《ゆえん》なり。愛《あい》あるが故《ゆえ》に宇宙《うちゅう》は創造《そうぞう》され、万物《ばんぶつ》は発生《はっせい》す。宇宙間一切《うちゅうかんいっさい》のものはこの愛《あい》に左右《さゆう》され、創造《そうぞう》も建設《けんせつ》も破壊《はかい》も滅亡《めつぼう》も混乱《こんらん》も生《しょう》ずるものなり。

愛《あい》は最《もっと》も尊《とうと》ぶべくかつ恐《おそ》るべきものとす。愛《あい》よりスク、スカヌの言霊《ことたま》は生《う》まれるなり。愛《あい》の情動《じょうどう》にしてその度合《どあい》よろしければ、生成化育《せいせいかいく》の神業《みわざ》は完成《かんせい》し、愛《あい》の情動《じょうどう》の度合過《どあいす》ぐれば、遂《つい》には一切《いっさい》を破壊《はかい》するに至《いた》る。

しかして、愛《あい》には善《ぜん》あり、悪《あく》あり、大《だい》あり、小《しょう》あり。神《かみ》の愛《あい》は愛善《あいぜん》にして、世間一切《せけんいっさい》の愛《あい》は愛悪《あいあく》なり。神《かみ》の愛《あい》は大愛《たいあい》にして世間《せけん》の愛《あい》は小愛《しょうあい》なり。わが身《み》を愛《あい》し、わが家《いえ》を愛《あい》し、わが郷土《きょうど》を愛《あい》し、わが国土《こくど》を愛《あい》するは所謂《いわゆる》自己愛《じこあい》にして、神《かみ》の大愛《たいあい》に比《ひ》して雲泥《うんでい》の相違《そうい》あり。故《ゆえ》に小愛《しょうあい》は我情我慾《がじょうがよく》の心《こころ》を増長《ぞうちょう》せしめ、遂《つい》には自己愛《じこあい》のために他人《たにん》を害《がい》し、他家《たけ》を破《やぶ》り、他郷《たきょう》と争《あらそ》い、他《た》の国《くに》と戦《たたか》い、遂《つい》に彼我共《ひがとも》に惨禍《さんか》の洗礼《せんれい》を受《う》けるに至《いた》る。

また神《かみ》の愛《あい》は大愛《たいあい》なれば、宇宙一切万有《うちゅういっさいばんゆう》に普遍《ふへん》して毫《ごう》も依怙《えこ》の沙汰《さた》なし。世間《せけん》の愛《あい》は他《た》を顧《かえり》みず、只管《ひたすら》にわが身《み》を愛《あい》し、わが家《いえ》を愛《あい》し、わが郷土《きょうど》を愛《あい》し、わが国家《こっか》を愛《あい》するが故《ゆえ》に、他《た》よりもし不利益《ふりえき》を加《くわ》えられると見《み》る時《とき》は、たちまち立《た》って反抗《はんこう》し争闘《そうとう》し、身《み》を破《やぶ》り家《いえ》を破《やぶ》り国家《こっか》を破《やぶ》るに至《いた》る。恐《おそ》るべきは愛《あい》の情動《じょうどう》の度合《どあい》なり。

(『霊界物語』「天祥地瑞」第74巻・第14章「真心の雲らひ」)

第七章 生言霊

一 筑紫《つくし》の国《くに》エジプト白瀬川《しらせがわ》の大瀑布《だいばくふ》に住《す》む大蛇《おろち》(大豪族《だいふごう》)を言向和《ことむけやわ》さんとやってき―

た四人《にん》の宣伝使《せんでんし》が身外《しんがい》の敵《てき》を征服《せいふく》するには、まず身内《みうち》の敵《てき》を退治《たいじ》する必要《ひつよう》がありとて高唱《こうしょう》した歌《うた》。

「神《かみ》が表《おもて》に現《あら》はれて　善《ぜん》と悪《あく》とを立別《たてわ》ける　善悪不二《ぜんあくふじ》の神《かみ》の道《みち》　善《ぜん》を思《おも》えば善《ぜん》となり　悪《あく》を思《おも》えば悪《あく》となる　舌《した》の剣《つるぎ》の切先《きっさき》に　鬼《おに》も悪魔《あくま》も曲霊《まがつひ》も　先《さき》を争《あらそ》ひ出《い》で来《きた》る　この世曇《よくも》るも舌《した》のため　争《あらそ》い起《おこ》るも舌《した》のため　敵《てき》に悩《なや》むも舌《した》のため　この世《よ》を照《て》らすも舌《した》のため　人《ひと》を救《すく》ふも舌《した》のため　天国浄土《てんごくじょうど》も舌《した》のため　地獄極楽舌《じごくごくらくした》のため　世《よ》のことごとは押《お》しなべて　舌《した》の毒《どく》より湧《わ》き出《い》づる　舌《した》の奥《おく》には心《こころ》あり　鬼《おに》が出《い》づるも心《こころ》から　大蛇探女《をろちさぐめ》も心《こころ》から　神《かみ》も仏《ほとけ》も心《こころ》から　心《こころ》の持《も》ちやうただ一《ひと》つ　心《こころ》に花《はな》の開《ひら》くとき　天地四方《あめつちよも》に花開《はなひら》く　心《こころ》に凩《こがらし》すさぶとき　世界《せかい》に凩《こがらし》吹《ふ》きまくる　人《ひと》を殺《ころ》すも村肝《むらきも》の　心《こころ》の呼吸《いき》の舌《した》の先《さき》　人《ひと》を救《すく》ふも舌《した》の先《さき》　神《かみ》となるのも舌《した》の先《さき》　鬼《おに》となるのも舌《した》の先《さき》　人《ひと》は第《だい》一言霊《ことたま》の　天《あま》の瓊矛《ぬほこ》とたたへたる　舌《した》の剣《つるぎ》をつつしみて　慈愛《じあい》の鞘《さや》によく納《おさ》め　みだりに抜《ぬ》くな放《はな》つなよ　善言美《ぜんげんび》

詞《し》の神嘉言《かむよごと》　使《つか》ふは舌《した》の役目《やくめ》ぞや　善言美詞《ぜんげんびし》は天地《あめつち》の　醜《しこ》の悪魔《あくま》を吹《ふ》きはらふ　生言霊《いくことたま》の剣《つるぎ》ぞや……舌《した》の剣《つるぎ》をおだやかに　使《つか》はせたまへ天津神《あまつかみ》　国津神《くにつかみ》たち百《もも》の神《かみ》　神代《かみよ》を開《ひら》く言霊《ことたま》の　清《きよ》き御水火《みいき》に曲津見《まがつみ》の　醜《しこ》の霊《みたま》は消《き》え失《う》せむ……」

（『霊界物語』第12巻・第15章「宣直《のりなほ》し」）

第八章　大蛇の解脱

酒《さけ》の滝壺《たきつぼ》において、月《つき》ごと日《ひ》ごとに里人《さとびと》に害《がい》をなす大蛇《おろち》に毒酒《どくしゅ》を盛《も》り弱《よわ》らせ、竹《たけ》やりの穂先《ほさき》をそろえ誅伐《ちゅうばつ》を加《くわ》えんとしている。この所《ところ》にやって来《き》た清公《きよこう》は「たとえ大蛇《おろち》といえども天帝《てんてい》の分霊分体《ぶんれいぶんたい》なれば殺《ころ》すべからず。まず第《だい》一に言霊《ことたま》をもってこれを帰順《きじゅん》すべし」とて大蛇《おろち》の頭部《とうぶ》にヒラリと飛《と》び乗《の》り歌《うた》い出《だ》した。

「神《かみ》が表《おもて》に現《あら》はれて　善《ぜん》と悪《あく》とを立別《たてわ》ける　この世《よ》を造《つく》りし神直日《かむなおひ》　心《こころ》も広《ひろ》き大直日《おほなほひ》　た

だ何事《なにごと》も人《ひと》の世《よ》は　直日《なほひ》に見直《みなほ》し聞直《ききなほ》し　身《み》の過《あやま》ちは宣《の》り直《なほ》す　三五教《あななひけう》の神《かみ》の道《みち》　たとへ大蛇《をろち》は死《し》するとも　大蛇《をろち》の霊魂《みたま》は永久《とこしへ》に　この世《よ》に残《のこ》り種々《くさぐさ》の　悪《あ》しき曲行《まがわざ》繰返《くりかへ》し　恨《うら》みを晴《は》らし世《よ》を乱《みだ》し　荒《あら》び猛《たけ》るは目《ま》の当《あた》り　悪逆無道《あくぎやくぶだう》の曲神《まがかみ》も　善《ぜん》の道《みち》には敵《てき》し得《え》ず　月毎《つきごと》日毎《ひごと》この郷《さと》に　現《あらは》れ来《き》たり諸人《もろひと》を　悩《なや》まし苦《くる》しむこの大蛇《をろち》　元《もと》より悪《あ》しき神《かみ》ならず　遠《とほ》き神代《かみよ》のその昔《むかし》　日《ひ》の出神《でのかみ》が現《あらは》れて　真澄《ますみ》の姫《ひめ》の国魂《くにたま》を　大宮柱太知《おほみやばしらふとし》りて　斎《いつ》き祀《まつ》らせ給《たま》ひつつ　飯依彦命《いひよりひこのみこと》をば　神《かみ》の司《つかさ》と定《さだ》められ　子々孫々《ししそんそん》に至《いた》るまで　祭政一致《さいせいいつち》の大道《だいだう》を　夢《ゆめ》にも忘《わす》れちゃならないと　教《をし》え置《お》かれし言《こと》の葉《は》を　郷人《さとびと》残《のこ》らず打《う》ち忘《わす》れ　利欲《りよく》の淵《ふち》に身《み》を沈《しづ》め　勝利《しようり》の山《やま》に憧憬《あこがれ》て　体主霊従《たいしゆれいじう》の行動《かうどう》を　益々《ますます》盛《さか》んに続行《ぞくかう》し　天地《てんち》の神《かみ》の御怒《みいか》りに　触《ふ》れて曲津《まがつ》を自《おのづ》から　生《う》み出《いだ》したる郷《さと》の人《ひと》　今《いま》現《あらは》れしこの大蛇《をろち》　皆《みな》郷人《さとびと》の魂《たましひ》や　心《こころ》の色《いろ》の反映《はんえい》に　現《あらは》れ出《い》でたるものなるぞ　心《こころ》一《ひと》つの持《も》ち方《かた》で　神《かみ》と現《あらは》れ鬼《おに》となり　大蛇《をろち》となるも各自《めいめい》の　言心行《げんしんかう》の不一致《ふいつち》ゆ　生《う》み出《いだ》したるものなるぞ　これの大蛇《をろち》を竹槍《たけやり》の　武器《ぶき》もてむごく殺《ころ》すより　汝《なれ》の心《こころ》の真底《しんそこ》に　潜《ひそ》める大蛇《をろち》を平《たひ》らげて　誠《まこと》一《ひと》つの三五《あななひ》の　教《おしへ》の光《ひか》り

真澄鏡《ますかがみ》　照《て》らして見《み》よや曲霊《まがたま》の　醜《しこ》の肉体《すみか》も忽《たちま》ちに　跡形《あとかた》もなく消《き》えゆきて　鬼《おに》も大蛇《をろち》も影《かげ》もなく　誠《まこと》の道《みち》の御恵《みめぐ》みに　靡《なび》き伏《ふ》すらむ郷人《さとびと》よ　かかる大蛇《をろち》の現《あらは》れし　その源《みなもと》を尋《たづ》ぬれば　まがふ方《かた》なき郷人《さとびと》の　心《こころ》の過《あやま》ちある故《ゆえ》ぞ　大蛇《をろち》よ大蛇《をろち》よ曲神《まがかみ》よ　汝《なれ》に誠《まこと》の魂《たま》あらば　吾《わ》が言霊《ことたま》を謹聴《きんちやう》し　完美《うまら》に委曲《つばら》に汲《く》み分《わ》けて　怪《け》しき賤《いや》しきこの姿《すがた》　行方《ゆくえ》も更《さら》に白雲《しらくも》の　消《き》えて跡《あと》なき天津空《あまつそら》　清《きよ》く正《ただ》しく澄《す》み渡《わた》る　目出度《めでた》き御代《みよ》に逢《あ》ふならむ　あゝ惟神《かむながら》惟神《かむながら》　御霊幸倍《みたまさちはへ》ましまして　昔《むかし》の神《かみ》の伝《つた》へたる　三五教《あななひけう》の御教《みをしへ》を　日日毎日《ひにちまいにち》繰返《くりかへ》し　思《おも》ひ出《いだ》して神界《しんかい》の　御用《ごよう》に立《た》てよ郷人《さとびと》よ　神《かみ》の守《まも》らす世《よ》の中《なか》は　いかで悪魔《あくま》の蔓延《はびこ》らむ　悪《あく》魔《ま》は心《こころ》に潜《ひそ》むなり　一日《ひとひ》も早《はや》く大神《おほかみ》の　厳《いづ》の言霊《ことたま》経《たて》となし　身《み》の行《おこな》ひを緯《ぬき》として　天《あめ》と地《つち》とのその中《なか》に　人《ひと》と生《う》まれし功績《いさをし》を　誠一《まことひと》つに立直《たてなほ》し　正《ただ》しき神《かみ》となり変《か》はり　五六《みろ》七《く》の御代《みよ》を造《つく》れかし　キリスト、メシヤの再臨《さいりん》も　弥勒《みろ》（五六七《みろく》）出生《しゆつせ》の暁《あかつき》も　甘露台《かんろだい》（＝天理王・十柱の神。）の瑞祥《ずいしやう》も　蓮華台上《れんげだいじやう》の御神楽《みかぐら》も　神国魂《やまとだましひ》そのものの　いづれ変《か》はらぬ一《ひと》つもの　狭《せま》き心《こころ》を振《ふ》り捨《す》てて　三五教《あななひけう》の神《かみ》の道《みち》　思《おも》ひ浮《う》かべて行《おこな》へよ……。」

この宣伝歌《せんでんか》により長大《ちょうだい》なる大蛇《おろち》も次第々々《しだいしだい》に縮小《しゅくしょう》し、蛇《へび》となって嬉《うれ》しそうに清公《きよこう》の足《あし》許《もと》を這《は》い回《まわ》るのであった。

（『霊界物語』第25巻　第7章「大蛇解脱」）

◆**三五教**《あなないきょう》　○**瑞**《みづ》**の御霊**《みたま》**・神素盞嗚大神**《かむすさのをのおほかみ》から垂示《すいじ》された愛善《あいぜん》と信真《しんしん》の教《おしえ》により地上天国《ちじょうてんごく》建設《けんせつ》を目的《もくてき》とする。無抵抗主義《むていこうしゅぎ》、四海同胞《しかいどうほう》、四民平等《しみんびょうどう》、博愛主義《はくあいしゅぎ》、人類愛善主義《じんるいあいぜんしゅぎ》の活動《かつどう》を旨《むね》とする。○これに対《たい》して「**バラモン教**《きょう》」は我《われ》よし強《つよ》い者勝《ものか》ちの「力主体従《りきしゅたいじゅう》」、理性《りせい》を主《しゅ》とし、左手《ひだりて》に経文《きょうもん》、右手《みぎて》に剣《つるぎ》、武力《ぶりょく》と教《おしえ》を相兼《あいか》ね、極端《きょくたん》な難行苦行《なんぎょうくぎょう》、戒律《かいりつ》を設《もう》け、人権《じんけん》、人種《じんしゅ》、民族差別《みんぞくさべつ》を行《おこな》う。○「**ウラル教**《きょう》」は、体的《たいてき》すなわち物《ぶっ》質《しつ》を尊重《そんちょう》し、左手《ひだりて》に経典《きょうてん》、右手《みぎて》に剣《つるぎ》を持《も》ち、軽生重死《けいせいじゅうし》、専制主義《せんせいしゅぎ》の「体主霊従《たいしゅれいじゅう》」を教理《きょうり》とする。○「**ウラナイ教**《きょう》」は三五教《あなないきょう》とウラル教《きょう》を合《あ》わせた変則的《へんそくてき》な神教《しんきょう》を創《つく》り、変性男子《へんじょうなんし》を生粋《きっすい》として守《まも》る。三五教《あなないきょう》と同《おな》じ神《かみ》を奉斎《ほうさい》するが、その教義《きょうぎ》は支離滅裂《しりめつれつ》。○ウラル教《きょう》を背景《はいけい》に右手《みぎて》に剣《つるぎ》、左手《ひだりて》に徳利《とくり》を握《にぎ》る「**大中教**《だいちゅうきょう》」（＝一人の人を中心とする教。現代の一国主義。）など様々《さまざま》な教《おしえ》、主義主張哲学思想《しゅぎしゅちょうてつがくしそう》が『霊界物語《れいかいものがたり》』に登場《とうじょう》して、「善悪《ぜんあく》の標準《ひょうじゅん》」「最後《さいご》の審判《しんぱん》」が示《しめ》されている。

第九章　言《こと》向《むけ》和《やわ》せ

ところは瀬戸《せと》の海《うみ》の一つ島《しま》、天照大神《あまてらすおほかみ》から生《う》まれた天菩比命《あめのほひのみこと》の軍勢《ぐんぜい》は雲霞《うんか》のごとく深雪姫《みゆきひめ》（＝素盞嗚尊から生まれた三女神の一柱。〇尚武勇健の気質に富む。多紀理姫神の前神の御名。）の神館《かむやかた》に向《むか》って攻《せ》め来《き》たり、島民《とうみん》を殺伐《さつばつ》し、民家山林《みんかさんりん》を焼《や》き払《はら》い、火《ひ》は延々《えんえん》として館近《やかたちか》くに燃《も》えよせた。深雪姫《みゆきひめ》は善言美詞《ぜんげんびし》の言霊《ことたま》をもって、曲《まが》を言向和《ことむけやわ》し、柔《じゅう》よく剛《ごう》を制《せい》するなりと武器《ぶき》の使用《しよう》を禁《きん》じ、高殿《たかどの》に上《のぼ》り悠々《ゆうゆう》せまらず謡《うた》う。

「神《かみ》が表《おもて》に現《あらは》れて　善《ぜん》と悪《あく》とを立別《たてわ》ける　この世《よ》を造《つく》りし神直日《かむなほひ》　心《こころ》も広《ひろ》き大直日《おほなほひ》　た
だ何事《なにごと》も人《ひと》の世《よ》は　直日《なほひ》に見直《みなほ》せ聞《き》き直《なほ》せ　世《よ》の曲言《まがこと》は宣《の》り直《なほ》せ　正義《せいぎ》に刃向《はむか》ふ剱《つるぎ》なし
まことの力《ちから》は世《よ》を救《すく》ふ　神《かみ》を力《ちから》に三五《あななひ》の　神《かみ》の教《をしへ》を杖《つえ》として　いかなる敵《てき》の来《きた》るとも　神《かみ》
の嘉言《よごと》に言向《ことむ》けて　敵《てき》を傷《きず》つくことなかれ　神《かみ》は汝《なんち》と倶《とも》にあり　神《かみ》は誠《まこと》を立《た》てとほす　ま
ことで人《ひと》を救《すく》ふべし　いまは身魂《みたま》のためし時《とき》　心《こころ》の持方《もちかた》ひとつにて　善《ぜん》もたちまち悪《あく》とな

り　悪《あく》もたちまち善《ぜん》となる　善悪正邪《ぜんあくせいじゃ》の分水嶺《ぶんすいれい》　天《あめ》が下《した》にはおしなべて　敵《てき》も味方《みかた》もなきものぞ　味方《みかた》も時《とき》に敵《てき》となり　敵《てき》も味方《みかた》となり変《かは》る　ただ何事《なにごと》も人《ひと》の世《よ》は　神《かみ》に任《まか》せよことごとく　心《こころ》をいらちて過失《あやま》つな　神《かみ》は汝《なんぢ》とともに住《す》む　朝日《あさひ》は照《て》るとも曇《くも》るとも　月《つき》は盈《み》つとも虧《か》くるとも　たとへ大地《だいち》は沈《しづ》むとも　この神島《かみしま》は焼《や》けるとも　神《かみ》はかならず吾々《われわれ》が　赤《あか》き心《こころ》をみそなはし　安《やす》きに救《すく》ひたまふべし　誠《まこと》ひとつの玉鉾《たまほこ》に　よせ来《く》る敵《てき》を言向《ことむ》けて　神《かみ》の力《ちから》をあらはせよ　神《かみ》の稜威《みいづ》をかがやかせ。」

（『霊界物語』第12巻・第23章「短兵急」）

◆平和《へいわ》か滅亡《めつぼう》か＝恒久平和《こうきゅうへいわ》への道《みち》　……侵略戦争《しんりゃくせんそう》は正《ただ》しくないが防御的戦争《ぼうえいてきせんそう》は正《ただ》しいなどという議論《ぎろん》は、今日《こんにち》もはや許《ゆる》されない。戦争《せんそう》か平和《へいわ》かと云《い》うより、平和《へいわ》か滅亡《めつぼう》かという時代《じだい》である。絶対平和《ぜったいへいわ》である。戦争《せんそう》を絶対《ぜったい》に悪《あく》であるとして、これを防《ふせ》ぎまたはなくすように努力《どりょく》することが、人類平和《じんるいへいわ》の神聖《しんせい》な義務《ぎむ》でなければならぬ。

真《しん》の恒久平和《こうきゅうへいわ》とは、ただ戦争《せんそう》がないというだけの意味《いみ》ではない。一つ間違《まちが》えば戦争《せんそう》が起《おこ》るかも知《し》れないというのでは、決《けっ》して真《まこと》の平和《へいわ》ではない。この世界《せかい》から戦争《せんそう》が根本的《こんぽんてき》になくならなければいけない。それがためには、世界各国《せかいかくこく》が戦争《せんそう》を放棄《ほうき》した暁《あかつき》でなければ、真《まこと》の恒久平和《こうきゅうへいわ》という理論《りろん》は実現《じつげん》できないのである。……ユネスコでは「戦争《せんそう》は人間《にんげん》の心《こころ》の中《なか》で始《はじ》められるものであるから、平和《へいわ》の防衛《ぼうえい》もまた人間《にんげん》の心《こころ》の中《なか》にうち建《た》てられなければならぬ」と言《い》っているが、これは真理《しんり》である。

（『愛善苑』第33号昭和23年9月1日号「平和《へいわ》か滅亡か　恒久平和への道」「愛善時論」）

第一〇章　皇国の言霊

総《すべ》て言霊《ことたま》というものは、われ〳〵の生活上《せいかつじょう》にも政治的《せいじてき》にも、最《もっと》も必要《ひつよう》なものである。また皇国日本《こうこくにっぽん》の昔《むかし》からの教《おしえ》にも、日本《にほん》は「言霊《ことたま》の幸《さち》はふ国《くに》」、「言霊《ことたま》の助《たす》くる国《くに》」、「言霊《ことたま》の生《い》ける国《くに》」、あるいは「言霊《ことたま》の天照国《あまてるくに》」といって、日本《にっぽん》に生《う》まれ出《い》でた人々《ひとびと》は何《いず》れも七十五声《せい》の正音《せいおん》のみを自由自在《じゆうじざい》に応用《おうよう》し、かつ全《まった》く円満清朗《えんまんせいろう》で、言葉《ことば》に権威《けんい》を伴《ともな》っており、魂《たましい》が入《はい》って居《い》るのである。

○森羅万象《しんらばんしょう》悉《ことごと》く皆言霊《みなことたま》の助《たす》けによりて生《うま》れたるなり。

例《たと》えば日本《にっほん》の言葉《ことば》で「山《やま》」という事《こと》を云《い》えば、すぐ山《やま》を連想《れんそう》し得《う》るように「ヤ」と「マ」の言葉《ことば》の中《なか》に、その意味《いみ》と力《ちから》が含《ふく》まれている。それで「言霊《ことたま》の幸《さち》はふ国《くに》」と云《い》うのである。

これに反《はん》し、外国人《がいこくじん》の声音《せいおん》はその数少《すうすく》なく、且《か》つ濁《だく》、半濁《はんだく》、拗《よう》、促《そく》、鼻音等甚《びおんとうはなは》だ多《おお》く、不正不規律《ふせいふきりつ》である。この頃《ころ》の日本《にっほん》の言葉《ことば》には漢語《かんご》が交《まじ》ったり、英語《えいご》やフランス語等《ごとう》が入《はい》ったりして、何処《どこ》の言葉《ことば》か解《わか》らぬように乱《みだ》れている。それがために日本《にっほん》の思想《しそう》が乱《みだ》れ、政治《せいじ》が乱《みだ》れ、宗教《しゅうきょう》が乱《みだ》れ、風俗《ふうぞく》が紊《みだ》れ、一切《いっさい》のものが皆混乱状態《みなこんらんじょうたい》となり、中心《ちゅうしん》というものが無《な》くなったのである。

○主《ス》の神《かみ》の生言霊《いくことたま》の大原理《だいげんり》知《し》らず天地《てんち》の成立《なりた》ちも解《わか》らず。

総《すべ》て宇宙《うちゅう》にはアイウエオの五大父音《だいふおん》（母音《ぼおん》）があって、間断《かんだん》なく鳴《な》り鳴《な》りて鳴《な》り止《と》まず、天地《てんち》の造化《ぞうか》に任《にん》じつつあるのであるが、大声《たいせい》は耳裡《じり》に入《い》らず、一般人《いっぱんじん》にはこれを聞知《ぶんち》し得《え》ないのである。若《も》し神霊学《しんれいがく》を極《きわ》め、鎮魂《ちんこん》と帰神《きしん》の神術《しんじゅつ》に通《つう》じ、言霊《ことたま》の妙用《みょうよう》を知《し》るときは、この五大父音《だいふおん》（母音《ぼおん》）を明瞭《めいりょう》に聞《き》く事《こと》を得《う》るのである。

○言霊《ことたま》の正《ただ》しき人《ひと》は久方《ひさかた》の天《あめ》の恵《めぐ》みを満《み》たせる神《かみ》なり

神《かみ》は万物普遍《ばんぶつふへん》の霊《れい》であって、言霊《ことたま》であり、霊《れい》である。而《しか》して宇宙《うちゅう》に充《み》ち満《み》つるが故《ゆえ》にミチ（道《みち》）とも云《い》うのである。人《ひと》は天地経綸《てんちけいりん》の司宰者《しさいしゃ》として生《せい》を享《う》けたものであるから、この言霊《ことたま》の妙用《みょうよう》を解《かい》してこれを実地《じっち》に応用《おうよう》する時《とき》は、天地万物《てんちばんぶつ》を自在《じざい》に動《うご》かすことを得《う》べく、地震《じしん》、風雨《ふうう》、雷電《らいでん》を駆使《くし》するが如《ごと》きは実《じつ》に易々《いい》たる業《わざ》である。然《しか》るに、言霊《ことたま》の助《たす》け幸《さいわ》い天《あま》照《て》る国《くに》に生《うま》れ来《き》て、天下修斎《てんかしゅうさい》の天職《てんしょく》ある我国民《わがこくみん》がこれを解《かい》しないと云《い》うことは実《じつ》に歎《なげ》かわしい次第《しだい》である。『新約聖書《しんやくせいしょ》』の、

「太初《はじめ》に道《ことば》あり、道《ことば》は神《かみ》と偕《とも》にあり、道《ことば》は即《すなわ》ち神《かみ》なり、この道《ことば》は太初《はじめ》に神《かみ》と偕《とも》に在《あ》りき、

万物《よろずのもの》これに由《よ》り造《つく》らる、造《つく》られたる者《もの》に一《ひと》つとして之《これ》に由《よ》られしは無《なし》、之《これ》に生《いのち》あり、此《こ》の生《いのち》は人《ひと》の光《ひかり》なり、光《ひかり》は暗《くら》きに照《て》り、暗《くら》きは之《これ》を暁《さと》らざりき云々《うんぬん》」と云《い》う章《しょう》は、皇国言霊《こうこくことたま》の消息《しょうそく》を漏《も》らしたもので、この一章《しょう》を見《み》ても如何《いか》に言霊《ことたま》の至貴至《しきし》重《ちょう》であって、万有《ばんゆう》の根本《こんぽん》たるかを窺知《きち》することが出来《でき》る。

現在《げんざい》の日本《につほん》及《およ》び世界《せかい》の混乱不統一《こんらんふとういつ》は、要《よう》するに言霊《ことたま》の混乱不統一《こんらんふとういつ》にその源《みなもと》を発《はっ》しているのであるから、日本《につほん》から先《ま》ず言葉《ことば》をすっかり統一《とういつ》し、海外諸国《かいがいしょこく》にまで正《ただ》しい日本語《にほんご》を宣《せん》伝《でん》し、それによって世界一家《せかいいっか》の基礎《きそ》を固《かた》めねばならぬ。

（『惟神の道』「皇国の言霊」　昭和10年12月5日発行）

第一一章　万物同言

……。宇宙《うちゅう》の森羅万象《しんらばんしょう》は一《いつ》として、陰陽《いんよう》の水火《いき》によって形成《けいせい》されざる物《もの》はない。従《したが》って神人《しんじん》は云《い》うもさらなり、禽獣虫魚《きんじゅうちゅうぎょ》、山川草木《さんせんそうもく》にいたるまで、いずれも言霊《ことたま》の水火《いき》を有《ゆう》し、言語《げんご》を発《はっ》せざるものはないのである。中臣《なかとみ》の祓《はら》いにも「草《くさ》の片葉《かきは》をも言止《ことや》めて云々《うんぬん》」の文句《もんく》あり、古《いにしえ》の人《ひと》はすべて禽獣草木《きんじゅうそうもく》の言語《げんご》までもよく諒解《りょうかい》したものなり。

また禽獣《きんじゅう》は人語《じんご》を解《かい》し、人《ひと》はまた禽獣草木《きんじゅうそうもく》の言葉《ことば》をよく解《かい》することを得《え》たり。されど世《よ》は追々《おいおい》と降《くだ》り、人《ひと》の心《こころ》はねじけ曲《まが》り、ついに罪悪《ざいあく》の塊《かたまり》となり、一切《さい》の語《ご》を解《かい》する能《あた》わざるまで、不便《ふべん》きわまる人間《にんげん》と堕落《だらく》したるなり。

また同《おな》じ人間《にんげん》の中《なか》においても、国々所々《くにぐにところどころ》言語《げんご》の相違《そうい》するは、第《だい》一、国魂神《くにたまがみ》の霊魂《みたま》の関《かん》係《けい》および風土寒暑《ふうどかんしょ》の関係《かんけい》によるものなるが、これを一々聞《き》き分《わ》けその意《い》を悟《さと》ることが出来《でき》ぬまでに人間《にんげん》の耳《みみ》が鈍《にぶ》りきたりぬ。

幸《さいわ》いに言霊学《ことたまがく》を体得《たいとく》する時《とき》は、別《べつ》に英語《えいご》とかフランス語《ご》、ロシア語《ご》などと、せせこましい語学《ごがく》を研究《けんきゅう》せなくとも、その声音《せいおん》の色《いろ》ならびに抑揚頓挫《よくようとんざ》等《とう》にて悟《さと》り得《え》られるはずなり。

従《したが》って禽獣虫魚《きんじゅうちゅうぎょ》、山川草木《さんせんそうもく》の言葉《ことば》も、容易《ようい》に解《かい》し得《う》べきものなり。

例《たと》えば、無声機物《むせいきぶつ》たる三味線《しゃみせん》をひき鳴《な》らして色々《いろいろ》の音律《おんりつ》を発《はっ》し、浄瑠璃《じょうるり》、唄《うた》などに合《あ》わせると、聞《き》き慣《な》れたる耳《みみ》には、その音《ね》の何《なに》を語《かた》りいるやを弁別《べんべつ》し得《う》るがごとし。

その他《た》、縦笛《たてぶえ》、横笛《よこぶえ》、笙《しょう》、ひちりき、太鼓《たいこ》、鼓《つづみ》にいたるまで、わずかに五音《いん》、あるいは七八音《しちはちいん》をもって、よくその用《よう》を達《たっ》するごとく、禽獣虫魚等《きんじゅうちゅうぎょとう》の声音《せいおん》は、その数少《かずすく》なしといえども、吾《わ》が耳《みみ》を清《きよ》くして聞《き》く時《とき》は、禽獣草木《きんじゅうそうもく》の声《こえ》を明《あき》らかに悟《さと》ることができ得《う》る。

例《たと》えば、ラッパはわずかにタチツテトの五音《いん》をもって数多《あまた》の軍隊《ぐんたい》を動《うご》かし、三味線《しゃみせん》はパピプペポ、タチツテトの十音《いん》をもって一切《さい》を語《かた》り、牛《うし》はマミムメモ、馬《うま》はハヒフヘホ、猫《ねこ》はナニヌネノ、犬《いぬ》はワヰウヱヲというように、各々《おのおの》の特定《とくてい》の言霊《ことたま》を使用《しよう》し、自分《じぶん》の意志《いし》を完全《かんぜん》に表示《ひょうじ》し、なお及《およ》ばざるところは、目《め》を働《はたら》かせ体《からだ》の形容《けいよう》をもってこれを補《おぎな》い、かつ声《こえ》の抑揚頓挫《よくようとんざ》にて、その意志《いし》を明《あき》らかに表示《ひょうじ》するものなり。

日本人《にほんじん》は円満清朗《えんまんせいろう》なる七十五声《せい》を完全《かんぜん》に使用《しよう》し得《う》るはこれ国魂《くにたま》による。……

されど神《かみ》と同《おな》じく七十五声《せい》を使用《しよう》し得《う》る人種《じんしゅ》も、今《いま》は全《まった》く心《こころ》の耳塞《みみふさ》がり、心《こころ》の眼《め》閉《と》じたれば、到底《とうてい》『神諭《しんゆ》』（＝出口直の筆先に漢字を入れ清書したもの。）にあるごとく、一を聞《き》いて十を悟《さと》るごとき、鋭《えい》敏《びん》なる心《こころ》の耳目《じもく》を欠《か》き、百言《ひゃくげん》聞《き》いてわずかに一二言《げん》を悟《さと》り得《う》るくらいの程度《ていど》まで耳目活用《じもくかつよう》の能率《のうりつ》が低下《ていか》し、他《た》の動物《どうぶつ》とほとんど選《えら》ぶところなきまでに到《いた》れるなり。実《じつ》に天地経綸《てんちけいりん》の司宰者《しさいしゃ》たる人《ひと》にして浩歎《こうたん》（＝なげき。なげく。）すべきの至《いた》りならずや。……現代人《げんだいじん》は、とうてい簡《かん》単《たん》なる言語《げんご》にて、その意志《いし》を諒解《りょうかい》するだけの能力《のうりょく》なし。……。

禽獣虫魚《きんじゅうちゅうぎょ》は今日《こんにち》に至《いた》るまで、おぼろげながら人語《じんご》を解《かい》するに、人間《にんげん》として禽獣草木《きんじゅうそうもく》の声《せい》音《おん》を聞《き》くことを得《え》ざるは実《じつ》に万物《ばんぶつ》の霊長《れいちょう》たる権威《けんい》はいずこにありや。かかる不完全《ふかんぜん》なる五感《かん》をもって、いかでか、神《かみ》の生宮《いきみや》として万有《ばんゆう》に安息《あんそく》を与《あた》え、天地経綸《てんちけいりん》の司宰者《しさいしゃ》たるその職《しょく》責《せき》を全《まっと》うすることを得《え》む。思《おも》えば実《じつ》に遺憾《いかん》の極《きわ》みなり。……いかなる国《くに》の言語《げんご》といえども、今《いま》の禽獣草木《きんじゅうそうもく》のごとく言霊《ことたま》の原則《げんそく》を誤《あやま》らざるにおいては、世界共通的《せかいきょうつうてき》に通《つう》ずべき言霊《ことたま》の妙《みょう》用《よう》は、宇宙《うちゅう》の真理《しんり》なり。（『霊界物語』第32巻・第1章「万物同言」大正11・8・22　松村真澄録）

第四編　言霊と宇宙小論

言霊と宇宙の小論

(一) 拍手の意義

左手《ひだりて》は火《ひ》を表象《ひょうしょう》し右手《みぎて》は水《みず》を表象《ひょうしょう》する。拍手《はくしゅ》すると左右《さゆう》合《あわ》せて神《かみ》（火水《かみ》）となりて声《こえ》を発《はっ》する。その音《おん》「タカ」となる。アーの言霊《ことたま》は上《あが》る意《い》、マーの言霊《ことたま》は円満《えんまん》具足《ぐそく》を示《しめ》し、ハーの言霊《ことたま》四方《ほう》に開《ひら》くの意《い》を現《あら》わし、ラーの言霊《ことたま》螺線《らせん》を現《あら》わす、即《すなわ》ち拍手《はくしゅ》によりて、神《かみ》なる声《こえ》が天地《てんち》の間《あいだ》に拡《ひろ》がりゆくなり。

（『水鏡』）

(二) 隻《せき》手《しゅ》の声

禅学《ぜんがく》で「隻手《せきしゅ》の声《こえ》」というのは、あっても出《だ》さぬ潜《ひそ》む声《こえ》を示《しめ》したもので、両手《りょうて》あってこそ音《おと》を出《だ》すことが出来《でき》るのである。左《ひだり》の手《て》からタの音《おん》、右《みぎ》の手《て》からカの音《おん》が出《で》る。高皇産《たかみむす》霊神《びのかみ》、神皇産霊神《かむみむすびのかみ》である。かくして両手《りょうて》を拍《う》てばタカと発《はっ》するのである。「隻手《せきしゅ》の声《こえ》」はタカの音《おと》をもって居《い》るだけで聞《きこ》えぬ声《こえ》である。また無理《むり》に「隻手《せきしゅ》の声《こえ》」を出《だ》そうと思《おも》えば、右手《みぎて》でも左手《ひだりて》でもよい。頬《ほほ》をピシャリと打《う》つがよい、必《かなら》ず「隻手《せきしゅ》の声《こえ》」がする。（『玉鏡』）

（三）動物と言霊

……ペストが流行《りゅうこう》するといっては、毒薬《どくやく》を盛《も》り、鼠《ねずみ》を全滅《ぜんめつ》せんと謀《はか》る人間《にんげん》の考《かんが》えも、理《り》論《ろん》は立派《りっぱ》なれど、到底《とうてい》これを全滅《ぜんめつ》することは出来《でき》ない。また鼠《ねずみ》が人家《じんか》になき時《とき》は人間《にんげん》の寝《ね》息《いき》より発生《はっせい》する邪気《じゃき》、天井《てんじょう》に凝結《ぎょうけつ》して小《ちい》さき恙虫《つつがむし》を発生《はっせい》せしめ、その虫《むし》のために貴重《きちょう》な生命《いのち》を縮《ちぢ》めるようになってしまう。神《かみ》はこの害《がい》を除《のぞ》かしめ、人《ひと》のために必要《ひつよう》に応《おう》じて鼠《ねずみ》を作《つく》り給《たも》うたのである。

鼠《ねずみ》は恙虫《つつがむし》を最《もっと》も好《この》むものである。故《ゆえ》に、その鳴《な》き声《ごえ》は常《つね》に「チウチウ」という。「チウ」の霊返《たまがえ》しは「ツ」となる。しかしながら鼠《ねずみ》の繁殖《はんしょく》甚《はなは》だしき時《とき》は食《しょく》すべき恙虫《つつがむし》少《すく》なきため、やむを得《え》ず、米櫃《こめびつ》をかじり、いろいろと害《がい》をなすに至《いた》る。

ゆえに神《かみ》は猫《ねこ》を作《つく》りて、鼠《ねずみ》の繁殖《はんしょく》を調節《ちょうせつ》し給《たも》うたのである。猫《ねこ》の好《この》んで食《しょく》するものは鼠《ねずみ》である。鼠《ねずみ》の霊返《たまがえ》しは「ニ」となる。猫《ねこ》の鳴《な》き声《ごえ》は「ニャン」と鳴《な》く、「ヤ」は退《やら》うこと、「ン」は畜生《ちくしょう》自然《しぜん》の持前《もちまえ》として、言語《げんご》の末《すえ》にひびく音声《おんせい》である。ゆえに「ニャン」という声《こえ》を聞《き》く時《とき》は、鼠《ねずみ》の「ニ」は恐《おそ》れて姿《すがた》を隠《かく》すにいたるは、言霊学上動《げんれいがくじょうご》かすべからざる真理《しんり》である。人《ひと》試《こころ》みに引《ひ》く息《いき》をもって、鼠《ねずみ》の荒《あ》れまわる時《とき》「ニャン」と一二声猫《いちにせいねこ》の真似《まね》をなす時《とき》、荒《あ》れ狂《くる》いたる鼠《ねずみ》は一時《いちじ》に静《しず》まり遠《とお》く逃《に》げ去《さ》るべし。「ニヤ」の霊返《たまがえ》しは「ナ」となる。ゆえに猫《ねこ》の中《うち》において、言霊《ことたま》の清《きよ》きものは「ナン」と鳴《な》くなり。

すべて禽獣虫魚《きんじゅうちゅうぎょ》は引《ひ》く息《いき》をもって音声《おんせい》を発《はっ》し、神国人《みくにびと》は吹《ふ》く息《いき》をもって臍下丹田《せいかたんでん》より嚠喨《りゅうりょう》たる声音《せいおん》を発《はっ》し、また引《ひ》く息《いき》、吹《ふ》く息《いき》の中間的言語《ちゅうかんてきげんご》を発《はっ》する人種《じんしゅ》もある。

また鳥《とり》の中《なか》にも、吹《ふ》く息《いき》、引《ひ》く息《いき》の中間的《ちゅうかんてき》の声音《せいおん》を一二声発《いちにせいはつ》するものが、たまにはある。

馬《うま》は陽性《ようせい》の動物《どうぶつ》なれば、「ハヒフヘホ」と声音《せいおん》を発《はっ》し、牛《うし》は陰性《いんせい》の動物《どうぶつ》なれば、「マミムメモ」の声音《せいおん》を発《はっ》す。その他《た》一切《いっさい》の動物《どうぶつ》、各特有《かくとくゆう》の声音《せいおん》を有《ゆう》し、完全《かんぜん》にその意思《いし》を表示《ひょうじ》す。

馬《うま》は陽性《ようせい》の獣類《じゅうるい》なれば、人《ひと》その背《せ》に跨《またが》り「ハイ」と声《こえ》をかければ、たちまち無意識《むいしき》に前進《ぜんしん》する。「ハ」は開《ひら》き進《すす》むの言霊《ことたま》であり「イ」は左右《さゆう》の息《いき》である。すなわち左右《さゆう》の脚《あし》を開《ひら》きて進《すす》めという命令詞《めいれいし》となる。

牛《うし》は陰性《いんせい》の獣類《じゅうるい》なれば、人《ひと》あり、後《うし》ろより「シイ」と言《い》えば前進《ぜんしん》する。「シ」は水《みず》にしてかつ俯《うつむ》き流《なが》れ動《うご》くの意《い》である。「イ」は前《まえ》に述《の》べた通《とお》りである。

馬《うま》は頭《あたま》を上《あ》げて、陽《よう》の息《いき》を示《しめ》して進《すす》み、牛《うし》は頭《あたま》を下《さ》げて陰《いん》の水火《いき》を示《しめ》して進《すす》む。陽性《ようせい》の馬《うま》は「ドー」と言《い》えば止《と》まり、陰性《いんせい》の牛《うし》は「オウ」と言《い》えば止《と》まる。「ド」は陽的不動《ようてきふどう》の意味《いみ》であり、「オー」は陰的不動《いんてきふどう》の言霊《ことたま》である。

これを見《み》れば、禽獣虫魚一切《きんじゅうちゅうぎょいっさい》、惟神的《かむながらてき》に言霊《ことたま》によりて動止進退《どうししんたい》することは明白《めいはく》なる事《じ》実《じつ》である。その他《た》の禽獣《きんじゅう》みな然《しか》りである。

（『霊界物語』第32巻・第13章「平等愛」）

◆天《てん》はどこまでも清《きよ》く、そしてこの世《よ》は善悪美醜《ぜんあくびしゅう》が混在《こんざい》する。人間《にんげん》に感染《かんせん》するウイルスは60万種《まんしゅ》あるとされ、寄生《きせい》する野生動物《やせいどうぶつ》の生息域《せいそくいき》が温暖化《おんだんか》や人間《にんげん》の自然破壊《しぜんはかい》により動物《どうぶつ》と接触《せっしょく》するリスクが高《たか》いとも云《い》われる。また多《おお》くの動植物《どうしょくぶつ》の絶滅《ぜつめつ》により生物《せいぶつ》の多様性《たようせい》が損《そこ》なわれ自然界《しぜんかい》の法則《ほうそく》に異変《いへん》が生《しょう》じている。地球《ちきゅう》は生《い》きており異常気象《いじょうきしょう》、熱波《ねっぱ》、山火事《やまかじ》、干《かん》ばつ、凍土《とうど》の氷解《ひょうかい》、集中豪雨《しゅうちゅうごうう》、地震《じしん》、津波《つなみ》、天災《てんさい》、人災《じんさい》が多発《たはつ》している。命《いのち》は人間《にんげん》だけでなく、禽獣虫魚《きんじゅうちゅうぎょ》、毒虫《どくむし》、毒蛇《どくへび》、動植物《どうしょくぶつ》のすべてに神《かみ》の命《いのち》が宿《やど》る。神《かみ》にかわってこの世《よ》を拓《ひら》く人間《にんげん》の行為《こうい》には、大《おお》きな責任《せきにん》がある。

それ故《ゆえ》、自国第《じこくだい》一経済主義《けいざいしゅぎ》ではなく、人類主義《じんるいしゅぎ》の「愛善《あいぜん》の言霊《ことたま》」「万物同言《ばんぶつどうげん》」「霊力体《れいりょくたい》」の真理《しんり》を今《いま》一度《ど》参照《さんしょう》していただきたい。

（四）言霊学より見たる鳥

――出口教主《でぐちきょうしゅ》の旧稿中《きゅうこうちゅう》の一節《せつ》で、言霊学活用《げんれいがくかつよう》の一端《たん》を御紹介《ごしょうかい》するために掲載《けいさい》しました。

（『神霊界』編者）――

鶴《つる》　ツルとはツルの反《かえし》ツにして、ツは続《つづ》き列《つら》なりて百千《ももち》の数《かず》を宰《つかさど》るの言《げん》なり、これを名《な》として鶴《つる》というなり。故《ゆえ》に千百の齢《よわい》を保《たも》つなり。この鳥《とり》続《つづ》き列《つら》なるの霊《れい》あるをもって、一度《ど》来《きた》りし所《ところ》には三度《ど》四度《ど》来《きた》り、一度《ど》にして止《や》むことなし。『万葉集《まんようしゅう》』に佐可故要底安《さかこえてあ》部乃田面爾為流多豆乃笠毛思吉伎美波安須佐倍母我毛《べのたのもにゐるたづのともしききみはあすさへもがも》と在《あ》りて、鶴《つる》は一度《ど》にては止《と》どまらぬという事《こと》を含《ふく》みたる歌《うた》なり。

田鶴《たづ》　タヅとは多《おお》きこと列《つら》なることなり。ツルの反《かえし》ツにしてタツという田《た》は借字《かりじ》にして多鶴《たづ》の義《ぎ》なり。芦辺平左志底田鶴鳴渡《あしべをさしてたづなきわた》るなどいうは鶴《つる》の群立《むれた》ちて鳴《な》き渡《わた》ることなり。

葦田鶴《あしたづ》　アシタヅとはアシの反《かえし》イにして、イは命《いのち》のことなり。ツは鶴《つる》にて命列鶴《いのちつらなるつる》ということなり。葦《あし》は借字《かりじ》なれば字義《じぎ》に迷《まよ》う可《べか》らず。アシタとは命《いのち》の長《なが》きということを鶴《つる》に冠《かん》せたるの詞《ことば》なり。

鳫《かり》　カリとはカリの反《かえし》キにして気《き》なり。天地《てんち》の気《いき》に霊合《たまあ》いなり。これを名《な》としてカリというなり。故《ゆえ》にこの鳥《とり》は天地《てんち》の気《いき》に従《したが》いて、天《あ》の気《き》の垂《た》る方《ほう》に気《き》が共《とも》に垂《た》れるなり。この地《ち》に天《あ》の気《き》垂《た》る秋《あき》は、彼《か》が気《き》と共《とも》にこの地《ち》に垂《た》れて気《き》垂《た》り、春《はる》また天《あ》の気《き》彼地《かのち》に垂《た》る時《とき》は、彼《か》が気《き》と共《とも》にたれて行《ゆ》くなり。彼《か》はただ天《あ》の気《き》の垂《た》る方《ほう》を「気《き》垂《た》」として「天《あ》気《き》」を「秋《あき》」とす。

彼《か》が方角《ほうがく》に北《きた》というも無《な》く秋《あき》というもなし。世《よ》の人《ひと》北方《ほっぽう》を指《さ》して彼《か》が故郷《ふるさと》の如《ごと》くいうも、彼《か》の地《ち》に子《こ》を産《う》むの故《ゆえ》なり。北《きた》に子《こ》を産《う》むというも天地《てんち》の気《き》に従《したが》うの故《ゆえ》なり。女《おんな》は陰《いん》にして気《き》垂《た》るを以《も》って、既《すで》に女御《にょうご》を「北《きた》の方《かた》」と唱《とな》えるはこの義《ぎ》なり。この鳥《とり》秋《あき》この地《ち》に気《き》垂《た》りて、春《はる》また彼《か》の地《ち》に帰《かえ》るに時《とき》を違《たが》えず。故《ゆえ》に一名《いちめい》をカリガネというカネの反《かえし》ケにして、ケは差別正《けじめ》を宰《つかさど》る言《げん》にして違《たが》わざるを名《な》として「カリガネ」という。子《ね》を鳴音《なくね》に設《もう》けていうは活用《かつよう》なり。

鴨《かも》

カモとはカは数《かず》のこと、モとは母《もや》うことにして数多《かずおお》く母《もや》うを名《な》とし「カモ」という故《ゆえ》に『万葉集《まんようしゅう》』に、鴨毛《かものも》古《こ》呂《ろ》などいうモは母《もや》うこと、コは凝《こる》こと、ロは固《かた》まることにて友《とも》を連《つ》れて母《もや》い固《かた》まり群《むら》がりいることなり。

鴎《かもめ》　カモメとはカモは数《か》母《も》の義《ぎ》なり。メはムレの反《かえし》のメにして、数々母《かずかずもや》いて群《むら》がるというを名《な》として「カモメ」というなり。則《すなわ》ち鴨《かも》の類《たぐい》なり。

鴉《からす》　カラスとはカラの反《かえし》カなり。カは黒《くろ》き事《こと》なり。スは鳥《とり》の霊《れい》にして黒《くろ》き鳥《とり》という名《な》なり。この鳥《とり》の鳴《な》く音《こえ》カアの二言《こと》を鳴《な》くなり。カは明暗《めいあん》の差別《けじめ》のことなり。アは天《あ》なり。故《ゆえ》に昼夜《ちゅうや》の差別《けじめ》を知《し》りて暁天《ぎょうてん》を告《つ》げ、また能《よ》く物《もの》の差別《けじめ》を知《し》る。故《ゆえ》に吉凶《きっきょう》を知《し》る事《こと》を宰《つかさど》るなり。

鶏《にわとり》　ニハトリとは二羽鳥《わとり》の義《ぎ》なり。諸鳥皆《もろとりみな》二羽《わ》ならざるは無《な》しと雖《いえど》も、この鳥《とり》は雌鳥《めどり》能《よ》く雄鳥《おどり》を助《たす》けて暁《あかつき》を告《つ》げる。

「暁《あかつき》を知《し》るは雌鳥《めどり》にして、声《こえ》を為《な》すは雄《おす》なり」能《よ》く雌雄相睦《しゆうあいむつ》みて片時《かたとき》も離《はな》れざるの名《な》なり。この鳥《とり》の鳴《な》くはカキクケコの一行《ぎょう》に音《こえ》あり。これを反《うらはら》にしてコケカアと鳴《な》くなり。人《ひと》は吹《ふ》く息《いき》を以《も》ってもの言《い》う故《ゆえ》にカキクケコという。鳥《とり》は入息《にゅうそく》を宰《つかさど》りて鳴《な》く故《ゆえ》に反《うらはら》に鳴《な》くなり。コは凝《こる》ることにして刻《こく》なり。ケは正《ただ》しきこと、カは別《わか》れること。アは親音《しんおん》の響《ひび》きにして時々《じじ》刻々《こくこく》を正《ただ》しく別《わ》くるという声《こえ》なり。故《ゆえ》に暁《あかつき》の、《こり》の刻《こく》より時々《じじ》刻々《こくこく》を正《ただ》し別《わ》けて告《つ》げるなり。また一名《いちめい》カケというカは別《わか》るゝこと、ケは正《ただ》しきことにして刻々《こくこく》を正《ただ》し別《わか》るという名《な》なり。また一名《いちめい》「クタカケ」というクは興《く》むこと、タは列《つら》なること、カは別《わか》るゝこと、ケは正《ただ》しきことにして時々《じじ》刻々《こくこく》を興《く》み列《つら》ねた正《ただ》しく別《わか》るという名《な》なり。また一名《いちめい》ユフツゲ鳥《どり》という則《すなわ》ち夕告《ゆうつ》げ鳥《どり》という義《ぎ》なり。また一名《いちめい》「イヘツドリ」という、これは野鳥《ぬつとり》に対《たい》したる名《な》にして家《いえ》に居《い》る鳥《とり》ということなり。……（以下略）

（『神霊界』大正7年9月8日号）

雀《すずめ》　スズメとはスは鳥《とり》の霊《れい》なり。メはムレの反《かえし》にして、群《む》れ鳥《とり》という名《な》なり。

燕《つばくら》　ツバクラとはツは渦巻《うずま》くこと、ハは土《つち》なり。クラとは寝座《ねぐら》鳥巣《とくら》のクラと同《おな》じく、土《つち》を以《もっ》て渦巻《うずま》きたる巣《す》を造《つく》るというを名《な》としていうなり。

鳩《はと》　ハトとはハトの反《かえし》ホなり。鳴音《なくね》ホホホウと聞《き》こえる。この声《こえ》を名《な》としてハトという。

（以下略）

（『神霊界』大正7年9月20日号）

（五）ミカエル

ある古書《こしょ》に「ミカエル立《た》ちて叫《さけ》び給《たま》えば、山川草木《さんせんそうもく》、天地一切《てんちいっさい》これに応《おう》ずる」とあるも、言霊《ことたま》の真意活用《しんいかつよう》を悟《さと》りたる真人《しんじん》の末世《まっせ》に現《あらわ》れて、天地《てんち》を震撼《しんかん》し、風雨雷霆《ふううらいてい》を叱咤《しった》し、または駆使《くし》し、山川草木《さんせんそうもく》を鎮定《ちんてい》せしめ、安息《あんそく》を与《あた》える言霊《ことたま》の妙用《みょうよう》を示《しめ》されたものである。あゝ偉大《いだい》なるかな、言霊《ことたま》の妙用《みょうよう》！

（『霊界物語』第32巻・第13章「平等愛」）

◆○根底《ねそこ》まで落《お》ちたる人《ひと》を救《すく》はむと、ミカエルとなり現《あらは》れし伊都能売《いづのめ》

ユダヤ教《きょう》、キリスト教《きょう》、イスラム教《きょう》の聖典《せいてん》『旧約聖書《きゅうやくせいしょ》』にある「ミカエル」とは、現幽神《げんゆうしん》すなわち三《み》を根本的《こんぽんてき》に立替《たてか》える神人降臨《しんじんこうりん》の意味《いみ》。また男体《なんたい》にして女霊《じょれい》の活用《かつよう》をなし、女体《にょたい》にして男霊《だんれい》の活用《かつよう》をなす神人《しんじん》を称《しょう》して「身変定《ミカエル》」という。大天使集団《だいてんししゅうだん》の長《おさ》。神《かみ》の宣伝使《せんでんし》の長《おさ》。天地《てんち》を動《うご》かす、経緯自由《けいいじゆう》な七十五声《せい》の言霊《ことたま》を円満清朗《えんまんせいろう》に宣《の》らせられ、相手《あいて》を言向和《ことむけやわ》す、油《あぶら》をそそがれる大神人《だいしんじん》、世界《せかい》を救《すく》うメシヤの再臨《さいりん》の意《い》。

（『霊界物語』第6巻・第28章「身変定」参照）

（六）言霊と言語

言霊天地《げんれいてんち》を動《うご》かすと云《い》うのは、瑞霊《ずいれい》の言霊《ことたま》の事《こと》である。言《げん》は「三つの口《くち》」（＝三ノ口。）と書《か》く。言語《げんご》の語《ご》は、吾《われ》の言《げん》と書《か》く。人間《にんげん》は男女共《だんじょとも》に五つの口《くち》をもって居《い》る。言霊《ことたま》は天地《てんち》を動《うご》かすけれど、言語《げんご》は天地《てんち》を動《うご》かす訳《わけ》にはゆかぬ。

（『水鏡』）

（七）祈りの声が聞える

私《わたし》の体《からだ》は難儀《なんぎ》な身体《からだ》である。一寸《ちょっと》でも暇《ひま》があると、方々《ほうぼう》から祈《いの》りの声《こえ》が聞《きこ》えて来《く》る。と同時《どうじ》に、手《て》が痛《いた》くなったり、頭《あたま》が痛《いた》んだり、腹《はら》が痛《いた》んだりして来《く》る。昔《むかし》は頼《たの》む人《ひと》も少《すく》なかったので、あゝ今誰《いまだれ》が祈《いの》って居《お》るなと、その声《こえ》で人《ひと》が判別出来《はんべつでき》たものだが「御手代《みてしろ》」が沢山《たくさん》出《で》ていった今日《こんにち》では、その声恰《こえあたか》も沢山《たくさん》の虫《むし》が鳴《な》くごとく、フシャ〳〵と聞《きこ》えて来《く》る。誰《だれ》が誰《だれ》やらさっぱり分《わか》らぬが、身体《からだ》は苦《くる》しくなる一方《ぽう》である。御手代《みてしろ》さんを誰《だれ》にやってくれ、彼《かれ》にやって呉《く》れと頼《たの》むけれど、私《わたし》からいうと、そう容易《たやす》くは出《だ》せないのだ、皆吾身《みなわがみ》にかゝって来《く》るのであるから。

（『水鏡』）

（八）地震と鉱物

鉱物《こうぶつ》と云《い》うものは、地震《じしん》によって造《つく》らるゝのであるから、恰《あたか》も鉱物《こうぶつ》は植物《しょくぶつ》に於《お》ける脂肪《しぼう》のようなものである。云《い》いかえれば、岩《いわ》の脂肪《やに》なのだ、地《ち》が動揺《どうよう》する事《こと》によって、汗《あせ》が滲《にじ》み出《で》るように、岩《いわ》の脂肪《しぼう》が出《で》て固《かた》まるのである。これが即《すなわ》ち金《きん》であり、銀《ぎん》であり、また銅《どう》であり鉄《てつ》である。

（『水鏡』）

◆金剛石《こんごうせき》　ダイヤモンドは昔《むかし》アフリカなどの熱帯地方《ねったいちほう》にて、地質《ちしつ》の変動《へんどう》の場合《ばあい》、地熱《ちねつ》二千二百度《ど》の時《とき》結晶《けっしょう》して出来《でき》たるものであると霊界《れいかい》で聞《き》いた。五百間《けん》四方《ほう》のミカゲ石《いし》の中心《ちゅうしん》にあるダイヤモンドの如《ごと》きは、チャボの鶏卵位《けいらんくらい》の大《おお》きさである。（『水鏡』）

（九）近江は人類誕生の地

○少々波《さざなみ》の志賀《しが》の近江《あふみ》は人《ひと》の祖《そ》の生《うま》れし貴国神《うづくにかみ》の守《も》る国《くに》
○琵琶《びは》の湖《うみ》の永久《とは》の神秘《しんぴ》の明《あき》らけく世《よ》に光《ひか》る時松《ときまつ》の世楽《よたの》しも

（『言華』・上巻、『神の国』昭和5年11月号）

皇祖《こうそ》について王仁《おに》は充分研究《じゅうぶんけんきゅう》した。素盞嗚尊《すさのおのみこと》は変性女子《へんじょうにょし》で体《たい》の造《つく》り主《ぬし》である。「誓約《うけい》」というのは天照大神《あまてらすおほかみ》は変性男子《へんじょうなんし》だから霊系《れいけい》で、何時《いつ》までも天照大神《あまてらすおほかみ》は父神父方《ちちがみちちかた》で、素《す》盞嗚尊《さのおのみこと》は母方《ははかた》である。皇室《こうしつ》のご先祖《せんぞ》は素盞嗚尊《すさのおのみこと》であると星野《ほしの》輝興祭事課長《さいじかちょう》（宮内庁《くないちょう》）の云《い》うことは正《ただ》しいが、あまり単純《たんじゅん》に云《い》うから反対《はんたい》されるのだ。（『新月《しんげつ》のかげ』「皇室《こうしつ》は素《す》盞嗚尊《さのおのみこと》」昭和《しょうわ》19年《ねん》4月《がつ》17日《にち》）と、日本《にほん》の皇祖《こうそ》は素盞嗚尊《すさのおのみこと》で体系《たいけい》と述《の》べている。また人間《にんげん》先祖《せんぞ》は、琵琶湖《びわこ》での素盞嗚尊《すさのおのみこと》と天照大神《あまてらすおほかみ》の「誓約《うけい》」から始《はじ》まり、三女神《にょしん》は竹生嶋《ちくぶじま》に女性《じょせい》の始祖《しそ》として、五男神《なんしん》は近江《おうみ》の蒲生郡《がもうぐん》に男性《だんせい》の始祖《しそ》として生《うま》れ、世界《せかい》五大州《だいしゅう》の大先祖《だいせんぞ》となる。

（『素盞嗚尊と近江の神々』参照）

◆人間《にんげん》は人間《にんげん》として生《う》まれた。猿《さる》は猿《さる》、牛《うし》は牛《うし》、馬《うま》は馬《うま》としてそれぞれの目的《もくてき》の元《もと》に生《うま》れている。禽獣虫魚《きんじゅうちゅうぎょ》、微生物《びせいぶつ》に至《いた》るまで総《すべ》ては、神《かみ》の経綸《けいりん》を厳守《げんしゅ》する。奥山《おくやま》にひっそりと咲《さ》く可憐《かれん》な花《はな》も神《かみ》の経綸《けいりん》のために咲《さ》いている。これを地球《ちきゅう》の生態系《せいたいけい》という。特《とく》に人間《にんげん》は万物《ばんぶつ》の霊長《れいちょう》として、神《かみ》に代《かわ》って経綸《けいりん》を遂行《すいこう》するため一霊《れい》四魂《こん》、言霊《ことたま》が与《あた》えられている。

（一〇）人間は木から生れた

足魂《たるむすび》（＝植物。）から生魂《いくむすび》（＝動物。）が出《で》る。大《おお》きな木《き》が腐《くさ》って人間《にんげん》が生《うま》れた。恰《あたか》も小豆《あずき》に虫《むし》が発生《はっせい》し、櫟《くぬぎ》に甲虫《かぶとむし》が出来《でき》、また栗《くり》の木《き》から栗虫《くりむし》が出来《でき》るようなものである。（『水鏡』）

（一一）進化論

進化論《しんかろん》のいうが如《ごと》き、人間《にんげん》は決《けっ》して猿《さる》から進化《しんか》したものではない。初《はじ》めから神《かみ》は、人《ひと》は人《ひと》、猿《さる》は猿《さる》として造《つく》られたものである。

動物《どうぶつ》が進化《しんか》して人間《にんげん》になるということ即《すなわ》ち「輪廻転生《りんねてんしょう》の理《り》」によって、動物《どうぶつ》が人間《にんげん》になると云《い》うのは、霊界《れいかい》において進化《しんか》して、人間《にんげん》の性《せい》をもって生《う》まるゝのである。『霊界《れいかい》物語《ものがたり》』の中《なか》には一国《こく》の有力者《ゆうりょくしゃ》を動物化《どうぶつか》して示《しめ》した所《ところ》もある。

（『玉鏡』）

（一二）草花より生ずる虫

ある時《とき》出口聖師《でぐちせいし》は花園《かえん》の中《なか》に立《た》ち筆者《ひっしゃ》を招《まね》かれた。参《まい》ってみると虎《とら》の尾《お》に似《に》た、名《な》のしれぬ草花《くさばな》を手《て》にしながらふっておられた。中《なか》から無数《むすう》の羽《はね》の生《は》えた小《ちい》さい虫《むし》が飛《と》んで出《で》る。

「気候《きこう》と温度《おんど》との具合《ぐあい》で、種《たね》が虫《むし》に変化《へんか》したのである」とおっしゃいました。「種《たね》が虫《むし》になる」不思議《ふしぎ》な事《こと》もあるものだと訝《いぶか》しみつゝ、手《て》に取《と》って他《た》の花《はな》をふって見《み》るとバラ〱と黍《きび》の実《み》が殻《から》から落《お》ちるようにどれからも無数《むすう》の小虫《しょうちゅう》が飛《と》んで出《で》る。

「麦《むぎ》を収穫《とりい》れるに際《さい》し、湿気《しっき》を充分《じゅうぶん》取《と》り去《さ》らないと麦《むぎ》は皆小蝶《みなこちょう》に変化《へんか》してしまう事《こと》は、農民周知《のうみんしゅうち》の事実《じじつ》である。何《なん》の不思議《ふしぎ》もない、足魂《たるむすび》（植物《しょくぶつ》）は生魂《いくむすび》（動物《どうぶつ》）、玉留魂《たまつめむすび》（鉱《こう》物《ぶつ》）に変化《へんか》し得《う》る素質《そしつ》をもっておる。虫《むし》は蒸《む》しわかすの意《い》にて、土《つち》から蒸《む》しわかされるものもあれば、木《き》から蒸《む》しわかされるものもある。栗《くり》の木《き》から栗虫《くりむし》がわく如《ごと》きもそれである。人間《にんげん》は身体《からだ》を初《はじ》め木《き》から蒸《む》しわかされたのであるが、今《いま》は夫婦《ふうふ》によって造《つく》られる事《こと》になったのである。……。人間《にんげん》が最初《さいしょ》に木《き》から蒸《む》しわかされたという事《こと》を立証《りっしょう》して行《ゆ》けば直《ただ》ちに博士《はかせ》になれるよ」と。

「学説《がくせつ》が根底《こんてい》から覆《くつがえ》る。植物学《しょくぶつがく》も、昆虫学《こんちゅうがく》も……だが事実《じじつ》は鉄《てつ》よりも堅《かた》く冷《つめ》たい」と呟《つぶや》いておられた。

（『水鏡』）

◆**輪廻転生《りんねてんしょう》**　凡《およ》そ天地間《てんちかん》の生物《せいぶつ》は、輪廻転生《りんねてんしょう》の法則《ほうそく》をたどらないものは無《な》い。蚕《かいこ》が蛹《さなぎ》となり孵化《ふか》して蝶《ちょう》となり産卵《さんらん》するのも、ガット虫《むし》（＝蝉の別名。）が蛹《さなぎ》となり、クソ虫《むし》が孵《ふ》化《か》して蝿《はえ》となり、瀬虫《せむし》が孵化《ふか》してトンボとなり、エンドウ豆《まめ》がサナギとなり羽《はね》を生《は》やして空中《くうちゅう》をかけり、麦《むぎ》が蝶《ちょう》と変《へん》じ、米《こめ》はコクゾウ虫《むし》と変《へん》じ、栗《くり》の木《き》から栗虫《くりむし》が湧《わ》き、櫟《くぬぎ》もあまはだから甲虫《かぶとむし》が発生《はっせい》する等《など》は、いづれも輪廻転生《りんねてんしょう》の道《みち》をたどっているのである。……

（『月鏡』）

（一三）人間の想像

神《かみ》は、この宇宙《うちゅう》を修理固成《しゅうりこせい》される時《とき》、先《ま》ず樹木《じゅもく》を造《つく》り、それから人《ひと》を造《つく》られたのである。人間《にんげん》は木《き》から生《うま》れさせられたのでる。その後《のち》、獣《けもの》、鳥《とり》、魚《うお》、虫《むし》の順序《じゅんじょ》にお造《つく》りになった。虫《むし》のごときは、今日《こんにち》といえどもなお木《き》からわかして造《つく》られることがある。

如何《いか》なる島《しま》にでも人類《じんるい》が住《す》んでいるということは、神《かみ》が諸処《しょしょ》に於《お》いて木《き》から人《ひと》を造《つく》られたからである。神《かみ》が土《つち》をもって人間《にんげん》を造《つく》られたと云《い》うのは、神《かみ》が先《ま》ず土《つち》をかためて木《き》を生《は》やし、それから人間《にんげん》を造《つく》られたのであって、直接土《ちょくせつつち》から造《つく》られたというのではない。土《つち》から木《き》を生《は》やし、木《き》から人間《にんげん》を造《つく》られた。その間《あいだ》でも何《なん》百万年《ねん》もかゝっている。（『玉鏡』）

（一四）剛・柔・流（9頁に同類文章あり。）

天帝《てんてい》の身体《からだ》を別《わ》けていう時《とき》は、三つに分《わ》けられる。即《すなわ》ち剛《ごう》と柔《じゅう》と流《りゅう》である。「剛《ごう》」とは世《よ》の中《なか》のあらゆる堅《かた》きものを指《さ》していう。「柔《じゅう》」とは世《よ》の中《なか》のあらゆる柔《やわら》かきものを指《さ》していう。「流《りゅう》」とは世《よ》の中《なか》のあらゆる水気《すいき》を指《さ》していう。

また宇宙《うちゅう》にあるものは、「霊《れい》・力《りょく》・体《たい》」この三つの大原質《だいげんしつ》より外《ほか》に一つもない。「霊《れい》」とは神《かみ》のこと、人《ひと》の霊魂《れいこん》も神《かみ》の一部《ぶ》である。「力《ちから》」とは運動《うんどう》の力《ちから》で、天地《てんち》の運行《うんこう》、春夏秋《しゅんかしゅう》冬《とう》の変化《へんか》、即《すなわ》ち天帝《てんてい》の御力《みちから》である。「体《たい》」とは即《すなわ》ち物体《ぶったい》である。科学《かがく》のいわゆる元素《げんそ》というもの、科学家《かがくか》はこれを数《すう》十元素《げんそ》に区別《くべつ》すれども、神《かみ》の道《みち》では「剛《ごう》・柔《じゅう》・流《りゅう》」の三大元素《だいげんそ》としてこれを解《と》きあかす。

玉留魂《たまつめむすび》（剛体素《ごうたいそ》。天之常立神《あめのとこたちのかみ》、国之常立神《くにのとこたちのかみ》）は山物《さんぶつ》の本質《ほんしつ》であり、山物《さんぶつ》とは金《きん》や銀《ぎん》、石《いし》やマンガン、鉄《てつ》、土《つち》の類《たぐい》をいう。しかしその中《なか》にも「柔《じゅう》・流《りゅう》」がふくまれる。

足魂《たるむすび》（柔体素《じゅうたいそ》。豊雲野神《とよくもぬのかみ》。）は植物《しょくぶつ》の本質《ほんしつ》であり、植物《しょくぶつ》とは草木《そうもく》、稲《いね》、麦《むぎ》などの類《たぐい》をいう。しかしその中《なか》にも「流《りゅう》・剛《ごう》」がふくまれる。

生魂《いくむすび》（流体素《りゅうたいそ》。葦牙彦遅神《あしがひこぢのかみ》。）は動物《どうぶつ》の本質《ほんしつ》であり、動物《どうぶつ》とは人《ひと》、獣《けもの》、鳥《とり》、魚《うお》、虫《むし》など

をいう。しかしその中《なか》にも「柔《じゅう》・剛《ごう》」がふくまれる。（『道の栞』「第一巻・中」参照）

（一五）虫の触角と鳴き声

鈴虫《すずむし》や松虫《まつむし》には長《なが》い触角《しょっかく》があるが、あれは面白《おもしろ》い働《はたら》きをするものである。即《すなわ》ちあの長《なが》い触角《しょっかく》は、ラジオのアンテナと、拡声器《かくせいき》とを兼《か》ね備《そな》えたような働《はたら》きをするのである。今《いま》一匹《ぴき》の松虫《まつむし》の雄虫《おす》が鳴《な》いたとすると、その声《こえ》は触角《しょっかく》を伝《つた》わって強《つよ》められ、高《たか》められて数丁《すうちょう》乃至《ないし》数里先《すうりさき》の雌虫《めす》に達《たっ》する。幾《いく》ら松虫《まつむし》の声《こえ》が高《たか》いからと云《い》って、マサカ数里先《すうりさき》の雌虫《めす》にまで達《たっ》すると云《い》うのは信《しん》じられない話《はなし》であるが、そこは神様《かみさま》の深《ふか》い思召《おぼしめ》しがあって、雌虫《めす》の頭《あたま》には、ちゃんと触角《しょっかく》のアンテナが用意《ようい》してあるのであって、この触角《しょっかく》のアンテナに感応《かんのう》して、数里先《すうりさき》の雄虫《おす》の鳴《な》き声《こえ》がハッキリと聞《き》き取《と》れるので、呼《よ》び出《だ》しをかけられた雌虫《めす》は大喜《おおよろこ》びで声《こえ》を便《たよ》りに飛《と》んで行《い》く。勿論恋《もちろんこい》しい自分《じぶん》の雄虫《おす》の鳴《な》き声《ごえ》を、外《ほか》の雄虫《おす》の鳴《な》き声《ごえ》と混同《こんどう》するような事《こと》は決《けっ》してない、ちゃんと各自《かくじ》の雄虫《おす》の所《ところ》へ飛《と》んでいって、甘《あま》い恋《こい》を囁《ささや》きつゞけるのである。彼等《かれら》の鳴《な》き声《ごえ》は決《けっ》して人間《にんげん》をなぐさめる為《ため》ではなく、種族繁栄《しゅぞくはんえい》のための本能《ほんのう》の叫《さけ》びである事《こと》は、人皆《ひとみな》がよく知《し》っている通《とお》りである。鶏《にわとり》のトサカの如《ごと》きも同《おな》じ働《はたら》きをするもので、鳥《とり》や虫《むし》が一足《あし》お先《さき》にラジオを実際《じっさい》に使用《しよう》しているのは面白《おもしろ》い現《げん》象《しょう》である。

（『水鏡』）

（一六）世は持ち切りにさせぬ

地球《ちきゅう》一日《にち》の傾斜《けいしゃ》を小傾斜《しょうけいしゃ》と云《い》い、一年《ねん》の傾斜《けいしゃ》を中傾斜《ちゅうけいしゃ》と云《い》い、六十年《ねん》振《ぶ》りの傾斜《けいしゃ》を大傾《だいけい》斜《しゃ》と云《い》い、三千六百年《ねん》振《ぶ》りのを大々々傾斜《だいだいだいけいしゃ》と云《い》う。この大々々傾斜《だいだいだいけいしゃ》の大変化《たいへんか》の影響《えいきょう》をうけて、気候《きこう》が変《かわ》る。従《したが》ってすべてのものが変《かわ》って来《く》るので、寒《さむ》い所《ところ》が暑《あつ》く、暑《あつ》い所《ところ》が寒《さむ》くなって世《よ》が変《かわ》るのである。『神諭《しんゆ》』に「世《よ》は持《も》ち切《き》りには致《いた》させんぞよ」とあるのはこの意味《いみ》である。

（『玉鏡』）

（一七）神示の宇宙

『霊界物語《れいかいものがたり》』に神示《しんじ》の宇宙《うちゅう》として示《しめ》してあることは、決《けっ》して今日《こんにち》の学者《がくしゃ》に分《わか》らせんが為《ため》ではない。幾《いく》百年後《ねんご》の智者学者《ちしゃがくしゃ》の為《ため》に書《か》き残《のこ》して置《お》くのである。王仁《わたし》の云《い》う地平説《ちへいせつ》は、決《けっ》して偏平《へんぺい》な方形《ほうけい》を云《い》うのではない。例《たと》えば餅《もち》の如《ごと》き形《かたち》を云《い》うのである。月《つき》は大地《だいち》を一周《しゅう》するが、太陽《たいよう》も地球《ちきゅう》もたゞ傾斜運動《けいしゃうんどう》をするだけで、同《おな》じ処《ところ》をうごかないものである。その傾斜《けいしゃ》にも大傾斜《だいけいしゃ》、中傾斜《ちゅうけいしゃ》、小傾斜《しょうけいしゃ》がある。六十年目《ねんめ》に大傾斜《だいけいしゃ》するのであって、その為《ため》に気《き》候《こう》も変化《へんか》する。最近《さいきん》の気候《きこう》の変化《へんか》はラジオなどの影響《えいきょう》ばかりではない。

月《つき》は西《にし》から出《で》て東《ひがし》に廻《めぐ》り、一ケ月《げつ》で一周《しゅう》する。天体《てんたい》のことは傘《かさ》をひろげて廻《まわ》して見《み》れば分《わか》り易《やす》い。

（『玉鏡』）

（一八）月は母体

今《いま》の学者達《がくしゃたち》は何《なに》も知《し》っていないが、その中《なか》でも天文学者《てんもんがくしゃ》が一番物《ばんもの》を知《し》らぬ。あの月《つき》の面《おも》に見《み》ゆる凹凸面《おうとつめん》について、学者《がくしゃ》は噴火口《ふんかこう》の跡《あと》だなどと種々《しゅじゅ》の説《せつ》を主張《しゅちょう》しているが何《なに》も分《わか》っていない。

あの黒《くろ》く見《み》えているのは星《ほし》を生《う》み出《だ》した穴《あな》の跡《あと》である。星《ほし》も人間《にんげん》と同《おな》じく生《うま》れた時《とき》は小《ちい》さくっても、段々《だんだん》と成長《せいちょう》するのである。月《つき》より大《おお》きな星《ほし》があっても何《なに》も不思議《ふしぎ》は無《な》い。親《おや》よりも大《おお》きな子《こ》が幾《いく》らでもあるじゃないか、それと同《おな》じ道理《どうり》である。

星《ほし》のうちではオリオンの三つ星《ぼし》が一番《ばん》に生《うま》れたので、これは月《つき》の総領《そうりょう》である。星《ほし》の母《はは》が月《つき》であって、父《ちち》が太陽《たいよう》である。水火《いき》を合《あわ》せて、次々《つぎつぎ》に星《ほし》を生《う》んでいったので、それで星《ほし》即《すなわ》ち火水《ほし》と呼《よ》ばるゝのである。

太陽系《たいようけい》に属《ぞく》する星《ほし》は皆月《みなつき》から生《うま》れたのである。ゆえにお月様《つきさま》を母神《ははがみ》と云《い》い、またミロク様《さま》とも云《い》うのである。

月《つき》は西《にし》から出《で》て東《ひがし》に廻《めぐ》り、右《みぎ》から左《ひだり》へと廻《まわ》る。太陽《たいよう》は左《ひだり》より右《みぎ》に廻《まわ》るのである。廻《まわ》ると云《い》うても、太陽《たいよう》と地球《ちきゅう》は傾斜運動《けいしゃうんどう》をするだけで、お月様《つきさま》だけが運行《うんこう》しているのである。月《つき》のみに軌道《きどう》がある訳《わけ》である。月《つき》は三十日《にち》で地球《ちきゅう》を一周《しゅう》し、太陽《たいよう》は一日《にち》で一周《しゅう》する。一周《しゅう》と雖《いえど》も、傾斜運動《けいしゃうんどう》の程度《ていど》によって一周《しゅう》する如《ごと》く見《み》ゆるのである。

（『玉鏡』）

（一九）大宇宙

大宇宙《だいうちゅう》と云《い》えば、世人皆大《せじんみなおお》きな世界《せかい》と云《い》う意味《いみ》に承知《しょうち》して居《い》るようであるが、そうでは無《な》い。宇宙《うちゅう》は大《だい》の字《じ》の形《かたち》をして居《い》るので、それで大宇宙《だいうちゅう》というのである。大《だい》の字《じ》はまた人《にん》間《げん》の形《かたち》である。頭《あたま》があり、両手両足《りょうてりょうあし》があり、胴《どう》がある形《かたち》だ。更生館《こうせいかん》（＝昭和6年、出口聖師の還暦に建設された亀岡・天恩郷内の記念館。）は新《あら》たに生《うま》れた事《こと》を記念《きねん》するために大《だい》の字《じ》の形《かたち》に造《つく》ったのである。

艮《うしとら》の金神様《こんじんさま》は、そのお筆先《ふでさき》において生神《いきがみ》であると云《い》うことを常《つね》に申《もう》されている。これは宇宙《うちゅう》そのものが生物《いきもの》であるという事《こと》を申《もう》されているので、開祖様《かいそさま》が嘗《かつ》て「一度《ど》大神様《おほかみさま》のお姿《すがた》を拝《おが》みとうございます」と申上《もうしあ》げられると「そなたの姿《すがた》が此方《わし》の姿《すがた》であるわい」とおっしゃった。そうして又《また》「本当《ほんとう》の姿《すがた》は青雲笠着《あおくもがさき》て耳《みみ》が隠《かく》れぬわい」と仰《おう》せられた。これは人体的《じんたいてき》に顕現《けんげん》せらるゝ場合《ばあい》と、御本体《ごほんたい》とを区別《くべつ》して申《もう》されたので、御本体即《ごほんたいすなわ》ち大国常《おほくにとこ》立尊《たちのみこと》としては宇宙《うちゅう》とその拡《ひろ》がりを等《ひと》しくせらるゝわけである。実際生《じっさいい》きておられて、そのお姿即《すがたすなわ》ち大宇宙《だいうちゅう》の姿《すがた》も人体《じんたい》と同《おな》じ形《かたち》である。無論人間《むろんにんげん》の肉《にく》眼《がん》をもってしても、また如何《いか》なる精巧《せいこう》なる望遠鏡《ぼうえんきょう》をもってしても決《けっ》して見得《みう》るものではないのである。

これを譬《たと》えれば、象《ぞう》の足《あし》にとまった蟻《あり》が決《けっ》して象全体《ぞうぜんたい》の形《かたち》を見得《みえ》ぬと同《おな》じ事《こと》である。例《たと》えどんな遠方《えんぽう》に離《はな》れてこれを見《み》ても遂《つい》にその全部《ぜんぶ》の姿《すがた》を見得《みえ》ぬであろう。毛《け》の中《なか》に潜《もぐ》り込《こ》んだ蟻《あり》などは大密林《だいみつりん》に遭遇《そうぐう》し、行《ゆ》けども行《ゆ》けども平地《へいち》に出《で》られないという風《ふう》にも思《おも》うだろう。

大宇宙《だいうちゅう》は生《い》きている。大《だい》の字即《じすなわ》ち人《ひと》の形《かたち》をして生《い》きている。頭《あたま》もあれば、手《て》も足《あし》もあれば、目《め》もある。だがそれは人《ひと》の想像《そうぞう》に絶《ぜっ》したものである。象《ぞう》の比喩《たとえ》でもって推理《すいり》して考《かんが》えて見《み》たらよい。

（『玉鏡』）

（二〇）宇宙の声音

この大宇宙《だいうちゅう》には、アオウエイの五大父音《だいふおん》が鳴《な》り〳〵て鳴《な》りやまず不断《ふだん》に轟《とどろ》いている。そしてこの父音《ふおん》より発《はっ》する七十五声《せい》の音響《おんきょう》は種々様々《しゅじゅさまざま》に相交錯《あいこうさく》して、音楽《おんがく》の如《ごと》く、鳥《とり》の声《こえ》の如《ごと》く、秋野《あきの》にすだく虫《むし》の音《ね》の如《ごと》く微妙《びみょう》の音声《おんせい》を絶《た》えず放《はな》っている。この微妙《びみょう》の音声《おんせい》は、天《てん》地進展《ちしんてん》の響《ひび》きであって、これによって森羅万象一切《しんらばんしょういっさい》が生育発達《せいいくはったつ》を遂《と》げているのである。言《こと》霊《たま》の幸《さち》はう国《くに》、言霊《ことたま》の天照《あまて》る国《くに》、言霊《ことたま》の助《たす》くる国等《くになど》という言葉《ことば》は日本《にほん》のみの事《こと》でなく、天《てん》地森羅万象一切《ちしんらばんしょういっさい》の進展的活動《しんてんてきかつどう》に対《たい》して称《とな》えた言葉《ことば》である。

大声耳裡《たいせいじり》に入《い》らずと云《い》って人間《にんげん》の聴覚力《ちょうかくりょく》には限度《げんど》があって余《あま》り大《だい》なる音響《おんきょう》もまた微細《びさい》なる音響《おんきょう》も聞《き》きとる事《こと》が出来《でき》ないのであるが、言霊《ことたま》の大道《だいどう》に通《つう》じた人《ひと》の耳《みみ》には五大父音《だいふおん》を始《はじ》め森羅万象《しんらばんしょう》より発《はっ》する七十五声《せい》の微妙《びみょう》の音声《おんせい》を聞《き》く事《こと》が出来得《できう》るのである。

大本開祖《おほもとかいそ》はいつも宇宙万有《うちゅうばんゆう》の微妙《びみょう》の声《こえ》を聞《き》いていてその天造力《てんぞうりょく》の偉大《いだい》さを讃嘆《さんたん》されてい

た。しかし老齢《ろうれい》のため耳鳴《みみな》りがしたのとは全然《ぜんぜん》訳《わけ》が違《ちが》うのである。人間《にんげん》の聴覚力《ちょうかくりょく》は風雨《ふうう》雷霆《らいてい》の音《おと》や禽獣虫魚《きんじゅうちゅうぎょ》のなく声《こえ》、人間同士《にんげんどうし》の言語《げんご》また器物《うつわ》より発《はっ》する音楽《おんがく》の外《ほか》、宇宙《うちゅう》の声《せい》音《おん》は聞《き》きとる事《こと》が出来《でき》ないので、王仁《わたし》が宇宙《うちゅう》の声《こえ》を常《つね》に聴《き》くといっても容易《ようい》に信《しん》じる事《こと》は出来《でき》ないのを遺憾《いかん》に思《おも》う次第《しだい》である。

（『玉鏡』）

（二二）宇宙の声

「道《みち》」は充《み》ち満《み》つるの意《い》である。この宇宙《うちゅう》には言霊《ことたま》が充《み》ち満《み》ちている。即《すなわ》ち一つの機械《きかい》でも動《うご》かせば非常《ひじょう》なる音響《おんきょう》を発《はっ》するごとくに、この宇宙《うちゅう》も大旋回《だいせんかい》しているから、非常《ひじょう》な大《だい》音響《おんきょう》を何時《いつ》も発《はっ》している。即《すなわ》ちアオウエイの五大父音《だいふおん》が鳴《な》り鳴《な》りて鳴《な》り止《と》まずに居《い》るのである。

「音響《おんきょう》」もまた「言葉《ことば》の一種《しゅ》」である。意識的《いしきてき》に発《はっ》するのが「言葉《ことば》」であり、無意識《むいしき》に発《はっ》するのが「音響《おんきょう》」である。とにかく、言葉《ことば》は「道《みち》」であり「神《かみ》」である。

（『玉鏡』）

（二二）人の体は小宇宙

人間《にんげん》の身体《からだ》は小宇宙《しょううちゅう》であるから、森羅万象《しんらばんしょう》が皆体内《みなたいない》にある。山《やま》も川《かわ》も林《はやし》も森《もり》も、見《み》よ縮図《しゅくず》せられたる細胞《さいぼう》の美《うつく》しさを。（『玉鏡』）

（二三）人体と水

人間《にんげん》はその霊《れい》を日《ひ》の大神様《おほかみさま》よりうけ、その体《たい》は月《つき》の大神瑞《おほかみみづ》の御魂《みたま》よりうけて居《い》る。ゆえにその体《たい》の大部分《だいぶぶん》は水《みず》であって、五分《ぶん》の一しか実質《じっしつ》はないものである。即《すなわ》ち二十貫目《かんめ》の体《たい》重《じゅう》ある人《ひと》なれば、四貫目《かんめ》だけがその実質《じっしつ》なのである。（『玉鏡』）

（二四）天津祝詞と五大父音

宇宙《うちゅう》にはアオウエイの五大父音《だいふおん》が間断《かんだん》なく響《ひび》いて居《い》るが、人々《ひとびと》が発《はっ》する正《ただ》しからざる言《こと》霊《たま》によってはこれが濁《にご》るのであるから、常《つね》に『天津祝詞《あまつのりと》』（＝『善言美詞祝詞の解説』参照。）を奏上《そうじょう》して音《おん》律《りつ》の調節《ちょうせつ》を行《おこな》うのである。

（『玉鏡』）

（二五）言　霊　学

言霊学《げんれいがく》の中興《ちゅうこう》の祖《そ》中村孝道《なかむらこうどう》の「言霊学《げんれいがく》」は一言一義《いちげんいちぎ》に近《ちか》いもので覚《おぼ》えやすい。大石凝真《おおいしごりま》寿美《すみ》になっては一言多義《いちげんたぎ》になった。本当《ほんとう》の「言霊学《げんれいがく》」を用《もち》いたのは弘法大師《こうぼうだいし》位《くらい》のもので、真言《しんごん》というのは言霊《ことたま》のことである。弘法大師《こうぼうだいし》は「ア」が元《もと》で一切《いっさい》は「ア」から現《あら》われたというので、「阿字本義《あじほんぎ》」を提唱《ていしょう》したが、実際《じっさい》は◉《ス》「ス」から出《で》て来《き》たものである。

（『玉鏡』）

（二六）音頭と言霊

亀岡地方《かめおかちほう》の郷土芸術《きょうどげいじゅつ》としての浄瑠璃崩《じょうるりくず》しの音頭《おんど》は、実際《じっさい》のことをいうと、この地方《ちほう》の人《ひと》だけが本当《ほんとう》の言霊《ことたま》を発《はっ》し得《う》るので、他国《たこく》の人《ひと》が何程稽古《なにほどけいこ》をしても、真似《まね》は出来《でき》るが真《しん》の音律《おんりつ》にかなう音頭《おんど》はとれないのである。……………穴太《あなを》の里《さと》は穴穂《あなほ》の里《さと》と書《か》いた。アは言霊《げんれい》学上《がくじょう》、天《てん》を意味《いみ》し、ナは天位《てんい》にある人《ひと》、ホは秀《ほ》、霊《ほ》の意《い》であって、あな霊《ほ》の里《さと》の意味《いみ》である。日《ひ》の出神《でのかみ》の生《うま》れるところである。亀岡《かめおか》はもと亀山《かめやま》といっていたのであるが、カは輝《かがや》く、目見《まみ》える。顕現等《けんげんとう》の言霊《ことたま》。マは円満具足《えんまんぐそく》の意《い》、大井《おほい》のオは治《おさ》まる、ホは秀《ほ》、井《い》は人《ひと》の息《いき》の意《い》、人間《にんげん》の言霊《げんれい》をおさめる意《い》である。こういう言霊《ことたま》の地《ち》であるからその土地《とち》に生《せい》を享《う》けた人《ひと》は自然《しぜん》にかなう言霊《ことたま》が出《で》るのである。

天《てん》

天《てん》地《ち》結《けつ》水《す》火《か》
アオウエイ
カコクケキ
サソスセシ
タトツテチ

	ナ	ノ	ヌ	ネ	ニ
	ハ	ホ	フ	ヘ	ヒ
	マ	モ	ム	メ	ミ
人《じん》	ヤ	ヨ	ユ	エ	イ
	ラ	ロ	ル	レ	リ
地《ち》	ワ	ヲ	ウ	ヱ	ヰ

天津祝詞《あまつのりと》にしても、タカアマハラは共《とも》に天位《てんい》に属《ぞく》する故《ゆえ》に高《たか》く、カミツマリのミは火位《かい》にて一番低《ばんひく》く、ツは結《けつ》の中位《ちゅうい》に属《ぞく》し、マはまた天位《てんい》にて高《たか》く、スは中位《ちゅうい》に属《ぞく》するが如《ごと》くこういうふうに自然《しぜん》に七十五声《せい》の高低《こうてい》が出来《でき》て居《い》るのでそれにかなうように称《とな》える言霊《ことたま》に叶《かな》った謡《うた》い方《かた》を云《い》うのである。縦《たて》の列《れつ》も、天地人《てんちじん》の順序《じゅんじょ》に配列《はいれつ》されて居《い》るから、その心持《こころも》ちで謡《うた》わなければならぬ、本当《ほんとう》の言霊《ことたま》に叶《かな》わせようと思《おも》えば難《むずか》しいものである。

以上《いじょう》の表《ひょう》は本調子《ほんちょうし》に相当《そうとう》するもので、トン、ツン、テエン、チンと響《ひび》く従来《じゅうらい》の五十音《おん》図《ず》は二上《あが》り、三下《さが》りなどに相当《そうとう》するもので、チン、ツン、テン、トンとなる。

ガギグゲゴバビブベボなどを濁音《だくおん》と云《い》うけれど言霊学《げんれいがく》ではあれを濁音《だくおん》とは云《い》わぬ。重《じゅう》音《おん》と云《い》うのである。チチ（父《ちち》）のチチであるからヂヂ、ハハ（母《はは》）のハハであるからババと云《い》うので、父《ちち》の父《ちち》、母《はは》の母《はは》と重《かさ》なって来《く》るから重音《じゅうおん》である。

イザナギの尊《みこと》イザナミの尊《みこと》と同《おな》じような字《じ》を書《か》くのは間違《まちが》いで、イザナギの方《ほう》のイは天《てん》位《い》のイで、ノーの間《あいだ》は離《はな》して書《か》きイザナミのイはヤ行人位《ぎょうじんい》のイであるからつけて書《か》くのが本当《ほんとう》である。ナは神《かみ》、キは男《おとこ》、ミは女《おんな》であるから、夫婦合《ふうふあ》わせてキミというのである。今《いま》は誰《だれ》をでもキミと呼《よ》んでいるが独身者《どくしんもの》はキミとは云《い》えないのである。

ノアの洪水《こうずい》と云《い》うことがある。ノは水《みず》の言霊《ことたま》、アは天《てん》の言霊《ことたま》、ノア（水天《すいてん》）は即《すなわ》ち水高《みずたか》しの意《い》であり、また水余《みずあま》るという意味《いみ》にしてノア即《すなわ》ち洪水《こうずい》である。

カシコミ、カシコミも申《もう》すと云《い》うがカは火《ひ》、シは水《みず》、コは火《ひ》、ミは水《みず》の言霊《ことたま》であるから、火水《かすい》、火水《かすい》、即《すなわ》ちカミ、カミと云《い》う意《い》である。

ハニカムと云《い》うのも恥神《はじかみ》と書《か》いて、神様《かみさま》に対《たい》して恥《は》ずかしいと云《い》う意《い》である。（『月鏡』）

（二七）たまがえしの二三種

富士《ふじ》はたまがえし「ひ」となる。即《すなわ》ち富士山《ふじさん》というのは火《ひ》の山《やま》の義《ぎ》である。また霊《ひ》の山《やま》の義《ぎ》である。キウはクにかえる。シュウはスにかえる。九州《きゅうしゅう》の事《こと》をクスと云《い》うのはこの理由《りゆう》である。

イソの館《やかた》と云《い》うのはイミゾノ（斎苑）のかえしで、イミのかえしイ、ソノのかえしソである。イスラエルのかえしはイセとなる。スラエのかえしがセであるから、それで、伊勢《いせ》がイスラエルに当《あた》るというのである。ルは助辞《じょじ》である。……。

（『玉鏡』）

（二八）新年勅題に就いて

暁《あかつき》・アカツキのツは助辞《じょじ》である。あたかも天津神《あまつかみ》の津《つ》と云《い》うようなものである。キは気《いき》である。アカは明《あ》けと同《おな》じでケとかカは恰《あたか》も酒《さけ》をサカと云《い》うように同意味《どういみ》である。即《すなわ》ちアカツキと云《い》うのは陽気《ようき》が今明《いまあか》くなりかけて居《お》る事《こと》である。アカツキはよい意味《いみ》に用《もち》いる。成功《せいこう》した暁《あかつき》とは云《い》うが失敗《しっぱい》した暁《あかつき》とは云《い》わない。

　鶏《とり》・トリは言霊《ことたま》から云《い》うと、「ス」である。ホトヽギス、ウグヒス、スズメ、カラスと云《い》うようなものである。ウグヒスの事《こと》をウグヒドリとは云《い》わない。なおスズメ、ツバメのメと云《い》うのは、メ即《すなわ》ち女《おんな》の意味故《いみゆえ》、やさしいことを云《い》い現《あら》わしている。

　声《こえ》・コエは「心《こころ》の柄《え》」と云《い》う事《こと》である。心《こころ》だけでは表現《ひょうげん》できないので柄《え》がいる。ココロの魂反《たまがえ》しはコである。物質《ぶっしつ》から出《で》て来《く》るのは声《こえ》でなく音《おと》である。声《こえ》と音《おと》とは違《ちが》う。アイウエオは声《こえ》であり、有《う》にして無《む》、無《む》にして有《う》なる天《てん》の声《こえ》である。

音《おと》は「緒止《をと》」と云《い》う事《こと》であり、魂《たま》の緒《お》の止《とど》まる意味《いみ》である。音《おと》を聞《き》いてハッと心《こころ》を止《と》める、それが「緒止《をと》」即《すなわ》ち「音《おと》」である。

「カキクケコ」は音《おと》である。カンカン、キンキンと云《い》うような音《おと》である。

「サシスセソ」も音《おと》である。風《かぜ》にゆれる笹《ささ》のサヽヽという音《おと》のようなものである。

「タチツテト」も音《おと》である。三味線《しゃみせん》のツンテントンと云《い》うようなものである。

「ナニヌネノ」は声《こえ》であり、

「ハヒフヘホ」は無形《むけい》の声《こえ》で、声《こえ》と音《おと》の中間《ちゅうかん》のもので、風《かぜ》のようなものである。

「マミムメモ」、「ヤイユエヨ」は声《こえ》であり

「ラリルレロ」は音《おと》である。ガラガラ、ゴロゴロ、ギリギリ、バラバラと云《い》うように、語尾《ごび》につく濁音《だくおん》である。

「ワヰウヱヲ」は声《こえ》である。

ア行《ぎょう》は天《てん》の声《こえ》であり、ワ行《ぎょう》は地《ち》の声《こえ》であり、ヤ行《ぎょう》は人《ひと》の声《こえ》である。ビックリした時《とき》は思《おも》わず「アワヤ」と云《い》うのは、天《てん》地《ち》人《じん》皆《みな》吃驚《びっくり》したと云《い》う意《い》で、『太閤記《たいこうき》』「十段目《だんめ》」の「アワヤと見《み》やる表口《おもてぐち》云々《うんぬん》」とある如《ごと》き例《れい》である。

（『玉鏡』）

（二九）声の順序

声にも順序《じゅんじょ》がある。今日《こんにち》では「アイウエオ」、「カキクケコ」と云《い》うが本来《ほんらい》は「アオウエイ」、「カコクケキ」と云《い》うべきである。ア列《れつ》は天位《てんい》であるから上《うえ》を向《む》いて声《こえ》を出《だ》す。オ列《れつ》ウ列《れつ》エ列《れつ》イ列《れつ》の順序《じゅんじょ》で次第《しだい》に下《した》を向《む》いて声《こえ》を出《だ》す。鶏《にわとり》がコケコウコーと鳴《な》く時《とき》に首《くび》を上下《じょうげ》に振《ふ》るのもその順序《じゅんじょ》に従《したが》って振《ふ》るのである。アハヽヽ、オホヽヽ、ウフヽヽ等《とう》と笑《わら》う時《とき》もアン〱、オン〱等《など》と泣《な》く時《とき》も、この声《こえ》を出《だ》す態度《たいど》はきまって居《い》る。「アオウエイ」を「アイウエオ」と云《い》うようになったのは安倍晴明《あべのせいめい》（921～1005年）の頃《ころ》からである。

（『玉鏡』）

（三〇）生死の問題

伊邪那岐尊《いざなぎのみこと》の黄泉《よみ》の訪《おと》ないは、顕幽《けんゆう》、生死《せいし》の神秘《しんぴ》を人間《にんげん》の世《よ》に顕示《けんじ》している。生死《せいし》の関係《かんけい》は「霊《れい》と肉体《にくたい》」との関係《かんけい》なり。その生死《せいし》は全大宇宙《ぜんだいうちゅう》に交渉《こうしょう》を保《たも》つが故《ゆえ》に、全大宇宙《ぜんだいうちゅう》の生死《せいし》の理則《りそく》が「コケ」や「微生物《びせいぶつ》」の間《あいだ》にも行《おこな》われている。

あウーと生《う》まれ、ウあーと死《し》ぬ。その間《あいだ》の天地《てんち》の呼吸《こきゅう》、この天地《てんち》の気息《きそく》（＝息づかい。呼吸。）関係《かんけい》が物《もの》の上《うえ》に働《はたら》く全分《ぜんぶん》たるなり。……。（『近江の神々と素盞鳴尊』「第7節・魂線の結合」）

◆人間《にんげん》は世《よ》を拓《ひら》く使命《しめい》を持《も》って生《う》まれている。その人間《にんげん》の死《し》があまりにも軽《かる》く感《かん》じられる。人《ひと》の心《こころ》、人《ひと》の魂《たましい》は永遠《えいえん》に続《つづ》くもので、死《し》をもって総《すべ》てが終《おわ》るのではない。魂《たましい》は生《い》き通《とお》しだ。現界《げんかい》に生《い》きる私達《わたしたち》は死者《ししゃ》に対《たい》する慈悲《じひ》、慈愛《じあい》、尊敬《そんけい》の念《ねん》が起《おこ》るのが、人間《にんげん》の人間《にんげん》たる由縁《ゆえん》である。この命《いのち》には重《おも》みがある。日本《にほん》に死刑制度《しけいせいど》があるのは天地《てんち》の理法《りほう》に照《て》らし、廃止《はいし》すべきで、生命《せいめい》の与奪《よだつ》は神《かみ》のみにある。

（三二）宇宙の真相

神《かみ》は万物《ばんぶつ》を造《つく》りたもうに際《さい》し、「霊《れい》・力《りょく》・体《たい》」の三大元《さんだいげん》をもってこれを創造《そうぞう》したもう。霊《れい》とは善《ぜん》にして、体《たい》とは悪《あく》なり。しかして霊体《れいたい》より発生《はっせい》する力《ちから》は、これ善悪混淆《ぜんあくこんこう》なり。これを「宇宙《うちゅう》の力《ちから》」といい、または「神力《しんりき》」と称《しょう》し、「神《かみ》の威徳《みいづ》」という。ゆえに善悪不二《ぜんあくふじ》にして、美醜一如《びしゅういちにょ》たるは「宇宙《うちゅう》の真相《しんそう》」なり。

重《おも》く濁《にご》れるものは地《ち》となり、軽《かる》く清《きよ》きものは天《てん》となる。しかるに大空《たいくう》のみにては、一切《いっさい》の万物発育《ばんぶつはついく》する場所《ばしょ》はなく、また大地《だいち》のみにては清新《せいしん》の空気《くうき》を吸収《きゅうしゅう》することは出来《でき》ない、天地合体《てんちがったい》、陰陽相和《いんようあいわ》して宇宙一切《うちゅういっさい》は永遠《えいえん》に保持《ほじ》されるなり。

また善悪《ぜんあく》は「時《じ》・所《しょ》・位《い》」により善《ぜん》も悪《あく》となり、悪《あく》もまた善《ぜん》となることもある。実《じつ》に善《ぜん》悪《あく》の標準《ひょうじゅん》は複雑《ふくざつ》にして、容易《ようい》に人心小智《じんしんしょうち》の判知《はんち》すべき限《かぎ》りにあらず。ゆえに善悪《ぜんあく》の審判《しんぱん》は、宇宙《うちゅう》の大元霊《だいげんれい》である大神《おおかみ》のみ、その権限《けんげん》を有《ゆう》したまい、吾人《ごじん》はすべての善悪《ぜんあく》を審判《しんぱん》する資格《しかく》は絶対無《ぜったいな》きものなり。

みだりに人《ひと》を審判《さばく》は、大神《おおかみ》の職権《しょっけん》を侵《おか》すものにして、僭越《せんえつ》の限《かぎ》りというべし。ただ人《ひと》は、吾《わ》が身《み》の悪《あく》を改《あらた》め、善《ぜん》に遷《うつ》ることのみを考《かんが》え、決《けっ》して他人《たにん》の審判《しんぱん》をなすべき資格《しかく》の無《な》きものと考《かんが》えるべきなり。

吾《われ》を愛《あい》するもの必《かなら》ずしも善人《ぜんにん》に非《あら》ず。吾《われ》を苦《くる》しめるもの必《かなら》ずしも悪人《あくにん》にあらずとすれば、ただ吾人《ごじん》は、善悪愛憎《ぜんあくあいぞう》の外《ほか》に超然《ちょうぜん》として、「惟神《かむながら》の道《みち》」を遵奉《じゅんぽう》するより外無《ほかな》しと知《し》るべし。

(『霊界物語』第6巻・第20章「善悪不測」大正11年1月20日・外山豊二録)

(三二) 真の宗教

宗教《しゅうきょう》の宗《しゅう》の字《じ》は、国語《こくご》にて宗《むね》と訓《くん》ず、宇宙一切《うちゅういっさい》の経緯《けいい》を示《しめ》すという意味《いみ》である。ウ冠《かんむり》のウは、天地万有一切《てんちばんゆういっさい》を生《う》み出《だ》す神《かみ》の経綸《けいりん》と云《い》う言霊《ことたま》である。下《した》の示《しめ》すと云《い》う字《じ》は、天地人開《てんちじんひら》くと云《い》う意味《いみ》である。天地人一切《てんちじんいっさい》に関《かん》する根本《こんぽん》の真理《しんり》を開示《かいじ》し、神《かみ》の意志《いし》によって人心《じんしん》を導《みちび》き、民《たみ》をおさめ、一切《いっさい》の万有《ばんゆう》を安息《あんそく》せしむべき意味《いみ》が含《ふく》まれている。故《ゆえ》に宗《しゅう》教《きょう》は、天文《てんもん》、地文《ちもん》、政治《せいじ》、教育《きょういく》、芸術《げいじゅつ》、経済《けいざい》、その他所有《たあらゆる》ものに対《たい》し、根本的解決《こんぽんてきかいけつ》を与《あた》うるものの云《い》いである。

今迄《いままで》の既成宗教《きせいしゅうきょう》は何《いず》れも天《てん》に傾《かたむ》き、地《ち》に傾《かたむ》き、或《ある》いは心《こころ》に傾《かたむ》き、そして一切《いっさい》の人間界《にんげんかい》と乖離《かいり》して居《い》る傾《かたむ》きがある。現実界《げんじつかい》を疎外《そがい》し厭離穢土《えんりえど》だとか、苦《く》の世界《せかい》だとか、火宅土《かたくど》とか、種々軽侮的《しゅじゅけいぶてき》扱《あつか》いをなし、そうして目《め》に見《み》えない霊界《れいかい》を賛美渇仰《さんびかつごう》し、人間生活《にんげんせいかつ》の要諦《ようてい》（＝物事のかなめとなる大事な部分。）にふれて居《い》ないもの計《ばか》りである。（『水鏡』）

（三三）天津罪、国津罪

天津罪《あまつつみ》とは、天《てん》の経綸《けいりん》を阻害《そがい》し、あるいはこれを紊乱《びんらん》せしむる行為《こうい》をいう。天然自然《てんねんしぜん》に賦与《ふよ》せられた水力《すいりょく》、火力《かりょく》、電磁力《でんじりょく》、地物《ちぶつ》、鉱物《こうぶつ》、山物《さんぶつ》、動植物《どうしょくぶつ》、天然物《てんねんぶつ》の秘《ひ》め置《お》かれた特性《とくせい》の開発利用《かいはつりよう》を怠《おこた》ることを「罪《つみ》」という。いわゆる積《つ》んで置《お》く、包《つつ》み隠《かく》して置《お》くこと、宝《たから》の持《も》ち腐《くさ》れをすることを「罪《つみ》」という。……現代人士《げんだいじんし》は電力《でんりょく》、火力《かりょく》、水力《すいりょく》その他《た》の利《り》用《よう》にかけて、よほど発達進歩《はったつしんぽ》を遂《と》げた心《こころ》つもりでいるが、一歩高所《いっぽこうしょ》から達観《たっかん》すると、利用《りよう》どころか悪用《あくよう》ばかり、間接《かんせつ》または直接《ちょくせつ》に人類《じんるい》の破壊《はかい》、天然《てんねん》の破壊《はかい》に使用《しよう》されるものが多《おお》い。

国津罪《くにつつみ》とは、地上《ちじょう》の経綸《けいりん》を分乱《ぶんらん》すること。天賦《てんぷ》の国《くに》の徳《とく》、人《ひと》の徳《とく》を傷《きず》つける等《など》、人生《じんせい》の目的《もくてき》を阻害《そがい》することである。………。

（『善言美詞・祝詞の解説』参照）

（三四）和合の真義

最上天界《さいじょうてんかい》すなわち高天原《たかあまはら》には、宇宙《うちゅう》の造物主《ぞうぶつしゅ》なる大国常立大神《おほくにとこたちのおほかみ》が、天地万有一切《てんちばんゆういっさい》の総統権《そうとくけん》を具足《ぐそく》して神臨《しんりん》したもうのである。そして、大国常立大神《おほくにとこたちのおほかみ》のまたの御名《みな》を、天之《あめの》御中主神《みなかぬしのかみ》と称《とな》え奉《まつ》り、無限絶対《むげんぜったい》の神格《しんかく》を持《じ》し、霊力体《れいりょくたい》の大原霊《だいげんれい》と現《あらわ》れたもうのであります。この大神《おほかみ》の御神徳《ごしんとく》の、完全《かんぜん》に発揮《はっき》されたのを天照皇大御神《あまてらすすめおほみかみ》と称《とな》え奉《まつ》る。

霊《れい》の元祖《がんそ》たる「高皇産霊大神《たかみむすびのおほかみ》」は、一名《またのみな》「神伊邪那岐大神《かむいざなぎのおほかみ》」、またの名《な》は「日《ひ》の大神《おほかみ》」と称《とな》え奉《まつ》り、体《たい》の元祖《がんそ》は「神皇産霊大神《かむみむすびのおほかみ》」、一名《またのみな》「神伊邪那美大神《かむいざなみのおほかみ》」、またの名《な》は「月《つき》の大《おほ》神《かみ》」と称《とな》え奉《まつ》る。また「高皇産霊大神《たかみむすびのおほかみ》」は霊系《れいけい》にして「厳《いづ》の御霊《みたま》」、「国常立大神《くにとこたちのおほかみ》」と現《あらわ》れ給《たま》い。体系《たいけい》の祖神《そしん》なる「神皇産霊大神《かむみむすびのおほかみ》」は、「瑞《みづ》の御魂《みたま》」、「豊雲野大神《とよくもぬのおほかみ》」、またの名《な》は、「豊国主大神《とよくにぬしのおほかみ》」と現《あらわ》れ給《たも》う。

この厳《いづ》の御魂《みたま》は、ふたたび天照大神《あまてらすおほかみ》と顕現《けんげん》したもうて、天界《てんかい》の主宰神《しゅさいしん》とならせたまいました。ちなみに天照皇大御神《あまてらすすめおほみかみ》（＝大宇宙。）と天照大神様《あまてらすおほかみさま》（＝小宇宙、太陽系。）とは、その位置《いち》において、神格《しんかく》において、所主《しょしゅ》の御神業《ごしんぎょう》において、大変《たいへん》な差等《さとう》のあることを考《かんが》えねばなりませぬ。また瑞《みづ》の御魂《みたま》は、神素盞鳴大神《かむすさのをのおほかみ》と顕《あらわ》れたもう、大海原《おおうなばら》の国《くに》を統御遊《とうぎょあそ》ばす、神代《かみよ》からの御神《ごしん》誓《せい》であることは、神典《しんてん》『古事記《こじき》』、『日本書紀《にほんしょき》』等《とう》に由《よ》って明白《めいはく》なる事実《じじつ》であります。

しかるに神界《しんかい》にては、一切《いっさい》を一神《いっしん》の御管掌《ごかんしょう》に帰《き》したまい、宇宙《うちゅう》祖《そ》神《しん》大六合常立大神《おほくにとこたちのおほかみ》に絶《ぜっ》対的神権《たいてきしんけん》を御集《おんあつ》めになったのであります。故《ゆえ》に大六合常立大神《おほくにとこたちのおほかみ》は、独一真神《どくいつしんしん》にして宇宙一《うちゅういっ》切《さい》を主管《しゅかん》したまい、厳《いづ》の御魂《みたま》の大神《おほかみ》と顕現《けんげん》したまいました。さて厳《いづ》の御魂《みたま》に属《ぞく》する一切《いっさい》の物《もの》は、悉皆《しっかい》、瑞《みづ》の御魂《みたま》に属《ぞく》せしめ給《たも》うたのであるから、厳《いづ》の御魂《みたま》を太元神《おほもとがみ》と称《とな》え奉《まつ》り、瑞《みづ》の御魂《みたま》を救世神《きゅうせいしん》、または救《すく》いの神《かみ》と称《とな》え、または主《す》の神《かみ》と単称《たんしょう》する。ゆえにこの物語《ものがたり》において、主《す》の神《かみ》とあるのは、神素盞鳴大神《かむすさのをのおほかみ》のことであります。

主《す》の神《かみ》は宇宙一切《うちゅういっさい》の事物《じぶつ》を済度《さいど》すべく、天地間《てんちかん》を昇降遊《しょうこうあそ》ばして、その御魂《みたま》を分《わ》け、あるいは釈迦《しゃか》と現《あらわ》れ、キリストとなり、マホメットと化《な》り、その他種々雑多《たしゅじゅざった》に神身《しんしん》を変《へん》じ、天地神人《てんちしんじん》の救済《きゅうさい》に尽《つく》させたもう仁慈無限《じんじむげん》の大神《おほかみ》であります。宇宙一切《うちゅういっさい》の大権《たいけん》は、厳《いづ》の御魂《みたま》の大神《おほかみ》すなわち太元神《おほもとがみ》に属《ぞく》し、この太元神《おほもとがみ》に属《ぞく》する一切《いっさい》は、瑞《みづ》の御魂《みたま》に悉皆属《しっかいぞく》されたる以上《いじょう》は、神《かみ》を三分《さんぶん》して考《かんが》えることは出来《でき》ません。つまり心《こころ》に三《さん》（三《み》つの御魂《みたま》。瑞《みづ》の御《み》魂《たま》。）を念《ねん》じて、口《くち》に一《いつ》（厳《いづ》の御魂《みたま》。）をいうことはならないのであります。ゆえに神《かむ》素《す》盞《さの》嗚大神《をのおほかみ》は、「救世神《きゅうせいしん》」ともいい、「仁愛大神《みろくのおほかみ》」とも申《もう》しあげ、「撞《つき》の大神《おほかみ》」とも申《もう》し上《あ》げるのであります。

主《す》の神《かみ》たる神《かむ》素《す》盞嗚大神《さのをのおほかみ》は、愛善《あいぜん》の徳《とく》をもって天界地上《てんかいちじょう》を統一《とういつ》したまい、また天界地上《てんかいちじょう》を一個人《いっこじん》として、すなわち単元《たんげん》としてこれを統御《とうぎょ》したもうのであります。……。主《す》の神《かみ》なる神《かむ》素《す》盞嗚大神《さのをのおほかみ》は神典《しんてん》『古事記《こじき》』に載《の》せられたる如《ごと》く大海原《おおうなばら》を知食《しろしめ》すべき御天職《ごてんしょく》があることは明白《めいはく》です。

主《す》の神《かみ》は、天界《てんかい》、地《ち》の世界《せかい》をも治《おさ》め統《す》べ守《まも》るといえば、大変《たいへん》に驚《おどろ》かれる国学者《こくがくしゃ》もいるでしょうが、天界《てんかい》、天国《てんごく》といっても、山川草木《さんせんそうもく》その他一切《たいっさい》の地上《ちじょう》と同《おな》じ万類《ばんるい》があり、土地《とち》も厳然《げんぜん》として存在《そんざい》するのであるから、天界《てんかい》、地球両方面《ちきゅうりょうほうめん》の守護神《しゅごしん》といっても錯誤《さくご》ではない。天国《てんごく》にも大海原《おおうなばら》すなわち国土《こくど》があるので、ただ善《ぜん》と真《しん》との智慧《ちえ》と証覚《しょうかく》を得《え》たる、天人《てんにん》の住居《じゅうきょ》する楽土《らくど》なのであることを思考《しこう》する時《とき》、主《す》の神《かみ》の天地《てんち》を統御《とうぎょ》することも、決《けっ》して不《ふ》可思議《かしぎ》な議論《ぎろん》ではありません。（『霊界物語』第47巻「総説」大正12年1月8日筆録略記）

（三五）馬鹿の代名詞　ガーター勲章

アフガニスタンの岩窟《がんくつ》から河鹿峠《かじかとうげ》で一戦《せん》を交《まじ》えた後《のち》、浮木《うきぎ》の森《もり》の陣中《じんちゅう》に屯《たむろ》する、バラモン軍《ぐん》のランチ、片彦将軍《かたひこしょうぐん》の一隊《たい》。この軍隊《ぐんたい》を善言美詞《ぜんげんびし》の言霊《ことたま》に救《すく》わんとやって来《き》たのが三五教《あなないきょう》の治国別《はるくにわけ》、竜公《たつこう》の宣伝使《せんでんし》。その陣中入口《じんちゅういりぐち》でアーク、タールの守衛《しゅえい》が酒《さけ》に酩酊《めいてい》しながら、二人《り》の来《く》るを待《ま》っている。

アーク「貴様《きさま》、いつも俺《おれ》をアークじゃない悪党《あくとう》じゃと吐《ぬ》かしよるが、善《ぜん》か、悪《あく》かは分《わ》かるまい。エエー善悪混淆《ぜんあくこんこう》、美醜相交《びしゅうあいまじ》わって現実世界《げんじつせかい》が成就《じょうじゅ》しているのだ。貴様《きさま》のように悪《あく》が怖《こわ》ければ、バラモン軍《ぐん》に首《くび》をつっこまない方《ほう》か気《き》が利《き》いているゾ」

タール「バラモン教《きょう》の大自在天大国彦《だいじざいてんおおくにひこ》の神様《かみさま》は、世界《せかい》の造主《つくりぬし》だ。悪《あく》をもって、この世《よ》の中《なか》がどうして完全《かんぜん》に創造《そうぞう》することが出来《でき》ようか。俺《おれ》は、至仁至愛《しじんしあい》の誠《まこと》の神《かみ》さまだと思《おも》えばこそ、こうして辛《つら》い御用《ごよう》をしているのだ。」

アーク「俺《おれ》はバラモン教《きょう》は悪《あく》だと知《し》ったから気《き》にいっているのだ。三五教《あなないきょう》は霊主体従《れいしゅたいじゅう》だと吐《ぬ》かしているが、この現実世界《げんじつせかい》は、物質《ぶっしつ》をもって固《かた》められている。我々《われわれ》の肉体《にくたい》も物質《ぶっしつ》だ。天《てん》に輝《かがや》く太陽《たいよう》でさえ物質《ぶっしつ》だ。物質界《ぶっしつかい》に生《い》きてゆこうとすれば、物質界《ぶっしつかい》の法則《ほうそく》に従《したが》わねばならぬ。すべて現実界《げんじつかい》の太陽《たいよう》よりする自愛《じあい》や世間愛《せけんあい》は要《よう》するに悪《あく》だ。優勝劣敗《ゆうしょうれっぱい》、弱肉強食《じゃくにくきょうしょく》は、現界《げんかい》の動《うご》かすべからざる真理《しんり》だ。……人間《にんげん》は悪《あく》の張本人《ちょうほんにん》だ。例《たと》え素盞《すさの》嗚尊《おのみこと》が善《ぜん》であろうが悪《あく》であろうが、我々《われわれ》の社会建設《しゃかいけんせつ》を邪魔《じゃま》になる奴《やつ》ア、亡《ほろ》ぼしてやらなくちゃ、自分《じぶん》たちが亡《ほろ》ぼされるワイ。」

タール「そうすると、人間《にんげん》死《し》んだら、みな地獄《じごく》に行《ゆ》かねばならぬじゃないか」

アーク「ヘン、地獄《じごく》が聞《き》いてあきれるわ。地獄《じごく》といえば、目《め》のまえの現実界《げんじつかい》に現《あらわ》れているのだ。他人《たにん》の国土《こくど》を占領《せんりょう》したり、大資本家《だいしほんか》が小資本家《しょうしほんか》を押《お》し倒《たお》したり、大地主《おおじぬし》が小地主《こじぬし》を併呑《へいどん》（＝あわせのむこと。従えること。）したり、沢山《たくさん》の軍人《ぐんじん》を抱《かか》えて、武装的平和《ぶそうてきへいわ》を高唱《こうしょう》したりしているのは、みな地獄《じごく》のやり方《かた》だ。極楽《ごくらく》なんてあってたまろうかい。勝《か》てば官軍《かんぐん》、負《ま》ければ賊《ぞく》というじゃないか。最凶悪《さいきょうあく》のすぐれた者《もの》が、地獄界《じごくかい》の覇権者《はけんしゃ》だ。死後《しご》の世界《せかい》なんか、心配《しんぱい》するにゃ及《およ》ばぬ。呑《の》めよ騒《さわ》げよ一寸先《いっすんさき》は闇《やみ》だ。……エエーン。」

タール「オイ、アーク、貴様《きさま》は大変《たいへん》な物質主義《ぶっしつしゅぎ》にかぶれたものだなア、他人《たにん》のためには一《いち》毛《もう》も損《そん》せずという、ニーチエ主義《しゅぎ》だな」（＝ドイツの哲学者。実存哲学の先駆者。キリスト教的・民主主義論理を弱者の奴隷道徳とみなし、強者の自律的道徳すなわち君主道徳を説き、その具現者を超人とする思想。『国語大辞典』。）

アーク「決《き》まった事《こと》だ。ニーチエ主義《しゅぎ》だ。日英同盟《にちえいどうめい》（＝日英の軍事同盟（1902～1922年、明治35～大正11）、当時の日本外交の基盤。駐英公使林董とイギリス外相との間で締結。林はイギリス最高のガーター勲章受章、一躍時の人となる。）だってその通《とお》りじゃないか、自分《じぶん》の国《くに》が、日《にち》も三進《さっち》も行《ゆ》かぬようになった時《とき》に、英考《えこ》を起《おこ》して、ちょっと強《つよ》そうな国《くに》を番犬《ばんけん》に使《つか》い、東洋《とうよう》はおろか、西洋《せいよう》まで警護《けいご》の役《やく》を命《めい》じ、オッシ、オッシとケシかけて、日々喜《にちにちよろこ》ばせ、モウ英《えい》という時分《じぶん》になると、今度《こんど》は尻《しり》をクレッと向《む》け、赤米《あかべい》といって、米《べい》の方《ほう》と握手《あくしゅ》し、日《ひ》の方《ほう》へ尻《しり》を向《む》ける。ケツは即《すなわ》ち月《つき》だ、それでツキ倒《たお》しというのだ。そうだから、世《よ》の中《なか》はどうしても、利口《りこう》なやり方《かた》をせなくちゃだめだ。人《ひと》の褌《ふんどし》で相撲《すもう》とるのが、いわゆる外交家《がいこうか》の手腕《しゅわん》だ……今《いま》に三五教《あなないきょう》のモヤシ宣伝使《せんでんし》が来《き》たらうまくそこは、日英同盟式《にちえいどうめいしき》を発揮《はっき》して、深《ふか》い落《おと》し穴《あな》へでも突《つ》っ込《こ》むのだな」

「……今《いま》、三五教《あなないきょう》の奴《やつ》が勝《か》ちに乗《じょう》じてやって来《く》る。そうすりゃ、うまく国際連盟条約《こくさいれんめいじょうやく》（＝1920（大正9）年加盟。連盟の目的を見抜いた日本は1933（昭和8）年脱退を表明したのが当時の全権大使・松岡洋右（ようすけ）で出口聖師もこれを支持する。しかし、松岡は1940（昭和15）「日独伊三国同盟」に調印するが、その時聖師は第二次大本弾圧事件で未決の中であった。）でも持《も》ち出《だ》して、武備制限《ぶびせいげん》を実行《じっこう》し、首尾《しゅび》よく勝利《しょうり》を得《う》るつもりじゃ。貴様《きさま》はジーッとして、一言《ひとこと》もいわぬようにしてくれ。なまじ善心《ぜんしん》を出《だ》しよると、条約締結《じょうやくていけつ》の邪魔《じゃま》になる」
タール「アーク、ちょっと北《きた》の方《ほう》を見《み》い、来《き》たぞ来《き》たぞ。三五教《あなないきょう》の宣伝使《せんでんし》・治国別《はるくにわけ》（＝日本の国体の意か。）が来《き》たぞ。何《なん》だ、今《いま》まで法螺《ほら》ばかり吹《ふ》きやがって、そんな弱腰《よわごし》で、どうして全《ぜん》権大使《けんたいし》が勤《つと》まるのか」
アーク「ビリビリして体《からだ》の繊維細胞《せんいさいぼう》までが躍動《やくどう》し出《だ》した。俺《おれ》の体内《たいない》に民衆運動《みんしゅううんどう》が勃発《ぼっぱつ》しだしたと見《み》える。ア、苦《くる》しい。ド、どうしたら、この談判《だんぱん》は、カ、解決《かいけつ》がつくだろうかな」
タール「アインスタインの相対性原理説《そうたいせいげんりせつ》でも応用《おうよう》（＝原爆、水爆のことか。）して、うまくこの場《ば》を切《き》り抜《ぬ》けるのだな」
……斯《か》くして治国別《はるくにわけ》、竜公《たつこう》の両人《りょうにん》は、アーク、タールの計画《けいかく》した落《おと》し穴《あな》に無残《むざん》にも落《お》ち込《こ》んでしまった。穴《あな》の底《そこ》には、林《はやし》のごとく鋭利《えいり》な槍《やり》が、空地《あきち》なしに立《た》ててあったが、神様《かみさま》の御守護《ごしゅご》で二人《ひと》は助《たす》かることを得《え》た。
（『霊界物語』第47巻第1章「アーク燈」大正12年1月8日　略記）

◆不戦条約《ふせんじょうやく》　不戦条約《ふせんじょうやく》か。結婚《けっこん》の当日夫婦《とうじつふうふ》で取《と》り交《かわ》す睦言《むつごと》と同《おな》じものだ。千代《ちよ》に八千《やち》代《よ》に末《すえ》かけて水《みず》も漏《も》らさぬ盟《ちか》い言《ごと》も、お互《たが》いの誠意《せいい》の程度如何《ていどいかな》によって、どう変《かわ》って行《い》くやら、分《わ》かったものではない。

（『月鏡』）

◆民主主義《みんしゅしゅぎ》は多数決《たすうけつ》により物事《ものごと》が決《き》まる。立憲主義《りっけんしゅぎ》は過半数《かはんすう》でも憲法《けんぽう》で禁《きん》じたことはやってはならないのが原則《げんそく》である。日本《にほん》は大戦《たいせん》による大《おお》きな犠牲《ぎせい》のもとに世界《せかい》に誇《ほこ》る憲法《けんぽう》を得《え》た。主権在民《しゅけんざいみん》、思想《しそう》、信条《しんじょう》、集会《しゅうかい》の自由《じゆう》、戦争放棄《せんそうほうき》、三権分立《さんけんぶんりつ》は権力《けんりょく》が守《まも》らねばならないことだ。

この憲法《けんぽう》の生《う》みの親《おや》、金森徳次郎元国務相《かなもりとくじろうもとこくむそう》は「共同世界《きょうどうせかい》は如何《いか》なる理念《りねん》によって統一《とういつ》してゆくかということは、この憲法《けんぽう》に触《ふ》れていない。……。将来《しょうらい》の学問及《がくもんおよ》び思《し》想《そう》の発達《はったつ》の上《うえ》に残《のこ》しておくという主旨《しゅし》になっている。」と述《の》べている。

国家《こっか》の政令法度《せいれいはっと》は、天地《てんち》の法則《ほうそく》に合致《がっち》することにより、本当《ほんとう》の平和《へいわ》が構築《こうちく》される。それ故《ゆえ》、一霊《れい》四魂《こん》には義《ぎ》、いわゆる公《おおやけ》の正義《せいぎ》を包含《ほうがん》し、徳主法従《とくしゅほうじゅう》、以政為徳《いせいいとく》、徳《とく》育《いく》が行《おこな》われるのが本来《ほんらい》の政治《せいじ》である。

物質《ぶっしつ》は弥勒《みろく》の世《よ》の補助材料《ほじょざいりょう》となるものの、未開《みかい》の時代《じだい》はとにかく軍備《ぐんび》による政治《せいじ》は真《しん》の政治《せいじ》ではない。神《かみ》の造《つく》りしこの大地《だいち》は、神《かみ》と人間《にんげん》、霊《れい》と体《たい》、上下《じょうげ》・主客一致《しゅきゃくいっち》して、霊《れい》・力《りょく》・体《たい》の法則《ほうそく》により、永遠《えいえん》に続《つづ》く弥勒《みろく》の世《よ》を目指《めざ》すのが何《なに》よりの近道《ちかみち》であり、金森元国務相《かなもりもとこくむそう》の期待《きたい》する世界統一《せかいとういつ》の「画竜点睛《がりょうてんせい》」がここにある。そのため神《かみ》を知《し》り、政治《せいじ》、宗教《しゅうきょう》、教育《きょういく》、実業《じつぎょう》とが同一《どういつ》の精神《せいしん》で統一《とういつ》され、一体《いったい》となって世界的《せかいてき》に活動《かつどう》するのが「祭政一致《さいせいいっち》」の本義《ほんぎ》である。「言霊《ことたま》」を武器《ぶき》とし、軍備《ぐんび》の縮小《しゅくしょう》を計《はか》りつつ、世界《せかい》の平和《へいわ》を目指《めざ》すことだ。

◆戦後《せんご》の東西冷戦《とうざいれいせん》、朝鮮戦争《ちょうせんせんそう》を経《へ》て防衛体制《ぼうえいたいせい》は強化《きょうか》され、防衛庁《ぼうえいちょう》が防衛省《ぼうえいしょう》に、秘密保護法《ひみつほごほう》も出来上《できあが》り、自衛隊《じえいたい》に宇宙専門部隊《うちゅうせんもんぶたい》「宇宙作戦隊《うちゅうさくせんたい》」が発足《はっそく》した。

宇宙《うちゅう》ゴミや隕石《いんせき》、不信《ふしん》な衛生《えいせい》の監理《かんり》、日本《にほん》の人工衛生《じんこうえいせい》を守《まも》るのが任務《にんむ》とされる。「宇宙《うちゅう》の平和利用《へいわりよう》」（1969 国会決議《こっかいぎけつ》）を目的《もくてき》としてきた日本《にほん》にとって大《おお》きな転換点《てんかんてん》となる。宇宙基本法《うちゅうきほんほう》（2008 制定《せいてい》）により軍事利用《ぐんじりよう》に道《みち》を開《ひら》き、陸海空《りくかいくう》から宇宙《うちゅう》へと進《すす》み、世界《せかい》の軍拡競争《ぐんかくきょうそう》が一段《だん》と強《つよ》まるのは確実《かくじつ》だ。『霊界物語《れいかいものがたり》』に「曲津神《まがつかみ》は天界《てんかい》までも支配《しはい》せんとす……。」とある。物語《ものがたり》の中《なか》だけでなく現実化《げんじつか》の様相《ようそう》を呈《てい》して来《き》た。これからの日本の歩む道は、人類主義の言霊の道しか残されていない。

（三六八）最後の光明

世界《せかい》の終末《しゆうまつ》にあたり、救世神《きゆうせいしん》が出現《しゆつげん》されて、新《あたら》しい世界《せかい》の指導原理《しどうげんり》、艮《とど》めの神教《しんきよう》を発表《はつぴよう》された理由《りゆう》が述《の》べられる。

「……三五教《あななひけう》の御諭《みさと》しは　最後《さいご》の光明《くわうみやう》艮《とど》めなり　ナザレの聖者《せいじや》キリストは　神《かみ》を楯《たて》としパン（＝物質。）を説《と》き　マルクス麺麭《パン》以《も》て神《かみ》を説《と》く　月照彦《つきてるひこ》の霊《たま》の裔《すえ》　印度《いんど》の釈迦《しやか》の方便《はうべん》は　そのまま真如実相《しんによじつさう》か　般若心経《はんにやしんきやう》を宗《しう》とする　竜樹菩薩《りゆうじゆぼさつ》の空々《くうくう》は　これまた真理《しんり》か実相《じつさう》か　物理《ぶつり》に根《ね》ざせる哲学者《てつがくしや》　アインシュタインの唱《とな》へたる　相対性《さうたいせい》の原理説《げんりせつ》は　絶対真理《ぜつたいしんり》の究明《きうめい》か　宗教学者《しうけうがくしや》の主張《しゆちやう》せる　死神死仏《ししんしぶつ》をはうむりて　最後《さいご》の光《ひかり》は墓《はか》を蹴《け》り　よみがへらすは五六七神《みろくしん》……（以下略《いかりやく》）」（『霊界物語』第10巻「総説歌」大正11年2月27日　王仁識）

◆出口聖師《でぐちせいし》の宇宙《うちゆう》の原理《げんり》は、「霊《れい》・力《りよく》・体《たい》」から始《はじ》まり、主神《すしん》により統一《とういつ》される。

アインシュタインの提唱《ていしよう》する「相対性原理《そうたいせいげんり》」「特種相対性原理《とくしゆそうたいせいげんり》」は当時《とうじ》の科学物理《かがくぶつり》学《がく》に大《おお》きな影響《えいきよう》を与《あた》えてきた。しかし、そこには「神《かみ》」「霊魂《れいこん》」が欠《か》けていることを指摘《してき》する。

アインシュタインは大正《たいしょう》11（1922）年《ねん》11月《がつ》17日《にち》～12月《がつ》29日《にち》にかけて43日間《にちかん》日本《にほん》を訪問《ほうもん》する。その来航途中《らいこうとちゅう》に「一九二一年度《ねんど》ノーベル物理学賞《ぶつりがくしょう》」受賞《じゅしょう》の電報《でんぽう》を受《うけ》取《と》り、神戸港入港《こうべこうにゅうこう》は凱旋将軍《がいせんしょうぐん》のように歓迎《かんげい》され、各地《かくち》での講演会《こうえんかい》は盛《も》り上《あ》がる。

出口聖師《でぐちせいし》の「最後《さいご》の光明《こうみょう》」の記述《きじゅつ》は、この受賞発表以前《じゅしょうはっぴょういぜん》であり、当時《とうじ》の科学《かがく》を既《すで》に知悉《ちしつ》し、前章《ぜんしょう》の（35）タールの言《げん》にある「相対性《そうたいせい》の原理《げんり》」の応用《おうよう》が、「まえがき」の大国氏《おおくにし》の言《げん》にある通《とお》り、広島長崎《ひろしまながさき》への原爆投下《げんばくとうか》の場所《ばしょ》、そして日本人《にほんじん》が原爆《げんばく》を開《かい》発《はつ》していたから落《お》されたのだと側近《そっきん》にもらされたていたことに驚嘆《きょうたん》されます。

人間《にんげん》が開発《かいはつ》する巨大《きょだい》エネルギー―には原爆《げんばく》、水爆《すいばく》、原発《げんぱつ》（＝巨大加速器は別。）がある。だがこの中《なか》には人間《にんげん》では制御《せいぎょ》できないものが潜《ひそ》んでおり、人類《じんるい》が使用《しよう》する正《ただ》しいエネルギーではない。日本最初《にほんさいしょ》のノーベル物理学賞受賞《ぶつりがくしょうじゅしょう》の湯川秀樹博士《ゆかわひできはかせ》も原発建設《げんぱつけんせつ》には、大反対《だいはんたい》の意志《いし》を表明《ひょうめい》されておられる。

科学《かがく》では、宇宙《うちゅう》の根源《こんげん》にインフレーション説《せつ》の原初《げんしょ》、いわゆるビックバン説《せつ》以前《いぜん》に極微《きょくび》な世界《せかい》がある。この極微世界《きょくびせかい》は、戦後《せんご》「量子物理学《りょうしぶつりがく》」として発展《はってん》し、現在新《げんざいしん》素粒子《そりゅうし》、レプトン、クオークの存在《そんざい》が、スイス・フランスの国境《こっきょう》の地下《ちか》にある世界《せかい》合同《ごうどう》の高《こう》エネルギー加速器《かそくき》「アトラス」「ＣＭ２」で検出《けんしゅつ》されるなど、力学《りきがく》、光学《こうがく》、量子《りょうし》のゆらぎ、量子《りょうし》ビット、ミクロの世界《せかい》が盛《さか》んに研究開発《けんきゅうかいはつ》され、コンピューター、宇宙望遠鏡《うちゅうぼうえんきょう》、カメラ、AI、５G、４Ｋ・８Ｋテレビ等幅広《などはばひろ》く利用《りよう》され極微《きょくび》の開発《かいはつ》が世界《せかい》を制《せい》するとさえ云《い》われている。しかし宗教《しゅうきょう》と科学《かがく》は合致《がっち》するもので、祈《いの》りと共《とも》に正《ただ》しい教《おしえ》と誠《まこと》は世《よ》を開《ひら》く基《もと》となる。

◎相対性《そうたいせい》の原理《げんり》　$E=mC^2$　Ｅ；エネルギー　ｍ；質量《しつりょう》　ｃ；光《ひかり》の速度約《そくどやく》30万キロ

一個《こ》のプルトニュームないしウラン原子《げんし》が核分裂《かくぶんれつ》すると、放出《ほうしゅつ》されるエネルギーはきわめて大《おお》きい。理由《りゆう》は、方程式《ほうていしき》の中《なか》のＣの二乗《じょう》にある。

◎粒子《りゅうし》がとびはんねる量子論《りょうしろん》　シュレーディンガーの「波動方程式《はどうほうていしき》」　$H\psi=E\psi$

Ｈ；ハミルトニアン（位置《いち》と運動量《うんどうりょう》の関数《かんすう》）、ψ（プサイ）；波動関数《はどうかんすう》

Ｅ；エネルギー固有値《こゆうち》　物質波《ぶっしつは》の法則《ほうそく》を波動方程式《はどうほうていしき》で表《あらわ》したもので、式《しき》は単純化《たんじゅんか》したもの。

（『図解・相対性理論と量子論』学研プラス発行）

第五編　天祥地瑞「幽の幽」の言霊

第一章　天之《あめの》峯《みね》火《ひ》夫《を》の神《かみ》（主《す》の大神《おほかみ》）

天《てん》もなく地《ち》もなく宇宙《うちう》もなく、大虚空中《だいこくうちう》に一点《てん》のヽ《ほち》忽然《こつぜん》と顕《あらは》れ給《たま》ふ。このヽ《ほち》たるや、すみきり澄《す》みきらひつゝ、次第々々《しだいしだい》に拡大《くわくだい》して、一種《しゅ》の円形《ゑんけい》をなし、円形《ゑんけい》よりは湯気《ゆげ》よりも煙《けむり》よりも霧《きり》よりも微細《びさい》なる神明《しんめい》の気《き》放射《はうしゃ》して、円形《ゑんけい》の圏《けん》を描《えが》きヽ《ほち》を包《つつ》み、初《はじ》めて◉《ス》の言《こと》霊生《たまうま》れ出《い》でたり。この◉《ス》の言霊《ことたま》こそ宇宙万有《うちうばんいう》の大根元《だいこんげん》にして、主《ス》の大神《おほかみ》の根元太極元《こんげんたいきょくげん》となり、皇神国《すめらみくに》の大本《だいほん》となり給《たま》ふ。

わが日《ひ》の本《もと》はこの◉《ス》の凝結《ぎょうけつ》したる万古不易《ばんこふえき》に伝《つた》はりし神霊《しんれい》の妙機《めうき》として、言霊《ことたま》の助《たす》くる国《くに》、言霊《ことたま》の天照《あまて》る国《くに》、言霊《ことたま》の生《い》くる国《くに》、言霊《ことたま》の幸《さち》はふ国《くに》と称《しょう》するも、この◉《ス》の言霊《ことたま》に基《もと》づくものと知《し》るべし。

キリストの聖書《せいしょ》に『ヨハネ伝《でん》』なるものあり。ヨ゜とはあらゆる宇宙《うちう》の大千世界《だいせんせかい》の意《い》なり、ハは無限《むげん》に発達《はったつ》、開展《かいてん》、拡張《くわくちやう》の意《い》なり、ネは声音《せいおん》の意《い》にして宇宙大根本《うちうだいこんぽん》の意《い》なり。ヨハネ伝首章《でんしゆしやう》に曰《いは》く「太初《はじめ》に道《ことば》あり、道《ことば》は神《かみ》と偕《とも》にあり。道《ことば》は即《すなは》ち神《かみ》なり、この道《ことば》は太初《はじめ》に神《かみ》と偕《とも》に在《あ》りき、万物《よろずのもの》これに由《よ》りて造《つく》らる、造《つく》られたるものに一《ひとつ》としてこれに由《よ》らで造《つく》られしはなし」と明示《めいじ》しあるも、宇宙《うちう》の大根元《だいこんげん》を創造《さうざう》したる主《ス》の神《かみ》の神徳《みとく》を称《たた》へたる言葉《ことば》なり。

清朗無比《せいらうむひ》にして、澄切《すみき》り〱、スースースースーと四方八方《はうはつぱう》に限《かぎ》りなく、極《きは》みなく伸《の》び拡《ひろ》がり膨《ふく》れ上《あが》り、つひに◉《ス》は極度《きよくど》に達《たつ》してウの言霊《ことたま》を発生《はっせい》せり。ウは万有《ばんいう》の体《たい》を生《う》み出《だ》す根元《こんげん》にして、ウの活動極《くわつどうきは》まりて、また上《うへ》へ〱と昇《のぼ》りアの言霊《ことたま》を生《う》めり。またウは下《くだ》って遂《つひ》にオの言霊《ことたま》を生《う》む

◉《ス》の活動《くわつどう》を称《しょう》して主《ス》の大神《おほかみ》と称《しょう》し、また天之峯火夫《あめのみねひを》の神《かみ》、またの御名《みな》を大国常立神言《おほくにとこたちのみこと》と奉称《ほうしょう》す。

大虚空中《だいこくうちう》に、葦芽《あしがひ》のごとく一点《てん》のヽ《ほち》発生《はっせい》し、次第々々《しだいしだい》に膨《ふく》れ上《あが》り、鳴《な》り〱て遂《つひ》に神明《しんめい》

の形《かたち》を現《げん》じたまふ。◉《ス》神《しん》の神霊《しんれい》は◉《ス》の活動力《くわつどうりよく》によりて、上下左右《じやうげさいう》に拡《ひろ》がり、◉《ス》極《きは》まりてウの活用《くわつよう》を現《げん》じたり。ウの活用《くわつよう》より生《あ》れませる神名《しんめい》を宇迦須美《うがすみ》の神《かみ》といふ。宇迦須美《うがすみ》は上《うへ》にのぼり下《した》に下《くだ》り、神霊《みたま》の活用《くわつよう》を両分《りやうぶん》して、物質《ぶつしつ》の大元素《だいげんそ》を発生《はつせい》し給《たま》ひ、上《うへ》にのぼりては霊魂《れいこん》の完成《くわんせい》に資《し》し給《たま》ふ。

今日《こんにち》の天地《てんち》の発生《はつせい》したるも、宇迦須美《うがすみ》の神《かみ》の功《いさを》なり。ウーウーウーと鳴《な》り〱て鳴《な》り極《きは》まる処《ところ》に神霊《しんれい》の元子《げんし》生《うま》れ、物質《ぶつしつ》の原質《げんしつ》生《う》まる。

ゆゑに天之峯火夫《あめのみねひを》の神《かみ》と宇迦須美《うがすみ》の神《かみ》の妙《めう》の動《うご》きによりて、天津日鉾《あまつひほこ》の神《かみ》大虚空中《だいこくうちう》に出現《しゆつげん》したまひ、言霊《ことたま》の言動力《げんどうりよく》となり七十五声《せい》の神《かみ》を生《う》ませたまひ、至大天球《しだいてんきう》を創造《さうざう》し給《たま》ひたるこそ、実《げ》に畏《かしこ》き極《きは》みなり。

○大虚中《たいきよちう》たゞ一点《てん》の丶《ほち》現《あ》れて　至大天界《しだいてんかい》生《うま》れたまへり

（『霊界物語』「天祥地瑞」第73巻・第1章「天之峯火夫の神」昭和8・10・4、旧8・15　於天恩郷千歳庵　加藤明子謹録）

第二章　高《たか》天《あま》原《はら》

こゝに宇迦須美《うがすみ》の神《かみ》は◉《ス》の神《かみ》の神言《みこと》もちて、大虚空中《だいこくうちう》に活動《くわつどう》したまひ、つひにオの言霊《ことたま》を神格化《しんかくくわ》して大津瑞穂《おほつみづほ》の神《かみ》を生《う》みたまひ、高《たか》く昇《のぼ》りて天津瑞穂《あまつみづほ》の神《かみ》を生《う》ませ給《たま》ひぬ。大津《おほつ》瑞穂《みづほ》の神《かみ》は、天津瑞穂《あまつみづほ》の神《かみ》に御逢《みあ》ひて「タ」の言霊《ことたま》、高鉾《たかほこ》の神《かみ》、「カ」の言霊《ことたま》、神鉾《かむほこ》の神《かみ》を生《う》ませたまひぬ。高鉾《たかほこ》の神《かみ》は大虚中《たいきよちう》に活動《くわつどう》を始《はじ》めたまひ、東《ひがし》に西《にし》に南《みなみ》に北《きた》に、乾坤巽艮《けんこんそんごん》上下《じやうげ》の区別《くべつ》なくターターターター、タラリ〱、トータラリ、タラリヤリリ、トータラリとかけ廻《めぐ》り、神鉾《かむほこ》の神《かみ》は、比古神《ひこがみ》と共《とも》にカーカーカーと言霊《ことたま》の光《ひかり》かゞやき給《たま》ひ、茲《ここ》にいよ〱「タカ」の言霊《ことたま》の活動《くわつどう》始《はじ》まり、高鉾《たかほこ》の神《かみ》は左旋運動《させんうんどう》を開始《かいし》し、神鉾《かむほこ》の神《かみ》は右旋《うせん》運動《うんどう》を開始《かいし》して、円満清朗《ゑんまんせいらう》なる宇宙《うちう》を構造《こうざう》し給《たま》へり。

茲《ここ》に於《おい》て両神《りやうしん》の活動《はたらき》は無限大《むげんだい》の円形《ゑんけい》を造《つく》り給《たま》へり。この円形《ゑんけい》の活動《くわつどう》をマの言霊《げんれい》と云《い》ふ。天津真言《あまつまこと》の大根元《だいこんげん》はこのマの言霊《ことたま》より始《はじ》まれり。

高鉾《たかほこ》の神《かみ》、神鉾《かむほこ》の神《かみ》、宇宙《うちう》に現《あらは》れ給《たま》ひし形《かたち》をタカアと云《い》ひ、円満《ゑんまん》に宇宙《うちう》を形成《けいせい》し給《たま》ひし活動《くわつどう》をマと云《い》ひ、このタカアマの言霊《げんれい》、際限《さいげん》なく虚空《こくう》に拡《ひろ》がりて果《は》てなし、この言霊《げんれい》をハと云《い》ひ速言男《はやことのを》の神《かみ》と云《い》ふ。両神《りやうしん》は速言男《はやことのを》の神《かみ》に言依《ことよ》さし給《たま》ひて、大宇宙完成《だいうちうくわんせい》の神業《みわざ》を命《めい》じ給《たま》ふ。

速言男《はやことのを》の神《かみ》は右《みぎ》に左《ひだり》に廻《めぐ》り〳〵鳴《な》り〳〵て螺線形《らせんけい》をなし、ラの言霊《ことたま》を生《う》み給《たま》ふ。この状態《じやうたい》を称《しよう》して「タカアマハラ」と云《い》ふなり。高天原《たかあまはら》の六言霊《げんれい》の活動《はたらき》によりて無限絶対《むげんぜつたい》の大宇宙《だいうちう》は形成《けいせい》され、億兆無数《おくてうむすう》の小宇宙《せううちう》は次《つい》で形成《けいせい》さるゝに至《いた》れり。清軽《せいけい》なるもの、霊子《れいし》の根元《こんげん》をなし、重濁《ちゆうだく》なるものは物質《ぶつしつ》の根元《こんげん》をなし、こゝにいよ〳〵天地《てんち》の基礎《きそ》は成《な》るに至《いた》れり。未《いま》だ速言男《はやことのを》の神《かみ》以前《いぜん》の世《よ》は宇宙《うちう》なるもの無《な》く、日月星辰《じつげつせいしん》の如《ごと》き霊的物質形《れいてきぶつしつかたち》をとめず、虚空《こくう》はたゞ霊界《れいかい》のみ創造《さうざう》され、物質的分子《ぶつしつてきぶんし》は微塵《みじん》だもなかりけるが、この六言霊《げんれい》の活用《くわつよう》によりて、天界《てんかい》の物質《ぶっしつ》は作《つく》られたるなり。これより天地剖判《てんちぼうはん》に至《いた》るまで数《すう》十代《だい》の神《かみ》あり、これを「天《あめ》の世《よ》」と称《しょう》し奉《まつ》る。

「天《あめ》の世《よ》」は霊界《れいかい》のみにして、現界《げんかい》は形《かたち》だにもなく、実《じつ》に寂然《じゃくねん》たる時代《じだい》なりき。この高《たか》天原六言霊《あまはらろくげんれい》の鳴《な》り〳〵て鳴《な》り止《や》まざる活用《くわつよう》によりて、大虚空《だいこくう》に紫微圏《しびけん》（＝人間が研究する量子学のはるか奥の世界と想像される。）なるものあらはれ、次第々々《しだいしだい》に水火《すいくわ》を発生《はっせい》して虚空《こくう》に光《ひかり》を放《はな》ち、その光一所《ひかりひとところ》に凝結《ぎょうけつ》して無数《むすう》の霊線《れいせん》を発射《はっしゃ》し、大虚空《だいこくう》をして紫色《ししょく》に輝《かがや》く紫微圏層《しびけんそう》の世《よ》を創造《さうざう》した給《たま》ひぬ。紫微圏層《しびけんそう》についで蒼明圏層現《さうめいけんそうあらは》れ、次《つぎ》に照明圏層《せうめいけんそう》、次《つぎ》に水明圏層現《すゐめいけんそうあらは》れ、最後《さいご》に成生圏層《せいせいけんそう》といふ大虚空《だいこくう》に断層発生《だんそうはっせい》したり。この高《たか》さ広《ひろ》さ到底算《たうていかぞ》ふべき限《かぎ》りにあらず、無限絶対無始無終《むげんぜったいむしむしう》と称《しょう》するより語《かた》るべき言葉《ことば》なし。あゝ惟神霊幸倍坐世《かむながらたまちはへませ》。

○すみきりて清《きよ》くかしこき天界《てんかい》に　千萬《ちよろづ》の神生《かみうま》れましけり

（『霊界物語』「天祥地瑞」第73巻　第2章「高天原」昭和8・10・4、

旧8・15、天恩郷千歳庵　加藤明子謹録）

第三章　天《あめ》之《の》高《たか》火《ひ》男《を》の神《かみ》

主《ス》の神《かみ》は高鉾《たかほこ》の神《かみ》、神鉾《かむほこ》の神《かみ》に言依《ことよ》さし給《たま》ひて高天原《たかあまはら》を造《つく》らせ給《たま》ひ、南《みなみ》に廻《めぐ》りて中央《ちうあう》に集《あつ》まる言霊《ことたま》を生《う》み、北《きた》に廻《めぐ》りては外《そと》を統《す》べる言霊《ことたま》を生《う》み、次《つ》ぎ〳〵に東北《とうほく》より廻《めぐ》り給《たま》ひて、声音《せいおん》の精《せい》を発揮《はっき》し万有《ばんいう》の極元《きょくげん》となり、一切《いっさい》の生《な》らざる所《ところ》なき「力《ちから》」を生《う》み給《たま》ふ。

この言霊《ことたま》は自由自在《じいうじざい》に至大天球《しだいてんきう》の内外《ないぐわい》悉《ことごと》くを守《まも》り涵《ひた》し給《たま》ひ、宇宙《うちう》の水火《いき》と現《あらは》れ柱《はしら》となり八方《はっぱう》に伸《の》び極《きは》まり滞《とどこほ》りなし。八紘《はっかう》を統《す》べ六合《りくがう》を開《ひら》き、本末《ほんまつ》を貫《つらぬ》き無限《むげん》に澄《す》みきり澄《す》み徹《とほ》り、吹《ふ》く水火《いき》、吸《す》ふ水火《いき》の活用《くわつよう》によりて八極《はっきょく》を統《す》べ給《たま》ふ。この神力《しんりき》を継承《けいしょう》して以後《いご》の諸《しょ》神《しん》は高天原《たかあまはら》の中心《ちうしん》に収《をさ》まり紫微宮圏層《しびきうけんそう》に居《きょ》を定《さだ》め、一種《しゅ》の水気《すゐき》を発射《はっしゃ》し給《たま》ひて雲霧《うんむ》を造《つく》り、また火《ひ》の元子《げんし》を生《う》み給《たま》ひ、紫微圏層《しびけんそう》をして益々清《ますますきよ》く美《うる》はしく澄《す》み徹《とほ》らしめ給《たま》ひ、狭依男《さよりを》の神《かみ》を生《う》み給《たま》ひて紫微《しび》の霊国《れいごく》を無限《むげん》に無極《むきょく》に開《ひら》かせ給《たま》ひ。茲《ここ》に清麗無比《せいれいむひ》の神居《しんきょ》を開《ひら》き給《たま》ひぬ。狭依男《さよりを》の神《かみ》のまたの御名《みな》を天之高火男《あめのたかひを》の神《かみ》と云《い》ふ。何《いづ》れもタカアマハラの言霊《ことたま》より生《な》りませる大神《おほかみ》にして神威赫々《しんいかくかく》八紘《はっかう》に輝《かがや》き給《たま》ふ。天之高火男《あめのたかひを》の神《かみ》は天之高地火《あめのたかちほ》の神《かみ》と共《とも》に力《ちから》を合《あは》せ心《こころ》を一《いつ》にして「天《あめ》の世《よ》」を修理固成《しうりこせい》し給《たま》ひ、蒼明圏層《さうめいけんそう》に折々下《をりをりくだ》りて天津神《あまつかみ》の住所《すみか》を開《ひら》かむとここに諸々《もろもろ》の星界《せいかい》を生《う》み出《い》で給《たま》ひて、昼夜間断《ちうやかんだん》なく立活《たちはたら》き鳴《な》り〳〵て鳴《な》り止《や》まず坐《ま》しぬ。

天之高火男《あめのたかひを》の神《かみ》、天之高地火《あめのたかちほ》の神《かみ》の二神《にしん》は「タカ」の言霊《ことたま》より天界《てんかい》の諸神《しょしん》を生《な》り出《い》で給《たま》ひ、荘厳無比《さうごんむひ》なる紫微宮《しびきう》を造《つく》りて主神《スしん》の神霊《しんれい》を祀《まつ》り、昼夜敬拝《ちうやけいはい》して永遠《えいゑん》に鎮《しづ》まり給《たま》ふ。紫微圏界《しびけんかい》に坐《まし》ます萬星界《よろづせいかい》の神々《かみがみ》はその数《すう》日《ひ》に月《つき》に増《ま》し行《ゆ》きて数百億《すうおく》の神人《しんじん》を現《あらは》し、此《こ》の圏層《けんそう》の霊界建設《れいかいけんせつ》に奉仕《ほうし》し給《たま》ふ。

これより数《すう》百億万年《おくまんねん》を経《へ》て今日《こんにち》に至《いた》りたるを思《おも》へば、宇宙創造《うちうさうざう》の年代《ねんだい》の遠《とほ》き実《じつ》に呆然《ばうぜん》たらざるを得《え》ざる次第《しだい》なり。紫微圏層《しびけんそう》の霊界《れいかい》を称《しょう》して天極紫微宮界《てんきょくしびきうかい》といひ、寸時《すんじ》も間断《かんだん》なく「タカ〱」の言霊《ことたま》輝《かがや》き、東《ひがし》は西《にし》に、西《にし》は東《ひがし》に、南《みなみ》は北《きた》に、北《きた》は南《みなみ》に、上《うへ》は下《した》に、下《した》は上《うへ》に鳴《な》り〱て鳴《な》り止《や》まざる言霊《ことたま》の元子《げんし》は終《つひ》に七十五声《せい》の神々《かみがみ》を生《う》み給《たま》ふに至《いた》れり。

主《ス》の神《かみ》は一点《てん》の丶《ほち》より現《あらは》れ給《たま》ひて、終《つひ》に大虚空《だいこくう》に紫微圏層《しびけんそう》を完成《くわんせい》し次第《しだい》に五種《しゅ》の圏層《けんそう》を生《う》み給《たま》ひて霊国《れいごく》を開《ひら》き、諸神《しょしん》の安住地《あんぢゅうち》と成《な》し給《たま》ひしぞ畏《かしこ》けれ。嗚呼《ああ》言霊《ことたま》の玄妙不可思議力《げんめうふかしぎりょく》よ。

○七十余《ななそま》り五つの声《こゑ》を生《う》みまして　五層《ごそう》の天界《てんかい》創《はじ》め給《たま》ひぬ

（『霊界物語』「天祥地瑞」第73巻・第3章「天之高火男神」昭和8・10、4、旧8・15、天恩郷千歳庵　森良仁謹録）

第四章　⦿《ス》の神《しん》声《せい》

此《こ》の至大天球《しだいてんきう》の未《いま》だ成立《せいりつ》せざる⦿《ス》の神時代《かみじだい》の「天《あめ》の世《よ》」は、唯《ただ》至大《ヒロキ》活々而《ヒロクテ》氤氳《スズロ》ぎたる極微点《コゴコ》の神霊分子《しんれいぶんし》が撒霧《サギリ》に撒霧而《サギリて》、至大《カ》活々《ガ》霊々《ダ》溢々《タ》たる極微点《コゴコ》分子が玄々《ク》漠々《ク》妙々《ズ》たり。漂々《ケ》点々《ケ》烈々《デ》兮《タリ》、恒々《キ》極々《ギ》鑄々《チ》兮《タリ》、平々《タ》運々《ラ》洞々《ナ》兮《タリ》、几々《ト》白々《ロ》渺々《ノ》兮《タリ》、剛々《ツ》神々《ル》寂々《ス》兮《タリ》、照々《テ》電々《レ》精々《ネ》兮《タリ》、満々《チ》既々《リ》着々《ニ》兮《タリ》、汎々《ハ》膨々《サ》凝々《ザ》兮《タリ》、登々《ホ》輭々《ソ》挿々《ソ》兮《タリ》、進々《フ》酸々《ス》黒々《ズ》兮《タリ》、降々《ヘ》責々《セ》臨々《ゼ》兮《タリ》、赤々《ヒ》炭々《シ》止々《ジ》兮焉《タリと》して萬性《ばんせい》を含有《がんいう》し極平《きよくこ》として純々《じゅんじゅん》たり。神代神《じんだいか》楽《ぐら》翁《おきな》三番叟《さんばそう》の謡《うたひ》に

「タータータラーリ、タラリーラー、タラリ、アガリ、ララーリトー、チリーヤ、タラリ、ララリトー」

と云《い》ふは此《こ》の神秘《しんぴ》の転訛《てんくわ》したる語《ご》にして、「天《あめ》の世《よ》開設《かいせつ》の形容《けいよう》を顕示《けんじ》」したるなり。

ゆゑに此《こ》の霊声《れいせい》を総《すべ》て一言《いちげん》に◉《ス》と謂《い》ふ。此《こ》の◉《ス》声《こゑ》の神霊《ことたま》を明細《めいさい》に説《と》き明《あ》かす時《とき》は、世界一切《せかいいっさい》の太極本元《たいきょくほんげん》の真体及《しんたいおよ》びその成立《せいりつ》の秩序《ちつじょ》も億兆萬々劫々年度《おくてうまんまんがふがふねんど》劫大約恒々兮《ゴオホツナタル》大造化《だいざうくわ》の真象《しんしやう》も、逐一明《ちくいちあき》らかに資《はか》り得《え》らるゝなり。

蓋《けだ》し、◉《ス》の言《げん》たるや◉《ス》にして◉《ス》なるが故《ゆえ》に、既《すで》に七十五声《せい》の精霊《せいれい》を完備《かんび》して純乎《じゅんこ》として各自皆《かくじみな》その真位《みくらゐ》を保《たも》ちつゝあり。然《しか》してその真位《みくらゐ》と謂《い》ふは皆両々相向《みなりやうりやうあいむか》ひて遠近皆悉《ゑんきんみなことごと》く返対力《へんたいりょく》が純一《じゅんいつ》に蜜合《みつがふ》の色《いろ》を保《たも》ちて実相《じっさう》しつゝ、至大極乎《しだいきょくこ》として恒々兮《かうかうたり》、活機臨々《くわつきりんりん》として点々《てんてん》たり、所謂至大氤氳《いはゆるしだいいんうん》の気《き》が声《こゑ》と鳴《な》り起《たた》むと欲《ほっ》して湛々《たんたん》の中《なか》に神機《しんき》を含蔵《がんざう》するの時《とき》なり。故《ゆゑ》に世《よ》に人《ひと》たる者《もの》は先《ま》づ第《だい》一に此《こ》の◉《ス》の謂《いは》れを明《あき》らかに知《し》るべきものとす。何故《なぜ》なれば◉《ス》は皇《スメラギ》の極元《きょくげん》なればなり。

（『天祥地瑞』第73巻・第4章「◉の神声」昭和8・10・5、旧8・16、天恩郷千歳庵　加藤明子謹録）

第五章　言幸比古《ことさちひこ》の神《かみ》

速言男《はやことのを》の神《かみ》は紫微宮圏《しびきうけん》の世界《せかい》の萬神《ばんしん》を指揮《しき》し修理固成《しうりこせい》し、永遠無窮《えいゑんむきう》に天《あめ》の世界《せかい》の経綸《けいりん》に全力《ぜんりよく》を尽《つく》し給《たま》ひ、茲《ここ》に「造化《ざうくわ》三神《しん》」を初《はじ》め四柱《よはしら》の神《かみ》の宮殿《きうでん》を造《つく》りて、至忠至孝《しちうしかう》の大道《だいだう》を顕彰《けんしやう》し給《たま》へり。

天《あめ》の世界《せかい》の「造化《ざうくわ》三神《しん》」とは天極紫微宮《てんきよくしびきう》に坐《ま》す天之峯火夫《あめのみねひを》の神《かみ》、宇迦須美《うがすみ》の神《かみ》、天津《あまつ》日鉾《ひほこ》の神《かみ》に坐《まし》まし、左守《さもり》と仕《つか》へ給《たま》ふは大津瑞穂《おほつみづほ》の神《かみ》、天津瑞穂《あまつみづほ》の神《かみ》の二神《にしん》なり。また右守《うもり》の神《かみ》と仕《つか》へ給《たま》ふは高鉾《たかほこ》の神《かみ》、神鉾《かむほこ》の神《かみ》なり。

速言男《はやことのを》の神《かみ》は一二三《ひとふたみ》即《すなは》ち「霊力体《れいりよくたい》」の三大元《さんだいげん》を以《もつ》て大宮《おほみや》に要《えう》する霊《たま》の御柱《みはしら》を造《つく》り給《たま》ひ、此《こ》の柱《はしら》を四方《はう》に建《た》て並《なら》べて霊《たま》の屋根《やね》を以《もつ》て空《そら》を覆《おほ》ひ、光輝燦然《くわうきさんぜん》たる紫微《しび》の大宮《おほみや》を造営《ざうえい》し給《たま》ひぬ。

抑《そも》も此《こ》の宮《みや》は「天極紫微宮《てんきよくしびきう》」と称《とな》え奉《まつ》り、「造化《ざうくわ》三神《しん》を初《はじ》め左守右守《さもりうもり》の四柱神《よはしらがみ》を永遠《えいゑん》に祭祀《さいし》し給《たま》はむが為《ため》なり」。此《こ》の時《とき》、霊力体《れいりよくたい》の三元《さんげん》スの言霊《ことたま》の玄機妙用《げんきめうよう》によりて紫微宮《しびきう》の世《せ》界《かい》に大太陽《だいたいやう》を顕現《けんげん》し給《たま》ひ、大虚空中《だいこくうちう》に最初《さいしょ》の宇宙《うちう》を生《な》り出《い》で給《たま》ひたるなり。紫微宮天界《しびきうてんかい》の諸神《しょしん》は幾億万里《いくおくまんり》の果《は》てよりも集《あつま》り来《きた》りて大宮造営完成《おほみやざうえいくわんせい》の祝歌《しゅくか》を謡《うた》ひ給《たま》ふ。速言男《はやことのを》の神《かみ》は紫微台上《しびだいじやう》に昇《のぼ》りて声《こゑ》も厳《おごそ》かに

「一二三四五六七八九十百千萬《ひとふたみよいつむゆななやここのたりももちよろづ》」

と繰返《くりかえ》しく〱謡《うた》ひ給《たま》へば、百雷《らい》の一時《じ》に轟《とどろ》く如《ごと》き大音響《だいおんきやう》四方《はう》に起《おこ》りて紫微宮天界《しびきうてんかい》は為《ため》に振動《しんどう》し、紫《むらさき》の光《ひかり》は四辺《あたり》を包《つつ》み太陽《たいやう》の光《ひかり》は次第々々《しだいしだい》に光彩《くわいさい》を増《ま》し、現今《げんこん》の我宇宙界《わがうちうかい》にある太陽《たいやう》の光《ひかり》に増《ま》すこと約《やく》七倍《ばい》の強《つよ》さとなれり。速言男《はやことのを》の神《かみ》は以上《いじやう》の「天《あま》の数歌《かずうた》」を唱《とな》へ終《をは》りて紫微台《しびだい》の高御座《たかみくら》に端坐《たんざ》し、両眼《りやうがん》を閉《と》ぢて天界《てんかい》の完成《くわんせい》を祈《いの》り給《たま》ふ。

茲《ここ》に速言男《はやことのを》の神《かみ》の左守神《さもりがみ》として仕《つか》へ給《たま》ふ言幸比古《ことさちひこ》の神《かみ》は言霊《ことたま》の発動《はつどう》に生《な》れる紫微宮《しびきう》の荘《さう》厳《ごん》を祝《しゅく》して、

「アオウエイ
カコクケキ
サソスセシ
タトツテチ
ナノヌネニ
ハホフヘヒ
マモムメミ
ヤヨユエイ
ラロルレリ
ワヲウヱヰ
ガゴグゲギ
ザゾズゼジ

ダ　ド　ズ　ゼ　ヂ
バ　ボ　ブ　ベ　ビ
パ　ポ　プ　ペ　ピ」

と神声《みこゑ》朗《ほが》らかに宣《の》り上《あ》げ給《たま》へば、天界《てんかい》は益々《ますます》清《きよ》く明《あき》らけく澄《す》み切《き》り澄《す》み渡《わた》りつゝ「ウア」の神霊元子《コエノコ》大活躍《だいくわつやく》を始《はじ》め、一瞬《しゅん》にして千万里《まんり》を照走《せうそう》する態《さま》電気《でんき》よりも速《すみ》やかなりき。茲《ここ》に右守《うもり》の神言《かみこと》幸《さち》比女《ひめ》の神《かみ》は左守《さもり》の神《かみ》をうけ給《たま》ひて

「アカサタナハマヤラワガザダバパ
イキシチニヒミイリヰギジヂビピ
ウクスツヌフムユルウグズヅブプ
エケセテネヘメエレヱゲゼデベペ
オコソトノホモヨロヲゴゾドボポ」

と七十五声《せい》の真言《まこと》を横《よこ》に謳《うた》ひ給《たま》へば、八百萬《やほよろづ》の神々《かみがみ》は之《これ》に和《わ》して謹《つつし》み敬《いやま》ひ言霊《ことたま》を奏上《そうじやう》し、

「タカ〳〵」と拍手《はくしゅ》をなして喜《よろこ》び歓《えら》ぎ給《たま》ひける。（……以下《いか》略）

（『天祥地瑞』第73巻・第5章「言幸比古の神」昭和8年10月6日
於天恩郷千歳庵　森良仁謹録）

◆天《あま》の数歌《かずうた》「一二三四五六七八九十百千萬《ひとふたみよいつむゆななやここのたりももちよろづ》」の言霊解《ことたまかい》

一《ひと》は霊也《れいなり》、火也《ひなり》、日也《ひなり》。二《ふた》は力也《ちからなり》、吹《ふ》く呼吸也《いきなり》。三《み》は体也《たいなり》、元素也《げんそなり》。四《よ》は世《せ》界《かい》の世也《よなり》。五《いつ》は出《いづ》る也《なり》。六《むゆ》は燃《むゆ》る也《なり》。七《なな》は地成《ちな》る也《なり》。八《や》は弥々益々《いよいよますます》の意也《いなり》。九《ここの》は凝《こ》り固《かたま》るの意也《いなり》。十《たり》は完成《くわんせい》の意也《いなり》。百《もも》は諸々《もろもろ》の意也《いなり》。千《ち》は光也《ひかりなり》、地汐《ちしほ》の血也《ちなり》。万《よろづ》は夜出《よいづ》るの意也《いなり》。

これを大括《たいくわつ》して略解《りやくかい》すれば、霊力体《れいりよくたい》によって世《よ》が発生《はっせい》し、水火《すいくわ》の呼吸《いき》燃《も》え上《あが》り、初《はじ》めて地成《ちな》り弥々益々《いよいよますます》水火《すゐくわ》の気《き》凝《こ》り固《かた》まりて完全無欠《くわんぜんむけつ》の宇宙天界《うちうてんかい》は完成《くわんせい》され、諸々《もろもろ》の地《ち》の光《ひかり》は暗夜《あんや》に出現《しゆつげん》して総《すべ》てのものゝ目《め》に入《い》るといふ言霊《ことたま》にして、造化三神《ざうくわさんしん》の神徳《しんとく》を称《とな》へ奉《まつ》り、その徳《とく》にあやかりて紫微天界《しびてんかい》を修理固成《しうりこせい》し、諸神安住《しよしんあんぢゆう》の清所《すがど》に照《て》らさむとの意《い》を歌《うた》ひ給《たま》ひしものと知《し》るべし。（『天祥地瑞』第73巻・第10章「婚ぎの御歌」参照）

第六章　言霊の光

抑《そもそも》紫微《しび》の天界《てんかい》はスの言霊《ことたま》の水火《いき》によりて鳴《な》り出《い》でませるが故《ゆゑ》に、天地万有一切《てんちばんいういつさい》のものいづれも稚々《わかわか》しく、柔《やは》らかく、現在《げんざい》の地球《ちきう》の如《ごと》く山川草木修理固成《さんせんさうもくしうりこせい》の域《ゐき》に達《たつ》し居《を》らず、神《かみ》また「幽《いう》の幽《いう》」にましまし、意志想念《いしさうねん》の世界《せかい》なれば、到底現代人《たうていげんだいじん》の想像《さうざう》も及《およ》ばざる程《ほど》なり。

清軽《せいけい》なるものは高《たか》く昇《のぼ》りて天《てん》となり、重濁《ぢゆうだく》なるものは降《くだ》りて地《ち》となる。これの真理《しんり》によりて紫微天界《しびてんかい》は五十六億《おく》七千万年《まんねん》の後《のち》、修理固成《しうりこせい》の神業完成《しんげふくわんせい》すると共《とも》に、その重量《ぢゆうりやう》を増《ま》し、次第々々《しだいしだい》に位置《ゐち》を大空中《たいくうちう》の低処《ていしよ》に変《へん》ずるに至《いた》りたれば、我地球《わがちきう》こそ、紫微天界《しびてんかい》のやゝ完成《くわんせい》したるものと知《し》るべし。

紫微天界《しびてんかい》に於《お》ける数万丈《すうまんじやう》の山岳《さんがく》と雖《いへど》も殆《ほとん》ど「気体《きたい》」なれば、柔《やは》らかく膨《ふく》れあがり、伸《の》びひろごりたるもの、次第々々《しだいしだい》に収縮作用《しうしゆくさよう》を起《おこ》し、最高《さいかう》二万数千尺《まんすうじやく》の山岳《さんがく》を止《とど》むるに至《いた》りたるなり。紫微天界《しびてんかい》に於《お》ける国土《くに》生《う》み、神《かみ》生《う》みの神業《みわざ》も、この柔《やは》らかき一切《いっさい》の気体界《きたいかい》を物《ぶっ》質界《しつかい》に修理固成《しうりこせい》するまでの年所《ねんしょ》は、五十六億《おく》七千万年《まんねん》の久《ひさ》しきを経《へ》たるなり。故《ゆゑ》に紫微天界《しびてんかい》の神々《かみがみ》の御活動《ごくわつどう》は、無始《むし》より無終《むしう》に連続《れんぞく》して止《や》む時《とき》なし。故《ゆゑ》に神代《かみよ》に於《お》ける愛《あい》の情動《じやうどう》も、また現代人《げんだいじん》の如《ごと》く濃厚執拗《のうこうしつえう》ならず、時《じ》、処《しょ》、位《ゐ》に応《おう》じて愛《あい》の情動《じやうどう》を起《おこ》り、忽《たちま》ち消散《せうさん》して後《あと》なき極《きは》めて淡泊《たんぱく》なる情動《じやうどう》なりしなり。

併《しか》しながら世《よ》の次《つ》ぎ〳〵下《くだ》るに従《したが》ひて、山川草木《さんせんさうもく》その硬度《かうど》を増《ま》し、人情《にんじやう》また濃厚執拗《のうこうしつえう》となりて、遂《つひ》には愛恋《あいれん》の乱《みだ》れ、争闘《さうとう》を起《おこ》すに至《いた》れるも自然《しぜん》の結果《けっくわ》止《や》むを得《え》ざる事《こと》と云《い》ふべし。故《ゆゑ》に主《ス》の大神《おほかみ》は紫微天界《しびてんかい》の最初《さいしょ》にあたり、天之道立《あめのみちたつ》の神《かみ》をして、世《よ》の混乱《こんらん》を防《ふせ》ぐべく、天《あま》津真言《つまこと》の道《みち》を天地万有《てんちばんいう》に永遠無窮《えいゑんむきう》に教《をし》へ導《みちび》き給《たま》ひ、乱《みだ》れゆく世《よ》を建正《けんせい》すべく経綸《けいりん》されたるは深《ふか》き神慮《しんりよ》のおはします事《こと》なり。

紫微天界《しびてんかい》に於《お》ける山川大地《さんせんだいち》は、浮脂《うきあぶら》のごとく漂《ただよ》へるを以《もっ》て、現代人《げんだいじん》の如《ごと》き重濁《ちゆうだく》なる身《み》をもっては、殆《ほとん》ど空中《くうちう》を行《ゆ》く如《ごと》く、水上《すゐじやう》を歩《あゆ》むが如《ごと》く、如何《いかん》ともすべからざれども、神代《かみよ》の神人《しんじん》は「気体《きたい》」にましませば、浮脂《うきあぶら》のごとき柔《やは》らかき地上《ちじやう》を歩《あゆ》みて何《なん》の支障《ししやう》なく、恰《あたか》も現《げん》代人《だいじん》の現界地上《げんかいちじやう》を歩《あゆ》むと異《こと》なるところなきなり。

国土《くに》の修理固成《しうりこせい》なりて硬度《かうど》を増《ま》すに従《したが》ひ、神々《かみがみ》もまた体重《たいぢゅう》を増加《ぞうか》し、遂《つひ》には人《ひと》となりて地上《ちじやう》に安住《あんぢゅう》するに至《いた》りたるなり。我地球《わがちきう》の今日《こんにち》の如《ごと》く確固不動《かくこふどう》に修理固成《しうりこせい》さるゝまでは、五十六億《おく》七千万年《まんねん》の年所《ねんしょ》を経《へ》たるを思《おも》へば、神界《しんかい》の経綸《けいりん》の幽遠《いうゑん》なる畏敬《ゐけい》の念《ねん》をはらはざるべからざるなり。

斯《か》くの如《ごと》く主《ス》の大神《おほかみ》を初《はじ》め、種々《しゅじゅ》の神等《かみたち》の努力《どりょく》の結果完成《けつくわくわんせい》したる地上《ちじやう》に人《ひと》と生《うま》れ、安住《あんぢゅう》せしめらるゝその広慈大徳《くわうじだいとく》は到底筆紙《たうていひつし》に尽《つく》すべき限《かぎ》りに非《あら》ず。況《いは》んや全地《ぜんち》の中心《ちうしん》にして四季《しき》の順序調和《じゅんじょてうわ》したる中津国《なかつくに》に生《せい》を享《う》けたる人生《じんせい》においてをや。

我々《われわれ》は主《ス》の大神《おほかみ》の住《す》まはせ給《たま》ひし紫微天界《しびてんかい》の完成期《くわんせいき》に近《ちか》づける地球《ちきう》の中心葦原《ちうしんあしはら》の中津国《なかつくに》なる日《ひ》の本《もと》に生《うま》れ、万世一系《ばんせいいつけい》の皇神国《すめらみくに》の天皇《すめらぎ》に仕《つか》へまつりて、神《かみ》の宮居《みやゐ》となり、神《かみ》の子《こ》となりて仕《つか》へまつる幸福《かうふく》は、三千大千世界《だいせんせんせかい》の宇宙《うちう》の世界中到底《せかいちうたうてい》求《もと》め得《う》べからざる仁恵《じんけい》に浴《よく》せるものと知《し》るべし。故《ゆゑ》に我皇神国《わがすめらみくに》に生《うま》れたる大御民《おほみたから》は、海外《かいぐわい》の諸国《しよこく》に比《ひ》して特《とく》に敬神尊皇《けいしんそんのう》報国《ほうこく》の至誠《しせい》を披歴《ひれき》し、その大慈洪徳《だいじこうとく》に報《むく》いまつらずむばあるべからず。紫微天界《しびてんかい》の完成《くわんせい》したる神国《みくに》なるが故《ゆゑ》に、我国《わがくに》を皇神国《すめらみくに》と称《とな》へ、その君《きみ》を天皇《すめらぎ》と申《まを》し奉《たてまつ》るなり。

○ためしなき此神国《このかみくに》に人《ひと》と生《うま》れ　清《きよ》き身魂《みたま》を濁《にご》すべきかは

○久方《ひさかた》の天津皇国《あまつみくに》を生《う》みませし　神《かみ》の御稜威《みいづ》を夢《ゆめ》な忘《わす》れそ

○言霊《ことたま》の水火《いき》は次《つ》ぎ〳〵固《かた》まりて　この美《うる》はしき天地《あめつち》は成《な》れり

○智者学者《ものしりびと》数多《あまた》あれども天界《かみくに》の　なり出《い》で初《そ》めたる真相《まこと》を知《し》らずも

○主《ス》の神《かみ》の恵思《めぐみおも》へば地《ち》の上《うへ》に　住《す》むもつゝしみの心湧《こころわ》くなり

○神々《かみがみ》の恵《めぐ》みも知《し》らず世《よ》の中《なか》を　はかなみ思《おも》ふ愚《おろ》かなる人《ひと》よ

○愛善《あいぜん》の光《ひかり》にみつる神《かみ》の国《くに》を　火宅《くわたく》とをしへし曲津《まがつ》の教《のり》かな

○現世《うつしよ》もまた幽界《かくりよ》も主《ス》の神《かみ》の　領有《うしは》ぎたまふ国土《くに》と知《し》らずや

○久方《ひさかた》の天《あめ》より降《くだ》りて中津国《なかつくに》を　永久《とは》に知召《しろしめ》す主《ス》の神《かみ》の御子《みこ》よ

○葦原《あしはら》の国《くに》なり出《い》でし遠因《ゑんゐん》を　思《おも》ひて敬神尊皇《けいしんそんのう》に尽《つく》せよ

○言霊《ことたま》の生《い》ける活用白雲《はたらきしらくも》の　空《そら》に迷《まよ》へる学者《ものしり》あはれ

○もろ〳〵の学《まな》びあれども言霊《ことたま》の　真言《まこと》の学《まな》び悟《さと》れるはなし

○世《よ》の中《なか》に学《まな》びは数多《あまた》ありながら　学王学《がくわうがく》の言霊《ことたま》知《し》らずも

○言霊《ことたま》の学《まな》びは総《すべ》ての基《もとゐ》なり　その他《た》の学《まな》びは末《すゑ》なりにけり

○根本《こんぽん》を悟《さと》らず末《すゑ》の学《まな》びのみ　栄《さか》ゆる此世《このよ》は禍《わざわひ》なるかな

○世《よ》の中《なか》の一切万事《いっさいばんじ》は言霊《ことたま》の　光《ひかり》によりて解決《かいけつ》するなり

○言霊《ことたま》の真言《まこと》の道《みち》を知《し》らずして　此神国《このかみくに》の治《をさ》まるべきやは

○吾《われ》は今神《いまかみ》の依《よ》さしの言霊《ことたま》の　学《まな》びに真道《まみち》を説《と》かむとするなり

○皇神国《すめらみくに》の大本《たいほん》を知《し》るは言霊《ことたま》の　生《い》ける学《まな》びによる外《ほか》なし。

（『天祥地瑞』第75巻　第2章「言霊の光」　昭和8年11月3日　於水明閣）

第七章　言霊と宇宙

この至大天球《たかあまはら》の中《なか》に偏在充満《へんざいじうまん》する一切万有《いっさいばんいう》は、その物《もの》の気体《きたい》たると液体《えきたい》たるとを問《と》はず、何《いづ》れも声音《せいおん》（声《こゑ》と音《おと》とは区別《くべつ》あれども、今《いま》ここに声音《せいおん》と連《つら》ね書《か》くは、声《こゑ》にも非《あら》ず、音《おと》にも非《あら》ず、全《まった》く両者《りやうしや》を兼《か》ねて不二《ふじ》なるものの仮名《かめい》なり）を発《はっ》する性質《せいしつ》を有《いう》せざるはなし。今《いま》如何《いか》なる物《もの》と雖《いへど》も、微《かす》かに変動《へんどう》すれば、微《かす》かなる声音《せいおん》を伴《ともな》ひ、大《おほ》いに変《へん》動《どう》すれば、大《だい》なる声音《せいおん》を伴《ともな》ふは吾人《ごじん》が日常経験《にちじやうけいけん》するところなり。

さてその声音《せいおん》とは何《なん》ぞや。通常理学者《つうじやうりがくしや》の教《をし》ふるところを以《もっ》てすれば、音響《おんきやう》なるものは一の振動《しんどう》にして、ある物《もの》の振動《しんどう》は、その振動《しんどう》を媒介物《ばいかいぶつ》（主《しゅ》として空気《くうき》）に及《およ》ぼし、媒介物《ばいかいぶつ》の振動《しんどう》は吾人《ごじん》の鼓膜《こまく》に及《およ》ぼし、鼓膜《こまく》の振動《しんどう》は聴覚神経《ちやうかくしんけい》を経《へ》て脳《なう》に達《たつ》するに因《よ》ると云《い》ふにあり。しかもこれは唯単《ただたん》に唯物論的形而下《ゆゐぶつろんてきけいじか》（＝形をもっていない。）の解釈《かいしやく》のみ。

吾人《ごじん》はかかる半面《はんめん》の解説《かいせつ》のみにては満足《まんぞく》すること能《あた》はず。なほ進《すす》んで物《もの》の振動《しんどう》は、何故《なにゆゑ》に種々《しゆじゆ》なる音響《おんきやう》となり、また音響《おんきやう》なるものは如何《いか》なる機能《きのう》を有《いう》し、如何《いか》なる効果《かうくわ》を有《いう》するやを知《し》らむと欲《ほつ》するなり。換言《くわんげん》すれば、吾人《ごじん》の声《こゑ》は気管《きくわん》を通過《つうくわ》する空気《くうき》が声《せい》帯《たい》その他《た》の発声機関《はつせいきくわん》に触《ふ》れて発《はつ》するなりてふ説明以外《せつめいいぐわい》に、その発声《はつせい》の因《いん》たる空気《くうき》の通《つう》過《くわ》するは何《なん》の為《ため》なるや。

吾人《ごじん》の思料《しれう》するところは、何故《なにゆゑ》に発声機関《はつせいきくわん》を藉《か》りて声《こゑ》となり、また他《た》より来《きた》る声《こゑ》と音《おと》とは、何故《なにゆゑ》吾人《ごじん》の聴管《ちやうくわん》を通《つう》じて精神《せいしん》に影響《えいきやう》するやを聞《き》かんと欲《ほつ》するなり。更《さら》にこれを究竟《きうきやう》（＝究極に達する。）する時《とき》は、精神《せいしん》とは如何《いかん》てふ問題《もんだい》に帰着《きちやく》するなり。

吾人《ごじん》は斯《か》かる問題《もんだい》に対《たい》しては最早《もはや》科学《くわがく》の説明《せつめい》より以上《いじやう》の不可思議力《ふかしぎりよく》、無礙自在《むげじざい》（＝物事に捉われることなく自由自在。）の妙機《めうき》を認《みと》めざらむと欲《ほつ》するも能《あた》はざるものにして、ここに全《まつた》く科学《くわがく》の圏囲《けんい》（＝範囲。）を超脱《てうだつ》したる形而上学《けいじじやうがく》（＝宗教、思想、あるいは神、霊魂など形のないものを学ぶ学問。）、即《すなは》ち哲学《てつがく》的領域《てきりやうゐき》に入《い》るものなり。古来《こらい》の哲学宗教《てつがくしうけう》が或《あるひ》は声音《せいおん》なる末流《まつりう》を遡《さかのぼ》りて帰納的《きなふてき》（＝一般的規則、法則を見出す論理的推論。）に絶対不可思議《ぜったいふかしぎ》なる本源《ほんげん》を認《みと》め、或《あるひ》は無碍自在《むげじざい》の妙機《めうき》なる根底《こんてい》より演《えん》繹的《えきてき》（＝一般的から特殊的結論を得る推論。）に声音《せいおん》なる枝葉《しえう》を説《と》くも、畢竟《ひつきやう》（＝つまり。結局。）ずるにこれが為《ため》のみ、この無碍自在《むげじざい》の妙機《めうき》、絶対《ぜったい》の不可思議力《ふかしぎりよく》こそ実《じつ》に所謂《いはゆる》宇宙《うちう》の本体《ほんたい》、独一《どくいつ》の真神《しんしん》、久遠《くをん》の霊妙《れいめう》にして、一切《いつさい》の声音《せいおん》は即《すなは》ちその発現《はつげん》なれ。

『大毘盧遮那経《だいびるしやなきやう》』（第二具縁真言品）に云《い》ふ。（＝宇宙仏・法身仏のお経。）

「秘密主（＝大日如来。）。此《こ》の真言《しんごん》（＝言霊。）の相《さう》は、一切諸仏《いつさいしよぶつ》の作《つく》る所《ところ》に非《あら》ず。他《た》をして作《つく》らしめず、また随喜《ずいき》（＝歓喜。心からありがたく感ずること。）せず。何《なに》を以《もつ》ての故《ゆゑ》に。是《こ》の諸法《しよほふ》（＝宇宙の真理。）は法《ほふ》（＝仏の教。）として是《かく》の如《ごと》く（＝このように……。）なるを以《もつ》ての故《ゆゑ》に。若《もし》くは諸《もろもろ》の如《によ》来《らい》（＝悟りを開いた者。）出現《しゆつげん》するも。若《もし》くは諸如来《しよによらい》出《い》でざるも。諸法《しよほう》は法爾《ほうに》（＝法そのままであること。自然の真理、惟神。）として是《かく》の如《ごと》く住《ぢゆう》せり（＝存在する。）。諸《もろもろ》を真言《しんごん》といふ。真言《しんごん》は法爾《ほふに》なるが故《ゆゑ》に。」

同経《どうきやう》の疏《そ》（＝注釈。）の七に曰《いは》く、

「如来《にょらい》の身語《しんご》（＝言葉。）意《い》は畢竟等《ひっきやうひと》しきを以《もっ》ての故《ゆゑ》に。此《こ》の真言《しんごん》の相《さう》は声字《しょうじ》（＝言語とこれを伝える字。言霊。）皆常々《みなじょうじょう》なるが故《ゆゑ》に流《なが》れず。変易《へんい》（変易り）有《あ》ること無《な》く。法爾《ほうに》として是《かく》の如《ごと》し。造作《ざうさ》（＝面倒なこと。手がかかる。）の所成《しょせい》（＝成就する。）に非《あら》ず。若《も》し造作《ざうさ》す可《べ》ければ則《すなは》ち是《こ》れ生法《しょうほう》（＝宇宙は不生不滅である。）なり。法《ほふ》若《も》し生《しやう》ずる有《あ》れば則《すなは》ち破壊《はかい》す可《べ》し。四相《しさう》（＝生相・住相・異相・滅相。生・老・病・死の総称。）遷流《せんる》（＝移り変わり去ってゆく。）して無常我《むじやうが》なり。何《なん》ぞ名《なづ》けて真実語（＝如来語を真言という。）と為《な》すことを得《え》ん耶《や》。是《こ》の故《ゆゑ》に仏《ほとけ》は自《みづか》ら作《つく》らず。他《た》をして作《つく》ら令《し》めず。設令《たとへ》能《よ》くこれを作《つく》る人《ひと》有《あ》るも亦随喜《またずいき》せず。是《こ》の故《ゆゑ》に此真言相《このしんごんさう》は。若《もし》くは仏世《ほとけよ》に興《きょう》するも、若《もし》くは出世《しゅつせ》せざるも。若《もし》くは己説《わがせつ》（＝自説。）にも。若《もし》くは現説《げんせつ》にも。若《もし》くは未説《みせつ》にも、法《ほふ》として法位《ほふゐ》（＝諸法の安住する位。真如のこと。）に住《ぢゆう》し、性相《しょうそう》（＝物事の本体。）常住《じょうじゅう》なり。是《こ》の故《ゆゑ》に必定即《ひつぢやうそく》と名《なづ》く。衆聖《しゅうせい》（＝多くの人。）同《おなじ》にして即《すなは》ち此《こ》れ大悲曼荼羅《だいひまんだら》（＝仏の大慈悲の世界を表現するため、衆生を救う仏・菩薩などを体系的に描いた図。）の一切《いっさい》の真言《しんごん》一一真言《いちいちしんごん》の相《さう》なり。皆法爾《みなほうに》として是《かく》の如《ごと》くなるが故《ゆゑ》に重《かさ》ねて之《これ》を言《い》ふ也《なり》。」

また空海《くうかい》の『声字即実相義《しやうじそくじつさうぎ》』に曰《いは》く（＝声音と文字とは、真理を表す密教の考えを述べたもの。）

「名教《みやうけう》（＝真言宗。）の興《おこ》りは声字《しやうじ》に非《あら》ざれば成《じやう》ぜず。声字分明《しやうじぶんめい》にして実相顕《じつさうあら》はる。また内外《ないぐわい》の風気《ふうき》纔《わづか》に発《はつ》すれば、必《かなら》ず響《ひび》くを名《な》づけて声《こゑ》と云《い》ふ。響《ひび》きは必《かなら》ず声《こゑ》に由《よ》る。声《こゑ》は即《すなは》ち響《ひび》きの本《もと》なり。声発《こゑはつ》して虚《むな》しからず。必《かなら》ず物《もの》の名《な》を表《あらは》す、号《ごう》して字《じ》と云《い》ふ。名《な》は必《かなら》ず体《たい》を招《まね》く、之《これ》を実相《じつさう》と名《な》づく云々《うんぬん》」

と。これ「声《こゑ》は絶対実在《ぜったいじつざい》の発現《はつげん》」にして、「万有一切《ばんいういっさい》もまた絶対実在《ぜったいじつざい》の発現《はつげん》」なれば、畢竟《ひっきやう》ずるに「声物一如《しやうぶついちによ》」、「絶対声物一如《ぜったいしやうぶついちによ》」なりと云《い》ふに外《ほか》ならず。

また『新約書《しんやくしよ》』の約翰伝《ヨハネでん》には、これを最《もっと》も巧妙《かうめう》に云《い》ひ現《あらは》せり云《いは》く、

「太初《はじめ》に道《ことば》あり、道《ことば》は神《かみ》と偕《とも》に在《あ》り、道《ことば》は即《すなは》ち神《かみ》なり、この道《ことば》は太初《はじめ》に神《かみ》と偕《とも》に在《あ》

りき、万物《よろづのもの》これに由《よ》りて造《つく》らる、造《つく》られたるものに一《ひとつ》としてこれに由《よ》らで造《つく》られしは無《な》し、これに生《いのち》あり、この生《いのち》は人《ひと》の光《ひかり》なり、光《ひかり》は暗《くらき》に照《て》り、暗《くらき》は之《これ》を暁《さと》らざりき云々《うんぬん》………。それ道《ことば》肉体《にくたい》と成《な》りて我儕《われら》の間《あい》に寄《やど》れり。我儕《われら》その栄《さかえ》を見《みる》に、実《まこと》に父《ちち》の生《う》みたまへる独子《ひとりご》の栄《さかえ》にして、恩寵《めぐみ》と真理《さとり》とに充《みて》り………」と。これ声《ことば》は即《すなは》ち道《みち》、道《みち》は即《すなは》ち神《かみ》、神即《かみすなは》ち万有《ばんいう》なりと云《い》ふに外《ほか》ならず。（この点《てん》に於《おい》てはキリスト教《けう》も多神教《たしんけう》の一なり）

要《えう》するにこれ等《ら》は釈迦《しゃか》、キリスト等《ら》が認《みと》めたる声音即絶対説《せいおんそくぜったいせつ》にして、我言霊学《わがことたまがく》の声音根本説《せいおんこんぽんせつ》と相類似《あひるゐじ》せりと雖《いへど》も、その所説《しょせつ》たる、漠然《ばくぜん》として據《よ》る所《ところ》なく、朦朧《おぼろげ》に声音《せいおん》の妙機《めうき》を想像《さうざう》したるのみにして、我言霊学《わがことたまがく》の如《ごと》く、絶対《ぜったい》の真《しん》を伝《つた》へ、各声《かくこゑ》の霊機《れいき》を明確《めいかく》にして整然《せいぜん》たるが如《ごと》きには非《あら》ざるなり。

抑《そもそも》この大宇宙《だいうちう》を我国《わがくに》にては、これを至大天球《たかあまはら》と云《い》ひ、大宇宙《だいうちう》の主宰《しゅさい》、これを天之《あまの》峰《みね》火《ひ》夫《を》の神《かみ》または天之御中主《あめのみなかぬし》と云《い》ひ、万有一切《ばんいういつさい》、これを神《かみ》と云《い》ひ、この活動力《くわつどうりよく》、これを結《むす》びといふ。（而《しか》して尚《なほ》これを言霊学《ことたまがく》の上《うへ》より云《い》ふ時《とき》は、至大天球《たかあまはら》は一声《ひとこゑ》に「ア」と云《い》ひ、天之御中主《あめのみなかぬし》はこれを一声《ひとこゑ》に「ス」と云《い》ひ、「ス」分《わか》れ発《はつ》して七十五声《せい》となり、この七十五声《せい》は「結《むす》びの力《ちから》」によりて、更《さら》に発動《はつどう》すれば万声《ばんせい》となり、帰《かへ》り納《をさ》まれば一《ひと》声《こゑ》の「ス」におさまる）これ一切法界《いつさいほふかい》（＝大宇宙が秩序保つは、真理（法）の現れであると云う。）の四大観《だいくわん》（＝仏教では、地＝個体、水＝液体、火＝エネルギー、風＝気体。）なり。この四大《しだい》は即《すなは》ちあらゆる「声音《せいおん》」なり。

天之御中主神《あめのみなかぬしのかみ》の発動《はつどう》、これを神《かみ》といひ、神霊元子《しんれいげんし》と云《い》ふ。神霊元子《しんれいげんし》とは、「こゝろ」なり、「こゝろ」とは絶対《ぜつたい》の霊機《れいき》が、ここかしこと発作《ほつさ》するの謂《いひ》なり。この「こゝろ」の発作《ほつさ》が更《さら》に現《あらは》れたるもの即《すなは》ち「こゑ」なり。「こゑ」とは即《すなは》ち「心《こころ》の柄《え》」なり。

この声《こゑ》「広義《くわうぎ》一面《めん》」に又《また》「をと」と云《い》ふ。「をと」とは外《そと》より「を」に結《むす》び当《あた》るものあるに対《たい》して、「と」を結《むす》び、対《こた》えるの謂《いひ》にして「緒止《をと》」なり。これを厳格《げんかく》に区別《くべつ》せば、前者《ぜんしや》は有霊機物《いうれいきぶつ》即《すなは》ち動物《どうぶつ》（広義《くわうぎ》）の心的作用《しんてきさよう》による「自発的声音《じはつてきせいおん》」なり、「音《おと》」に非《あら》ず。

後者《こうしや》は無霊機物《むれいきぶつ》即《すなは》ち植鉱物等《しよくくわうぶつとう》は他《た》より迫撃《はくげき》することをまって後《のち》、声音《せいおん》を発《はつ》するものにして、心的作用《しんてきさよう》なき物《もの》の他発的声音《たはつてきせいおん》なり、声《こゑ》に非《あら》ず。

然《しか》れども動物《どうぶつ》の下等《かとう》なるものは植物《しよくぶつ》と区別《くべつ》すべからず。植物《しよくぶつ》の下等《かとう》なるもの、また鉱物《くわうぶつ》と区別《くべつ》する能《あた》はずして、しかも一種《しゆ》の「声音《せいおん》」の質《しつ》を有《いう》するものなれば、その本《もと》に遡《さかのぼ》る時《とき》は、「声《こゑ》」と「音《おと》」とは区別《くべつ》なく、その末《すゑ》に奔《はし》る時《とき》は、人間《にんげん》の声《こゑ》と雖《いへど》も、その声《こゑ》より心《こころ》の活《はたら》きなる観念《くわんねん》を控除《こうぢよ》して考《かんが》ふる時《とき》は、これ「音《おと》」なり。

これを要《えう》するに「声《こゑ》」と「音《おと》」とは、天之御中主《あめのみなかぬし》の心《こころ》が発動《はつどう》したる声音《せいおん》の程度《ていど》の差《さ》によりて名《な》づけられたるものにして、等《ひと》しく「広義《くわうぎ》における声《こゑ》」なり。この声音《せいおん》は法《ほふ》界一切《かいいっさい》（＝大宇宙。）の万有《ばんいう》となりて形相《ぎやうさう》を現《げん》じ、また幽冥《いうめい》（＝霊界。）に蔵《かく》れて不可思議《ふかしぎ》なり。

この巻舒発蔵《けんじょはつざう》の活機《くわつき》は即《すなは》ち所謂《いはゆる》結《むす》びにして、この「結《むす》びの力《ちから》」によりて、一切法界《いっさいほふかい》の生住異滅《せいぢゅういめつ》（＝万物が生じ、とどまり、変り、消滅。）する状態《じゃうたい》を至大天球《たかあまはら》と云《い》ふなり。されば至大天球《たかあまはら》の組成元素《そせいげんそ》は「声音《せいおん》」なり。「声音《せいおん》」無《な》ければ至大天球《たかあまはら》なし。

ゆゑにこの「声音《せいおん》」は至大天球《たかあまはら》と共《とも》に存在《そんざい》して、如来《にょらい》の所作《しょさ》に非《あら》ず、真神《しんしん》の所生《しょせい》に非《あら》ず、如来《にょらい》、真神《しんしん》そのものなり。これを「真言《しんごん》」と云《い》ひ、これを「道《ことば》」と云《い》ふ。「道《ことば》即《すなは》ち神《かみ》」にして、「真言即《しんごんすなは》ち神也《かみなり》、仏也《ほとけなり》」。（我国《わがくに》にてはこれを「言霊《ことたま》」と云《い》ふ。言霊《ことたま》は即《すなは》ち神《かみ》なり、神《かみ》は即《すなは》ち天之御中主《あめのみなかぬし》の心《こころ》なり、この心《こころ》を種々《しゅじゅ》に動《うご》き結《むす》びて万有《ばんいう》を生《しゃう》ず。万有《ばんいう》は万別《ばんべつ》あり、ゆゑに万有《ばんいう》の言霊《ことたま》また万別《ばんべつ》あり。）

この声音《せいおん》を大別《たいべつ》すれば、即《すなは》ち已《すで》に言《い》へりしが如《ごと》く、声《こゑ》と音《おと》とに別《わか》る。而《しか》してこの声《こゑ》更《さら》に別《べつ》あり。一は人《ひと》の声《こゑ》にして、他《た》は動物《どうぶつ》の声《こゑ》なり。人《ひと》の声《こゑ》は明朗《めいらう》にして数多《かずおほ》く、動物《どうぶつ》の声《こゑ》は混濁《こんだく》にして数少《かずすく》なく、また動物《どうぶつ》の下等《かとう》なるものに至《いた》りては、僅《わづ》かに響《ひび》きを有《いう》するのみ。即《すなは》ち霊機《れいき》の減少《げんせう》するに従《したが》って、声《こゑ》また減少《げんせう》するなり。

人間《にんげん》にても外国人《ぐわいこくじん》と日本人《につぽんじん》との音声言語《おんせいげんご》を比較《ひかく》するに、外国人《ぐわいこくじん》の声《こゑ》はすべて濁音《だくおん》、半濁音《はんだくおん》、拗音《えうおん》（＝一音節で「キャ」「キュ」「キョ」などの様にヤ・ユ・ヨ、またはワを添える。）、促音《そくおん》（＝つまる音。「キッテ」「ケッカ」「ラッパ」等のッを入れる。）のみにて、また鼻音《びおん》「ン」を用《もち》ふるもの頗《すこぶ》る多《おほ》く、日本人《につぽんじん》の声《こゑ》は直音《ちよくおん》のみにして（但《ただ》し今日《こんにち》の人《ひと》の声《こゑ》は此《こ》の限《かぎ》りに非《あら》ず。）清明円朗《せいめいえんらう》にして、各声確然《かくこゑかくぜん》（＝はっきりした。）たる区別《くべつ》あり。

外国人《ぐわいこくじん》の声《こゑ》は数声《すうせい》の連続拗曲《れんぞくえうきよく》せるものなるが故《ゆゑ》に、その元声少《げんせいすく》なく（悉曇《しつたん》五十音《おん》、英語《えいご》二十四音《おん》の如《ごと》し。）日本人《につぽんじん》の声《こゑ》は一々朗明《いちいちらうめい》なるが故《ゆゑ》に、その元声多《げんせいおほ》し。（七十五音《おん》なり）彼等《かれら》は拗促音《えうそくおん》を本位《ほんゐ》として直音《ちよくおん》を出《いだ》し、日本人《につぽんじん》は直音《ちよくおん》を本位《ほんゐ》として拗音《えうおん》を用《もち》ふるなり。

（但《ただ》し上古《じやうこ》は一も拗《えう》、促音《そくおん》を用《もち》ひず。）

故《ゆゑ》に外国人《ぐわいこくじん》が直音《ちよくおん》を出《いだ》さむとするも、日本人《につぽんじん》の如《ごと》く円満朗明《ゑんまんらうめい》なる能《あた》はず、また日本《につぽん》人《じん》が拗《えう》、促音《そくおん》を発《はつ》せむとするも、外国人《ぐわいこくじん》の如《ごと》き曲拗促迫《きよくえうそくはく》したる音《おん》を出《いだ》す能《あた》はず。両《りやう》者《しゃ》自《おのづか》ら主客《しゆきやく》の位定《くらゐさだ》まりて動《うご》かすべからず。

例《たと》へば、悉曇《しつたん》（＝梵語。）の摩多《また》（母韻《ぼゐん》十二字をいう。）（母音《ぼおん》）了《ヲウ》（＝ウに用う。）エイ（エに用《もち》ふ）ウ、、ヲウ（アウヲに用《もち》ふ）の如《ごと》く、また韻鏡《ゐんきやう》（＝10世紀ころに出来た中国の音韻図。頭子音と声調の組み合わせにより漢字音の体系を図示。）の字母唇音濁《じぼしんおんだく》の並《ビヤウ》「ベイ」「ヘイ」（部廻《ぶけい》「ブキヤウ」「ホウケイ」にして、「バビブベボ」の韻《ゐん》を受《う》く）、歯音清《しおんせい》の精《せい》「ショウ」（子盈《しえい》「イヤウ」切《せつ》にして「サシスセソ」の韻《ゐん》を受《う》く）等《とう》の如《ごと》し。

是等《これら》は我国《わがくに》の声《こゑ》にて呼《よ》べば、「ヲウエイ」、「アウビヤウシヤウ」等《とう》なれども、本音《ほんおん》は「ヲウ」、「エイ」、「アウ」、「ビャウ」、「シャウ」等《とう》なり。故《ゆゑ》に拗《えう》、促音《そくおん》を本拠《ほんきよ》とせる外国人《ぐわいこくじん》より直音《ちよくおん》を出《いだ》さむとするには、必《かなら》ず数音《すうおん》を綴《つづ》り合《あは》し、不足《ふそく》を補《おぎな》ひ余《あま》れるを捨《す》て、所謂反切《いはゆるはんせつ》の結果《けつくわ》に非《あら》ざれば出《いだ》すこと能《あた》はざるなり。況《いは》んやまた彼等《かれら》が用《もち》ふる拗《えう》、促音《そくおん》を出《いだ》さんとするに於《おい》てをや。即《すなは》ちヲウはトウ、ツに用《もち》ふる時始《ときはじ》めてウの如《ごと》く活《はたら》き（ツはタとヲウとの合《がふ》なるが故《ゆゑ》に）、「エイ」は「セイ」、「セ」に用《もち》ふる時始《ときはじ》めて「ヱ」の如《ごと》く活《はたら》き（セはサとエとの合《がふ》なるが故《ゆゑ》に）、また並《ビヤウ》「ベイ」「ヘイ」は、「バビブベボ」に活《はたら》く字母《じぼ》なれども、下《した》に附《つ》く「イ」、「ヤウ」を除《のぞ》かざれば用《よう》を為《な》さず。精《せい》「シャウ」は「サシスセソ」に活《はたら》く字母《じぼ》なれども、下《した》に付《つ》く「イ」、「ヤウ」を除《のぞ》かざれば用《よう》を為《な》さず。徳紅切東《とくこうせつとう》は徳《とく》のクと紅《こう》のコとを切《き》り除《のぞ》かざれば、トウに成《な》らず。戸公切紅《ここうせつこう》も公《こう》のコを切《き》り除《のぞ》かざれば、コウに成《な》らざるにても瞭《あきらか》なり。

我国《わがくに》の直音《ちょくおん》を本拠《ほんきょ》とするものよりすれば、毫《がう》もかかる困難《こんなん》なし。尚《なほ》これらの事《こと》、鈴屋大人《すずのやうし》（＝本居宣長。）の『漢字三音考《かんじさんおんかう》』（＝皇国の音および呉音、漢音、唐音の三種の漢字音について述べたもの。）にも論《ろん》ぜられたり。

また外国人《ぐわいこくじん》の音《おん》は、凡《すべ》て朦朧《まうらう》と混濁《こんだく》して、譬《たと》へば曇《くも》り日《び》の夕暮《ゆふぐれ》の天《てん》を瞻《み》るが如《ごと》し。ゆゑに「アヽ」と呼《よ》ぶ音《おん》の「オヽ」の如《ごと》くにも聞《きこ》え、また「オヽ」と呼《よ》ぶ音《おん》の

「ウヽ」の如《ごと》くにも、「ホオ」の如《ごと》くにも聞《きこ》ゆる類《るゐ》、分暁《ぶんげう》ならざること多《おほ》く、また「カキクケコ」と「ハヒフヘホ」と「ワヰウヱヲ」と相渉《あひわた》りて聞《きこ》えなど、諸々《もろもろ》の音皆《おんみな》我国《わがくに》の音《おん》の如《ごと》く分明《ぶんめい》ならず、また混雑紆曲《こんざつうきょく》の音多《おんおほ》し。

東西《とうざい》を今《いま》の唐音《たうおん》（＝日本漢字音の一。宋・元・明・清の中国音を伝えたものの総称。禅僧や商人などの往来に伴って主に中国江南地方の発音が伝えられた。）にトンスヰと呼《よ》ぶが如《ごと》き、トとンと雑《まざ》り、スとヰと雑《まざ》り、またトよりンへ曲《まが》り、スよりヰへ曲《まが》る。春秋《しゅんじう》を「チユインチュウ」と呼《よ》ぶが如《ごと》き、チとユとイとンと雑《まざ》り、チとユとウと雑《まざ》り、またチよりユへ曲《まが》り、イへ曲《まが》り、ンへ曲《まが》り、チよりユへ曲《まが》り、ウへ曲《まが》る。古《いにしへ》の音《おん》も皆《みな》かくの如《ごと》し。

一音《おん》にしてかくの如《ごと》く混雑《こんざつ》し、二段《だん》、三段《だん》、四段《だん》にもねぢれ曲《まが》るは不正《ふせい》の音《おん》にして、我国《わがくに》の音《おん》の正《ただ》しく単直《たんちょく》なると大《おほ》いに異《こと》なり、曲《まが》らざる音《おん》もあれども、それも日本《にほん》の正《ただ》しき単音《たんおん》の如《ごと》くには非《あら》ず。アヽ、イヽ、ウヽ、カア、キイ、クウなどのやうに皆必《みなかなら》ず長《なが》く引《ひ》きて、短《みじか》く正《ただ》しくは呼《よ》ぶことあたはず。短《みじか》く呼《よ》べば必《かなら》ず韻《ゐん》急促《つま》りて入声《にふせい》となるなり。

> 外国《ぐわいこく》の入声《にふせい》は日本《にほん》の入声《にふせい》の如《ごと》きクキツチフ等《とう》の顕《あら》はなる韻《ゐん》はなくして、単音《たんおん》の如《ごと》くなれども、正《ただ》しき単音《たんおん》には非《あら》ず。その陶物《すゑもの》に行《ゆ》きあたりたる如《ごと》くに急促《つま》りて、喉内《こうない》に隠々《いんいん》として韻《ゐん》を帯《お》べり。こちらにて悪鬼《あくき》、一旦《いったん》、鬱結《うっけつ》、悦気《えつき》、臆見《おくけん》、甲子《かっし》、吉凶《きっきょう》など連《つら》ね呼《よ》ぶときの悪《あく》、一《いっ》、鬱《うつ》、悦《えつ》、臆《おく》、甲《かっ》、吉《きつ》等《とう》の音《おん》の如《ごと》し。

故《ゆゑ》に今《いま》この書《しょ》（『三音考《さんおんかう》』）に入声《にふせい》の形《かたち》を云《い》ふには、仮《かり》にその音《おん》の下《した》にツ点《てん》を施《ほどこ》して識《しるし》とす。日月《じつげつ》の唐音《たうおん》をジツエツと書《か》くが如《ごと》し。これ新奇《しんき》を好《この》むにあらず、その韻《ゐん》を示《しめ》すべき仮字《かな》なきが故《ゆゑ》なり。この点《てん》を施《ほどこ》せるは皆《みな》急促《つま》（＝呼吸・発音などが短くつまること。）る韻《ゐん》と心得《こころう》べし。さて斯《か》くの如《ごと》く韻《ゐん》の急促《つま》るは甚《はなは》だ不正《ふせい》の音《おん》なり。皇国《くわうこく》の音《おん》は（い、ゐ）いかに短《みぢか》く呼《よ》べども、正《ただ》しく舒緩《じょくわん》（＝ゆるやかな、ゆったりしていること。）にして急促《つま》る事《こと》なし。また外国《ぐわいこく》には韻《ゐん》をンとはねる音《おん》殊《こと》に多《おほ》し。ンは全《まった》く鼻《はな》より出《い》づる音《おん》にして、口《くち》の音《おん》に非《あら》ず。故《ゆゑ》に余《よ》（＝そのほか。）の諸々《もろもろ》の音《おん》は口《くち》を全《まった》く閉《と》ぢては出《い》でざるに、此《こ》のンの音《おん》のみは、口《くち》を堅《かた》く閉《と》ぢても出《で》るなり。
されば皇国《くわうこく》の五十連音《れんおん》、是誤《これあやま》りなり。此《こ》の五十連音《れんおん》は下《した》に云《い》ふ悉曇《しつたん》の出《で》にして、濁音《だくおん》、半濁音《はんだくおん》を除《のぞ》きたるなり。我国《わがくに》にはこれを合《あは》して七十五音《おん》なり。鈴廼屋大人《すずのやうし》もこれを知《し》られざれば斯《か》かる論《ろん》あり。

この五位《ゐ》十行《ぎやう》の列《れつ》に入《い》らずして縦《たて》にも横《よこ》にも相通《あひかよ》ふ音《おん》なく孤立《こりつ》なり。然《しか》るに外国人《ぐわいこくじん》の音《おん》は凡《すべ》て混濁《こんだく》して多《おほ》く鼻《はな》に触《ふ》るゝ中《なか》に、殊《こと》に此《こ》の「ン」の韻多《ゐんおほ》きは、物事《ものごと》に口《くち》のみならず、鼻《はな》の声《こゑ》をも混《ま》じるものにして、その不正《ふせい》なること明《あき》らけし。皇国《くわうこく》の古言《こげん》には、「ン声《こゑ》」を用《もち》ふるもの一もあることなし云々《うんぬん》。

これ主《しゅ》として支那字音《しなじおん》に関《くわん》しての見解《けんかい》なれども、他《た》の外国《ぐわいこく》の声音《せいおん》もこの理《り》に漏《も》れず。
これを要《えう》するに声音《せいおん》は至大天球中《ちう》の主宰《しゅさい》、天之御中主《あめのみなかぬし》の心《こころ》の発《あら》はれたるものにして、一切万有《いっさいばんいう》が享有《きやういう》する霊機《れいき》の程度《ていど》によって声《こゑ》と音《おと》とに分《わか》れ、声《こゑ》は更《さら》に霊機享有《れいききやういう》の程度《ていど》

たかあまはら

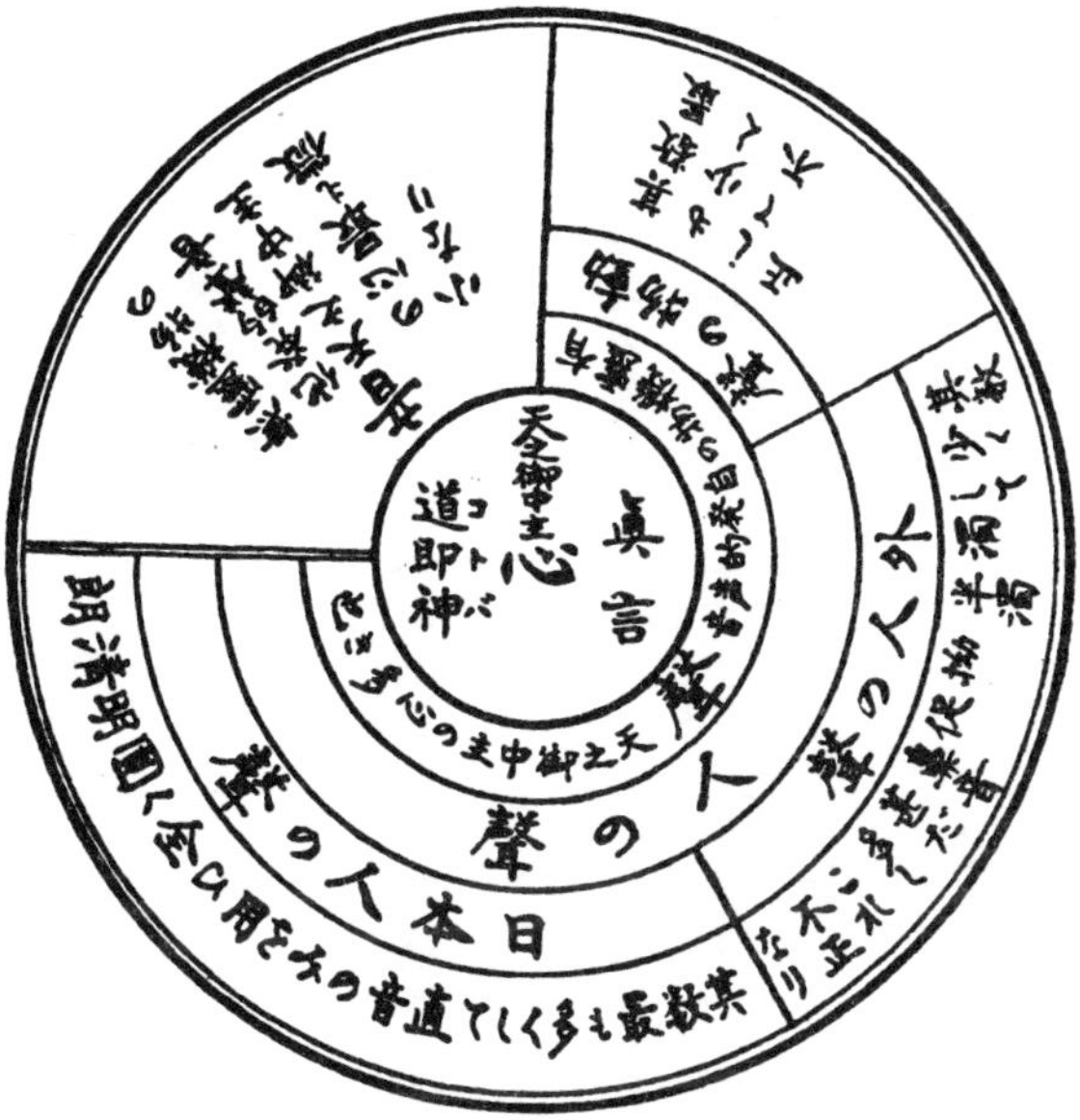

區劃の大小は靈機（天之御中主の心）享有の量の多少の度を示す

此圖の區劃の大小の比は不完全也

によって人《ひと》の声《こゑ》と動物《どうぶつ》の声《こゑ》とに分《わか》れ、人《ひと》の声《こゑ》はまた更《さら》に霊機《れいき》享有《きやういう》（＝才能など無形のものを、生れながらに身に受けて持っている。）の程度《ていど》によって、日本人《につぽんじん》の声《こゑ》と外人《ぐわいじん》の声《こゑ》とに分《わか》れ、ここに声音《せいおん》の正不正《せいふせい》と多少《たせう》とは、明《あき》らかに霊機《れいき》の正不正《せいふせい》と多少《たせう》とを示《しめ》せり。

しかのみならず我国《わがくに》には、その声《こゑ》各々《おのおの》活機《くわつき》ありて機能《きのう》を有《いう》し、我国《わがくに》に有《あ》りとあらゆる言詞《ことば》は、皆《みな》この声《こゑ》に依《よ》りて「義《ぎ》」を現《あらは》し、「心《こころ》」を顕《あらは》せるものにして、彼外国語《かのぐわいこくご》の如《ごと》く、有《あ》り来《きた》りの無意味《むいみ》なる符号《ふごう》には非《あら》ず。例《たと》へば漢字音《かんじおん》にて風《かぜ》を風《ふう》と呼《よ》ぶ、而《しか》もフウと云《い》ふ音《おん》は何《なん》の意義《いぎ》を有《いう》するや。また金《かね》を金《きん》と呼《よ》ぶ、而《しか》もキンと云《い》ふ音《おん》は何《なん》の意《い》義《ぎ》を有《いう》するや。（但《ただ》し韻鏡学者《ゐんきやうがくしや》は種々理窟《しゆじゆりくつ》を附《ふ》するも、僅《わづ》かに少数《せうすう》の音《おん》に止《とど》まり、且《か》つ完全《くわんぜん》ならず）

その他《た》インド語《ご》にても、また英仏語《えいふつご》にても、斯《かく》の如《ごと》く推究《すいきう》（＝道理をおしはかって考えきわめること。）しゆけば、遂《つひ》に捕捉《ほそく》するところなきに了《をは》るなり。これ世界《せかい》の語学者《ごがくしや》が最《もつと》も苦心《くしん》しつゝある問題《もんだい》にして、我文部省《わがもんぶしやう》が国語仮名遣《こくごかなづかひ》のために焦慮惨憺《せうりよさんたん》するも寸効《すんかう》を奏《そう》せざるは、畢竟《ひつきやう》これ根底無《こんていな》ければなり。若《も》しこの根底《こんてい》だに有《あ》らば、我国音《わがこくおん》、国語《こくご》は勿論《もちろん》、支那《しな》、インド、英《えい》、仏《ふつ》、独語乃至禽獣鱗介《どくごないしきんじうりんかい》の声《こゑ》をも解《かい》し、またその音《おと》を聞《き》けば草木《さうもく》、金石《かねいし》、線《せん》、竹《たけ》の種類《しゆるゐ》をも分《わか》つべし。（聞《き》き慣《な》れ居《を》るが故《ゆゑ》に大凡《おほよそ》は聞《き》き分《わか》ち得《う》るなり）

釈迦《しやか》は功徳《くどく》を解《と》き一切衆生《いつさいしゆじやう》の語言《ごげん》を「陀羅尼《だらに》」といひ、我国《わがくに》にてはこれを「言《こと》霊《たま》」といふなり。

「言霊《ことたま》」とは「言葉《ことば》の霊《たましひ》なり」。霊《たましひ》とは心《こころ》の枢府《すうふ》なり。即《すなは》ち吾《わが》（小我《せうが》）心《こころ》の枢府《すうふ》はやがて、天之御中主《あめのみなかぬし》（大我《たいが》）の心《こころ》の枢府《すうふ》なり。この心《こころ》の枢府《すうふ》を言葉《ことば》の上《うへ》より観《み》たるもの即《すなは》ちわが言霊《ことたま》にして、この言霊《ことたま》はやがて天之御中主《あめのみなかぬし》の言霊《ことたま》なり。

故《ゆゑ》にこの言霊《ことたま》を知《し》る時《とき》はあらゆる一切《いつさい》の言語声音《げんごせいおん》を知《し》り、一切声音言語《いつさいせいおんげんご》を知《し》る時《とき》は、天之御中主全体《あめのみなかぬしぜんたい》、即《すなは》ち至大天球《たかあまはら》を知《し》るなり。されば若《も》し夫《そ》れ真《しん》にこれを知《し》りて言《こと》霊《たま》を用《もち》ふれば、一声《せい》の下《もと》に全地球《ぜんちきう》を燎《や》くべく、一呼《こ》の下《もと》に全宇宙《ぜんうちう》を漂《ただよ》はすべし。況《いは》んや微々《びび》たる雷霆《らいてい》を駆《か》り、風神《ふうじん》を叱《しつ》し、乃至《ないし》一国土《こくど》を左右《さいう》し、小人類《せいじんるゐ》を生殺《せいさつ》するに於《おい》てをや。如是《かくのごとき》（＝そのとおり。）言霊《げんれい》、如是大道《かくのごときたいだう》、如是妙術《かくのごときめうじゅつ》は実《じつ》に我国《わがくに》の具有《ぐいう》なり。故《ゆゑ》に我国《わがくに》を「言霊《ことたま》の幸《さち》はふ国《くに》」と云《い》ひ、「言霊《ことたま》の助《たす》くる国《くに》」と云《い》ひ、「言霊《ことたま》の明《あき》らけき国《くに》」と云《い》ひ、「言霊《ことたま》の治《をさ》むる国《くに》」とは云《い》ふなり。（これ等《ら》は我《わが》『古事記《こじき》』を真解《しんかい》するに依《よ》りて明《あき》らかなり）

そもそも我国《わがくに》がかくの如《ごと》く霊機《れいき》の淵叢地《えんそうち》（＝寄り集まる所。活動の中心地。）にして、如是大道《かくのごときたいだう》を具《ぐ》有《いう》する所以《ゆゑん》のものは、至大天球成立《たかあまはらせいりつ》の本然《ほんぜん》（＝もとの姿。）に由《よ》るものとす。なほ吾人《ごじん》の一身《しん》を司配《しはい》する精神《せいしん》の宿《やど》れる脳髄《なうずゐ》の如《ごと》く、至大天球中《たかあまはらちう》における脳髄《なうずゐ》なればなり。彼藤田《かのふぢた》東湖《とうこ》（＝江戸時代末期、水戸藩士の学者。尊攘派の指導者。）が「天地正大気粋然鍾神州《てんちせいだいのきすいぜんとしてしんしうにあつまる》」とうたへるも、朦朧《おぼろ》気《げ》ながらにもこれを想像《さうざう》したればなり。

今一歩《いまいっぽ》を降《くだ》ってこれを天文地文的関係《てんもんちもんてきくわんけい》より観《み》る時《とき》は、実《じつ》に我国《わがくに》が地球上《ちきうじやう》に於《お》ける位置《ゐち》、気候《きこう》、水土《すゐど》（＝自然、風土。）の関係《くわんけい》より来《きた》るものなりと謂《い》ふべし。香川景樹《かがはかげき》（＝鳥取市生。江戸末期から明治にかけての歌人。）も水土《すゐど》の関係《くわんけい》より声音《せいおん》の正不正《せいふせい》を論《ろん》じて曰《いは》く、

（『古今集正義序《こきんしふせいぎじよ》』）

「声音《せいおん》は性情《せいじやう》（＝性質と心情。生まれつき。）の符《ふ》、性情《せいじやう》は水土《すゐど》の霊《れい》ならむこと更《さら》に論《ろん》を俟《ま》つべからず。而《しか》も濁《にご》れる中《うち》にありては、善《よ》しと能《よ》く見《み》し西土《もろこし》（＝西方浄土。極楽。）の、芳野《よしの》の花《はな》の美善《うるはし》きを書《しよ》せるに似《に》たるも、百千鳥侏離《ももちどりからさへづり》のこちたき（＝うるさい。わずらわしさ。）を免《まぬが》れざれば、彼《かの》いはゆる楽《たの》しんで揺《えう》せず。哀《かなしむ》で傷《やぶ》らざらむ性情《せいじやう》の正《せい》を得《え》むことは、ほとほと希《まれ》なるべし。況《いは》んや黄《き》なる泉《いづみ》（＝冥土、あの世の意。）に染紙《そめがみ》のいたく喧擾《けんぜう》（＝さわがしい。）せる響《おとなひ》をや。猶余《なほのこ》ん（＝やはり、くだらない。）の萬《よろ》づ国原《くにはら》、その音《おん》すべて単直清朗《たんちよくせいらう》なる事能《ことあた》はざるは、我天津日御《わがあまつひのみ》

霊《たま》の大御照《おほみて》らしますらむ大御光《おほみひかり》の遍《あまね》き極《かぎ》りに疎《うと》ければ、水土自然《すゐどしぜん》に剛潔《がうけつ》ならずして、彼《か》の雑《まじ》はり濁《にご》れる柔土弱水《じうどじやくすゐ》の中《うち》に涵《ひ》育《た》るが故《ゆゑ》なりと知《し》るべし。さればその謡《うた》へるや譜節《ふせつ》して、これを文《あや》どり（＝文章など美しくかざる。）、鐘鼓《しょうこ》（＝かね。たいこ。）もてこれをたすくといへども、なほその音清爽《おんせいさう》（＝清くさわやか。）ならず、その調朦朧《てうまうらう》なるを、如何《いか》にせむや。独我安積香《ひとりわがあさか》の山《やま》の井《ゐ》浅《あさ》からず。清濁《きよにご》る影《かげ》し見《み》えねば、難波津《なにはづ》の何《なに》をかわけて（＝分けて。）善《よし》や悪《あし》やをとはむ。膂肉《はじし》（＝獣の背筋の肉。日本では鶏をカシワ、鹿をモミジ、猪をボタン、馬をサクラ等と言霊で宣り直して食す。）の空《むな》しく、内木綿《うつゆふ》（＝こうぞや麻の皮の繊維を蒸しほぐした布。）の洞《うつ》ろ（＝うつろになった木の穴。）にして、天霧《あまぎり》さはる隈《くま》し（＝薄暗い。隅の方に。）なければ、金《きん》石《せき》（＝金属と岩石。）を假《か》らずと雖《いへど》も詠《うた》ふを得《う》べし。ただちに天地《てんち》を感動《かんどう》し、神人和楽《しんじんやわら》かく、何《なん》ぞ百獣《じう》の舞《まひ》をうらやまむ云々《うんぬん》。」

是《こ》れ、専《もつぱ》ら漢詩《かんし》を斥《しりぞ》けて、和歌《わか》を興《おこ》さむが為《ため》に論《ろん》ぜるなれども、その水土《すゐど》による声音《せいおん》性情《せいじやう》の関係《くわんけい》を論《ろん》ぜる大凡《おほよそ》の意《い》は聞《きこ》ゆるなり。気候《きこう》水土《すゐど》の関係《くわんけい》によりて、その国《くに》人《びと》の性情《せいじやう》風俗《ふうぞく》一切《いっさい》が各《かく》特異《とくい》の点《てん》にあることは、吾人《ごじん》の日常《にちじやう》見《み》聞《き》きする処《ところ》にして、またこれ等《ら》天然《てんねん》の勢力《せいりょく》が、実《じつ》に偉大《いだい》なる不可抗力《ふかかうりょく》を有《いう》するものなることは、欧州《おうしう》にても、モンテスキュー、スペンサー等《ら》その他社会学者《たしゃくわいがくしゃ》も等《ひと》しく認《みと》めて論明《ろんめい》せる処《ところ》にして、今《いま》この声音《せいおん》の如《ごと》きも畢竟同理《ひっきやうどうり》なりと云《い》ふべし。

◆モンテスキュー（1689～1755）フランスの啓蒙思想家《けいもうしさうか》。法社会学《ほうしゃかいがく》や知識社会学《ちしきしゃかいがく》の先駆者《せんくしゃ》。三権分立論《さんけんぶんりつろん》で知《し》られる。

スペンサー（1820～1903）イギリスの社会理論家《しゃかいりろんか》。ダーウィンの概念《がいねん》を採用《さいよう》し「社会進化論《しゃかいしんかろん》」の立場《たちば》に立《た》つ総合的《そうごうてき》な社会学《しゃかいがく》を主張《しゅちょう》した。

我《わが》『古事記《こじき》』に依《よ》る天体学《てんたいがく》に徴《ちょう》する時《とき》は、地球《ちきう》は至大天球《たかあまはら》の中心《ちうしん》に位《くらい》して、稍《やや》西南《せいなん》に傾度《けいど》を有《いう》せり。（地球中心説《ちきうちうしんせつ》）

而《しか》して我日本《わがにっぽん》はその地球《ちきう》の表半球《おもてはんきう》の東北方面《とうほくはうめん》の上部《じやうぶ》に位《くらゐ》するが故《ゆゑ》に、恰《あたか》も我国《わがくに》は地《ち》球面《きうめん》の中央《ちうあう》の上《うへ》に位置《ゐち》するものにして、温帯中《をんたいちう》にありて、寒暑度《かんしょど》を失《うしな》はず、土壌沃腴《どじやうよくゆ》にして水気清澄《すゐきせいちょう》なり。これを以《もっ》てまた我国《わがくに》を「豊葦原瑞穂《とよあしはらのみづほ》の国《くに》」と云《い》ふなり。「豊葦原《とよあしはら》」とは、「至大天球《たかあまはら》の事《こと》」なり。瑞穂《みづほ》は「満《み》つ粋《ほ》」にして、「ほ」は稲葉《いなば》などの「穂《ほ》」、または槍《やり》の「穂先《ほさき》」などの謂《い》ひて、「精英純粋《せいえいじゅんすゐ》の処《ところ》」を云《い》ふものにして、「満《み》つ粋《ほ》の国《くに》」とは地球上《ちきうじやう》に於《お》ける粋気充満《すいきじうまん》する国《くに》の意《い》なり。されば、その国土《こくど》に生《しやう》ずる一切《いっさい》は、皆精英《みなせいえい》の気《き》を鍾《あつ》めて生《うま》れ、霊機《れいき》もまた精英《せいえい》なり。かくの如《ごと》く皆《みな》それ精英《せいえい》なり。故《ゆゑ》に曰《いは》く、真《しん》にこれを用《もち》ふれば震天撼地《しんてんかんち》の業《げふ》もまた難《かた》からずと。

さてかく精英《せいえい》なるものを用《もち》ゐむとする時《とき》は、その用法《ようほふ》もまた精英《せいえい》ならざるべからず。而《しか》してその用法《ようほふ》は実《じつ》に我朝廷《わがてうてい》に於《お》ける天津日嗣《あまつひつぎ》の大道妙術《たいだうめうじゅつ》にして、所謂《いはゆる》言《い》ひ継《つ》ぎ語《かた》り継《つ》ぎつゝ伝《つた》へ給《たま》へる我国具有《わがくにぐいう》のものなり。然《しか》れども崇神天皇《すじんてんわう》（=第10代天皇。）の大御心《おほみこころ》によりて、一《ひと》たび韜蔵《たうざう》（=つつみ隠す。くらます。）せられてより以還《いくわん》（=その後。以来。）、暫《しば》くその伝《でん》を失《うしな》ひ、天下紊《てんかみだ》れて儒仏教《じゅぶつけう》の伝来《でんらい》となり、これと同時《どうじ》に、また外国《ぐわいこく》の語声《ごせい》をも輸入《ゆにふ》し来《きた》りぬ。いわゆる支那字音《しなじおん》及《およ》びインド悉曇是《しったんこれ》なり。爾後《じご》（＝その後。それ以来。）我国《わがくに》の道益々《みちますます》に失《うしな》ひ、「言霊《ことたま》」の伝《でん》いよいよ泯《ほろ》び、祭都漬成が「我国上古文字無《わがくにじやうこもじな》し」と云《い》ふに至《いた》り、万《まん》葉集時代《えうしふじだい》には己《すで》に仮名遣《かなづかい》ひの愆《あやま》れるもの多《おほ》く、源《みなもと》　順《したごう》　朝臣《あそん》が我《わ》が国古語《くにこご》の失《うしな》はれむことを憂《うれ》ひて、『和名抄《わみやうせう》』（＝「類聚鈔（るいじゅしょう）」の略。日本初の分類別漢和辞典。934年成立。）を遺《のこ》したれども、その『和名抄《わみやうせう》』既《すで》に誤《あやま》りあり。

かくのごとき有様《ありさま》なりしかば、現在今日《げんざいこんにち》まで使用《しよう》してある五十音《おん》のこの間《かん》に起《おこ》るに至《いた》りしなり。これ実《じつ》にインド悉曇《しったん》の転化《てんくわ》したものにして、そが自然《しぜん》の理法《りほふ》に違《たが》へること甚《はなは》だし。今《いま》や崇神天皇《すじんてんわう》以来《いらい》二千年《ねん》を経《へ》、時《とき》めぐりて乾坤一転《けんこんいってん》（＝天地をかけての大改革。）せむとし、ここに彼《か》の秘《ひ》せられたる大道《たいだう》は世《よ》に出《い》でむとするに至《いた》りぬ。然《しか》れども馴致《じゅんち》（＝なれさせる。なじませる。）習慣《しふくわん》の久《ひさ》しき人皆《ひとみな》、彼《か》の誤《あやま》れるものを以《もっ》て、大道《だいだう》の本然《ほんぜん》なりと信《しん》じ、却《かへ》ってこれを以《もっ》て奇異《きい》を好《この》める妄誕《ぼうたん》（＝言うことに根拠がない。でたらめ。）の説《せつ》とせむ。

故《ゆゑ》に、今《いま》ここにこれを闡明《せんめい》（＝真理を明らかにする。）せむとするに際《さい》して、先《ま》づ現行《げんかう》五十音《おん》の基本《きほん》なる悉曇《しったん》なるもの宇宙真理《うちうしんり》の正伝《せいでん》に非《あら》ずして、神随《かむながら》の本道《ほんだう》に非《あら》ざる所以《ゆゑん》を知悉《ちしつ》せしめむとす。然《しか》れどもまた往々《わうわう》にして現行《げんかう》五十音《おん》が果《はた》して悉曇《しったん》に基《もと》づくものなるや否《いな》やを知《し》らざるものあるべければ、また更《さら》に一歩《いっぽ》を退《しりぞ》いて五十音《おん》の出所《しゆつしよ》を論定《ろんてい》し、而《しか》して後本論《のちほんろん》に入《い》らむとするなり。

抑々従来《そもそもじうらい》の片仮名《かたかな》、五十音《おん》図《づ》共《とも》に吉備眞備《きびのまきび》が作《さく》なりと云《い》ひ、また真言《しんごん》の僧徒《そうと》が天竺《てんじく》の悉曇章《しったんしやう》によりて、邦人《ほうじん》に固有《こいう》する音《おん》のみを挙《あ》げて作《つく》りしものなりといふ等《とう》、その他異説多《たいせつおほ》くして詳《つまびらか》ならず。吾人《ごじん》は今《いま》これが作者《さくしや》の何人《なんぴと》なるやを尋求《じんきう》するは、必然《ひつぜん》の要件《えうけん》に非《あら》ずして、五十音《おん》図《づ》そのものの根拠《こんきよ》を求《もと》めむとするものなるが故《ゆゑ》に、作者《さくしや》の穿《せん》鑿《さく》（＝細かいところまで立入って調べること。）はしばらくこれをおきて問《と》はず、直《ただ》ちに五十音《おん》の故郷《こきやう》に入《い》らむとす。

さて、今《いま》これを真言僧侶《しんごんそうと》の手《て》に成《な》れるものとせば、悉曇《しつたん》の出《で》なることは、論《ろん》を俟《ま》たず。而《しか》してまたこれを吉備眞備《きびのまきび》の作《さく》なりとするも、同《おな》じくこれ悉曇《しつたん》に基《もと》づくものなり。何者《なにもの》が吉備大臣《きびだいじん》がこれを作《つく》りしとするも、必《かなら》ずや入唐帰朝後《にふたうきてうご》のことに相違《さうゐ》なくして（唐《たう》に居《を》ること二十年《ねん》、わが聖武天皇《しやうむてんわう》の天平《てんぴやう》七（735）年帰朝《ねんきてう》す）学《まな》び来《きた》れる漢音《かんおん》によりて作《つく》れるものなるべく、而《しか》して従来支那韻書《じうらいしなゐんしよ》（=中国の字書の一種。）なるものは、悉曇《しつたん》より出《い》でたるものにして、畢竟同根《ひつきやうどうこん》の出《で》なればなり。

張麟之《ちやうりんし》が『韻鏡《ゐんきやう》』（=中国の音韻体系表。）「序《じよ》」に曰《いは》く、

「余年《よねん》二十にして始《はじめ》て此《こ》れ字音《じおん》を学《まな》ぶことを得《え》たり。往昔《わうせき》（=過ぎ去った昔。いにしえ）相伝《あひつた》ふる類《たぐい》を洪韻《こうゐん》と曰《い》ふ。釈迦子《しやかし》の撰《えら》ぶ所也《ところなり》。神珙《しんきよう》なるもの沙門《しやもん》（=僧侶。）に有《あ》り。韻音《ゐんおん》を知《し》れりと号《がう》す。かって切韻《せつゐん》の図《づ》を著《あらは》し玉篇《ぎよくへん》（南梁高祖武帝の天同九年成《な》る）の巻末《くわんまつ》

に載《の》せたり。竊《ひそ》かに意《い》らく。是《こ》の書《しょ》は此《こ》の僧《そう》に於《おい》て作《つく》れり。世《せ》俗《ぞく》訛《なま》りて珙《きょう》を呼《よ》んで洪《こう》と爾《しかり》のみ。然《しか》れどもまた據《よ》る処《ところ》無《な》し云々《うんぬん》」

又曰《またいは》く

「梵僧之《ぼんそうこれ》を伝《つた》へ華僧之《かそうこれ》を続《つづ》く云々《うんぬん》」

と。よって支那《しな》韻書《ゐんしょ》もまた悉曇《しったん》より転訛《てんくわ》（＝変って別のものになる。）せるものなるを知《し》るべし。故《ゆゑ》に何《いづ》れにしても、我《わが》五十音《おん》は悉曇《しったん》に根拠《こんきょ》を有《いう》するものなることは明《あきら》けし。『韻鏡易解《ゐんきやうえきかい》大全《たいぜん》』に曰《いは》く、

「開奩抄等《かいれんしょうとう》に依《よ》るに。竪《たて》の阿伊宇惠遠《あいうえお》の五字《じ》及横《およびよこ》の加佐太奈波末也羅和《かさたなはまやらわ》の九字《じ》は仏《ぶつ》経中《きやうちう》に在《あ》り。余《あま》る所《ところ》の三十六字《じ》（五十音中父母音《おんちうふぼおん》を除《のぞ》きたるもの）は弘法大師《こうぼふだいし》の加《くは》ふる所也《ところなり》　云々《うんぬん》」

或《あるひ》は又《また》

「作者分明未《さくしゃぶんめいいま》だならず」

と。また同頭書《どうとうしょ》に曰《いは》く、

「云々《うんぬん》三十六字《じ》これを大師《だいし》加《か》すと雖《いへど》も。彼土本転声《かどのモトてんせい》の法有《ほふあ》り。反音相通《はんおんさうつう》の規則有《きそくあ》り。故《ゆゑ》に専《もつぱ》ら口授伝来有《くじゅでんらいあ》るを見《み》る、新《あら》たに之《これ》を加《くは》ふと云《い》ふに非《あら》ざる乎《か》」

と。今《いま》五十音中父母音《おんちうふぼおん》を除《のぞ》きたる余《あま》りの三十六字《じ》は、空海《くうかい》が加《くは》えたりとするも、若《もし》くは否《しか》らずとするも、已《すで》に父母音《ふぼおん》にして彼《か》に存《そん》し、その音字《おんじ》の配列順序《はいれつじゅんじょ》にして両者同《りやうしやどう》一《いつ》なる点《てん》より考《かんが》ふるときは、最早疑《もはやうたが》ふの余地《よち》なかるべし。

◆**切韻《せついん》**　中国《ちゅうごく》の韻書《いんしょ》。五巻《かん》。隋《ずい》の陸法言撰《りくほうげんせん》。６０１年成《ねんな》る。漢字《かんじ》を平・上・去・入の四声《せい》により１９３韻《いん》に分《わ》け、唐《とう》・宋時代《そうじだい》の韻書《いんしょ》の基礎《きそ》となった。原書《げんしょ》は亡失《ぼうしつ》したが、これを増補《ぞうほ》したいわゆる切韻系韻書《せついんけいいんしょ》が残《のこ》っている。

◆**玉篇《ぎょくへん》**　中国《ちゅうごく》の字書《じしょ》。三〇巻《かん》。梁《りょう》の顧野王撰《こやおうせん》。５４３年成《ねんな》る。約《やく》一万七千の漢字《かんじ》を５４２部《ぶ》に分類《ぶんるい》し、諸書《しょしょ》を引用《いんよう》して音義《おんぎ》を注《さ》したもの。古代《こだい》の日本《にほん》でも広《ひろ》く利用《りよう》された。宋《そう》の陳彭年《ちんほうねん》らが改編《かいへん》した「大広益会玉篇《たいこうえきかいぎょくへん》」を「玉篇《ぎょくへん》」と略称《りゃくしょう》することがある。

五十音《おん》図《づ》

父音

ワ	ラ	ヤ	マ	ハ	ナ	タ	サ	カ	ア	母音
ゐ	り	い	み	ひ	に	ち	し	き	イ	
う	る	ゆ	む	ふ	ぬ	つ	す	く	ウ	
ゑ	れ	え	め	へ	ね	て	せ	け	エ	
を	ろ	よ	も	ほ	の	と	そ	こ	オ	

子音

悉曇《しつたん》には母音《ぼおん》十二字《じ》あり、これを「摩多《また》」と云《い》ひ、父音《ふおん》三十五字《じ》あり、之《これ》を「体《たい》文《ぶん》」といふ。而《しか》して我国《わがくに》の五十音図《おんづ》の父母音《ふぼおん》は、皆右《みなみぎ》の中《うち》の同類音《どうるゐおん》を一音《おん》に約《やく》したるものなり。即《すなは》ち「　」印《じるし》を附《ふ》したるは、その約音《やくおん》を表《へう》する字《じ》にして、余《よ》の字《じ》を除去《ぢよきよ》すれば、アイウエオ及《およ》びカサタナハマヤラワを残《のこ》し、この父母音交《ふぼおんまじ》りて、他《た》の三十六音《おん》図《づ》は、この悉曇図《しつたんづ》を襲《おそ》へるものなるは明白《めいはく》なり。

（但《ただ》しこの図《づ》は之《これ》を襲用《しふよう》せるものなるも、声音《せいおん》は之《これ》を襲用《しふよう》せるものに非《あら》ずして、正《まさ》しく我国《わがくに》の声《こゑ》なり。上古《じやうこ》より多少《たせう》の変化《へんくわ》あれども、之《これ》を襲《おそ》ふもその類似《るゐじ》の声《こゑ》の位置《ゐち》を借《か》りたものなり、迷《まよ》ふべからず。インド人《じん》の声《こゑ》は日本人《につぽんじん》の声《こゑ》とは同一《どういつ》ならざるなり）

（『霊界物語』「天祥地瑞」第79巻「総説」）

◆『古今和歌集《こきんわかしゅう》』は平安初期《へいあんしょき》の勅撰和歌集《ちょくせんわかしゅう》、20巻《かん》。撰者《せんじゃ》紀貫之《きのつらゆき》、紀友則《きのとものり》他《ほか》、延喜《えんぎ》5（905）年《ねん》、醍醐天皇《だいごてんのう》（第《だい》60代《だい》、897～930）の勅《ちょく》を受《う》け『万葉集《まんようしゅう》』後《ご》、127人の秀歌1111首《しゅ》を収めたもの、これに「仮名序《かなじょ》」（ひらがな文）、「真名序《まなじょ》」（漢文）

が前後《ぜんご》に添《そ》えられている。

『古今和歌集正義《こきんわかしゅうせいぎ》』（注釈書《ちゅうしゃくしょ》。20巻《かん》。明治《めいじ》28年刊《ねんかん》）は香川景樹《かがわかげき》が、国《くに》の自然《しぜん》や水土《すいど》の関係《かんけい》により、声音《せいおん》に正不正《せいふせい》の変化《へんか》があることを指摘《してき》する。その中《なか》に「況《いはん》や黄《き》なる泉《いづみ》に染紙《そめかみ》のいたく喧擾《けんぜう》せる響《おとなひ》を……」と、謎《なぞ》めいた文書《ぶんしょう》がある。「黄《き》なる泉《いづみ》」とは、黄泉《よもつ》を訓読《くんよ》みした語《ご》で、土《つち》の色《いろ》は黄色《きいろ》ということから、あの世《よ》、冥土《めいど》の意味《いみ》。「染《そめ》紙《かみ》」とは、伊勢斎宮《いせさいぐう》の忌《い》み言葉《ことば》で、斎宮《さいぐう》は神《かみ》に奉仕《ほうし》する神職《しんしょく》で、仏教語《ぶっきょうご》をさけ隠語《いんご》を使《つか》い、仏《ほとけ》を「なかご」、お経《きょう》を「そめがみ」（＝紙を黄色、紺色に染めて経を書いた。）と云《い》い、宣《の》り直《なお》された。神様《かみさま》には普通白紙祝詞《ふつうはくしのりと》に奏上文《そうじょうぶん》を清書《せいしょ》する。それを渡来《とらい》の仏教《ぶっきょう》と区別《くべつ》し、色紙《いろがみ》に書《か》かれたことを意味《いみ》する。

◆日本歴史《にほんれきし》は、崇神天皇《すじんてんのう》（第《だい》10代《だい》、BC97～BC30）の時代《じだい》、国乱《くにみだ》れて日本文化《にほんぶんか》（スサノオ文化《ぶんか》。）を不知火《しらぬい》の海《うみ》に捨《す》て、外国《がいこく》の文物《ぶんぶつ》、道教《どうきょう》・儒教《じゅきょう》の輸入《ゆにゅう》を図《はか》り、天照大神《あまてらすおほかみ》・倭大国魂《やまとおほくにたま》の同殿同床《どうでんどうしょう》の制《せい》を廃《はい》して戸外《こがい》に祭祀《さいし》して、現在《げんざい》の神社《じんじゃ》、仏閣《ぶっかく》の形《かたち》が出来上《できあ》がる。税《ぜい》の徴収《ちょうしゅう》が始《はじ》まり、四道将軍《しどうしょうぐん》の派遣《はけん》、巨大陵墓《きょだいりょうぼ》を建設《けんせつ》して天皇《てんのう》の権威《けんい》を誇《ほこ》るが、地震《じしん》・台風《たいふう》、飢饉《ききん》、疫病《えきびょう》の流行《りゅうこう》、国家《こっか》は次第《しだい》に窮乏《きゅうぼう》する。要《よう》するに欠史《けっし》8代《だい》と云《い》われる第9代開化天皇《だいかいかてんのう》までは、日本《にほん》の国《くに》は言霊《ことたま》の天照国《あまてるくに》、言霊《ことたま》の幸《さち》はう国《くに》であった。

欽明天皇《きんめいてんのう》（第《だい》29代《だい》、539～571）期《き》に百済《くだら》から釈迦如来像《しゃかにょらいぞう》、仏典仏具《ぶってんぶつぐ》が献上《けんじょう》され、以来巨大古墳《いらいきょだいこふん》の建設《けんせつ》をやめて、陵墓《りょうぼ》・奥津城《おくつき》は小《ちい》さくなり、代《か》わって国分寺《こくぶんじ》、天《てん》皇《のう》・貴族《きぞく》の氏寺等《うじでらなど》の建造物《けんぞうぶつ》が建立《こんりゅう》され、仏教文化《ぶっきょうぶんか》の隆盛時代《りゅうせいじだい》を迎《むか》える。

この繁栄《はんえい》の背景《はいけい》として、仏教《ぶっきょう》には本来先祖崇拝《ほんらいせんぞすうはい》の習慣《しゅうかん》はない。釈迦《しゃか》は当時《とうじ》の厳《きび》しい人間差別階級《にんげんさべつかいきゅう》の打破《だは》を説《と》いた慈悲《じひ》の人改革者《ひとかいかくしゃ》であった。しかし、先《さき》の道教《どうきょう》・儒教《じゅきょう》の伝道《でんどう》の反省《はんせい》から、日本《にほん》の先祖崇拝《せんぞすうはい》の習慣《しゅうかん》を取《と》り入《い》れ、天皇《てんのう》は天照大神《あまてらすおほかみ》の子孫《しそん》であるとか、各貴族《かくきぞく》も皇室《こうしつ》に従《したが》って先祖《せんぞ》（古事記《こじき》、日本書紀《にほんしょき》、旧事紀《くじき》の系統参照《けいとうさんしょう》）の氏《うじ》寺《でら》、国家《こっか》の安泰《あんたい》を願《ねが》って神護寺《じんごじ》を建立《こんりゅう》し、仏門《ぶつもん》に帰依《きえ》するなど、為政者《いせいしゃ》の庇護《ひご》を受《う》け、本地垂迹説《ほんちすいじゃくせつ》により各地《かくち》の霊場《れいじょう》では、神仏習合《しんぶつしゅうごう》が行《おこな》われるなど、明治《めいじ》の神仏分離《しんぶつぶんり》令《れい》の施行《しこう》まで続《つづ》けられる。

古代日本《こだいにほん》は顕祭《けんさい》の国《くに》。全国各地《ぜんこくかくち》の霊場《れいじょう》では神饌《しんせん》を献《けん》じ、清《きよ》き言霊《ことたま》の祝詞《のりと》を奏上《そうじょう》、祓《はら》いの神事《しんじ》を厳修《げんしゅう》し地獄《じごく》の観念《かんねん》はない。そこに地獄《じごく》、極楽《ごくらく》、祟《たた》り、解脱《げだつ》、閻魔大《えんまだい》王等《おうなど》、この世《よ》は厭離穢土《えんりえど》、苦《く》の世界《せかい》、帰依《きえ》せぬ者《もの》は浄土《じょうど》に救《すく》われない、と言《い》った大和魂《やまとだましい》の睾丸《こうがん》を抜《ぬ》くような思想《しそう》を、時《とき》の勢《いきおい》で植《う》え付《つ》けていった。

伊勢内宮《いせないぐう》の荒木田家《あらきだけ》、外宮《げぐう》の度会家《わたらいけ》も仏教《ぶっきょう》に帰依《きえ》しなければならず、その隠語《いんご》が「染紙《そめかみ》」ではないかと推察《すいさつ》される。

◆また江戸時代中期《えどじだいちゅうき》に本居宣長《もとおりのりなが》の『古事記伝《こじきでん》』出版《しゅっぱん》により、国学《こくがく》が盛《さか》んになりやがて江戸後期《えどこうき》の平田篤胤《ひらたあつたね》などに影響《えいきょう》を与《あた》えて倒幕《とうばく》、天皇《てんのう》・王政復古《おうせいふっこ》、外国排斥《がいこくはいせき》の端緒《たんしょ》となって行《ゆ》くのだが、……。

◆儒教《じゅきょう》では、天《てん》は優《すぐ》れた人物《じんぶつ》を選《えら》び、命《めい》（天命《てんめい》）を降《くだ》して天子《てんし》（皇帝《こうてい》、王《おう》、君主《くんしゅ》）に任命《にんめい》したとされる。そして天《てん》は、統治《とうち》を委任《いにん》した天子《てんし》の行為《こうい》に感応《かんのう》して瑞祥《ずいしょう》と災禍《さいか》を降《くだ》す。天子徳高《てんしとくたか》く政治《せいじ》よく行《おこな》われるとき、天《てん》は麒麟《きりん》、鳳凰《ほうおう》、亀《かめ》、龍《りゅう》、その他《た》の珍《めずら》しい動植物《どうしょくぶつ》や天然現象《てんねんげんしょう》を出現《しゅつげん》させ、天子不徳《てんしふとく》で政治《せいじ》よく行《おこな》われないとき、日照《ひで》り、大雨《おおあめ》、大風《おおかぜ》、地震《じしん》、大飢饉等《だいききんなど》の天災《てんさい》を降《くだ》し、さらにその王朝《おうちょう》を滅亡《めつぼう》させ、代《か》わって新王朝《しんおうちょう》が出来《でき》るという。これを「天《てん》、命《めい》を革《あらた》む」「革命《かくめい》」という。歴代《れきだい》の王《おう》はこの「天譴思想《てんけんしそう》」を継承《けいしょう》し、高山《こうざん》に登《のぼ》り天神《てんしん》に祈《いの》りをささげるのが常《つね》で清朝《しんちょう》まで続《つづ》いたという。

さてこの天《てん》の思想《しそう》、大《だい》三災《さい》、小《しょう》三災《さい》の多《おお》い日本《にほん》はどうだったのか……、そして現《げん》代《だい》は……。

曲津神猛り狂へる闇の世を鎮むる津留岐は素盞嗚の神

素盞嗚の神

番外

出口聖師《でぐちせいし》の文献《ぶんけん》には「大《だい》三災《さい》」（風水火《ふうすいか》）、「小《しょう》三災《さい》」（飢病戦《きびょうせん》）に関《かん》する記述《きじゅつ》がある。現界《げんかい》は天界《てんかい》の移写《いしゃ》で、天《てん》にあることは地《ち》に、地《ち》に在《あ》ることは天《てん》に写《うつ》り、天《てん》と地《ち》は「合《あわ》せ鏡《かがみ》」となっている。人間《にんげん》は小宇宙《しょううちゅう》であるが故《ゆえ》にこの世《よ》を拓《ひら》く大切《たいせつ》な使命《しめい》により、人《ひと》の行為《こうい》は霊界《れいかい》に映写《えいしゃ》し、また霊界《れいかい》から現界《げんかい》に現《あらわ》れる。それ故《ゆえ》、霊的《れいてき》・体的《たいてき》に発生《はっせい》した罪穢《つみけがれ》は、「禊祓《みそぎはらい》」の神事《しんじ》により清《きよ》めることが大切《たいせつ》であると示《しめ》される。

一、天災と人災

「日本《にほん》の国民《こくみん》は古来《こらい》より包容性《ほうようせい》に富《と》み、世界《せかい》の文化《ぶんか》を悉《ことごと》く吸収《きゅうしゅう》して、同化《どうか》し精錬《せいれん》して更《さら》により以上美《いじょううるわ》しきものとして、これを世界《せかい》に頒与《はんよ》するところに日本人《にほんじん》の生命《せいめい》があり、使命《しめい》があり、権威《けんい》がある。しかして緯《よこ》に世界文化《せかいぶんか》を吸収《きゅうしゅう》しこれを精錬《せいれん》すればするほど、経《たて》に民族性《みんぞくせい》が深《ふか》められるはずだのに、現代《げんだい》の日本《にほん》は外来文化《がいらいぶんか》の暴風《ぼうふう》に吹《ふ》きつけられるほど、固《こ》有《ゆう》の民族性《みんぞくせい》の特長《とくちょう》を失《うしな》いつゝある状態《じょうたい》は、恰《あたか》も根《ね》の枯《か》れた樹木《じゅもく》に均《ひと》しいものである。日《に》本人《ほんじん》は、日本人《にほんじん》として決《けっ》して何《なに》ものによっても冒《おか》されない、天賦《てんぷ》固有《こゆう》の精神《せいしん》を持《も》っておるのである。それが外来文化《がいらいぶんか》の侵蝕《しんしょく》によって、失《うしな》われんとすることは、祖国《そこく》の山河《さんか》が黙視《もくし》するに忍《しの》びざるところで無《な》くてはならぬ。

斯《かく》の如《ごと》き時《とき》に際《さい》して天災地変《てんさいちへん》が忽焉《こつえん》として起《おこ》り、国民《こくみん》に大《だい》なる警告《けいこく》と反省《はんせい》を促《うなが》したことは、近代《きんだい》に始《はじ》ったことでなく、実《じつ》に建国以来《けんこくいらい》の「災変史《さいへんし》」が黙示《もくじ》するところの真理《しんり》である。近《ちか》くは元和《げんわ》、寛永《かんえい》、慶安《けいあん》、元禄《げんろく》、宝永《ほうえい》、天明《てんめい》、安政《あんせい》、大正《たいしょう》に起《おこ》った大地震《だいじしん》と当時《とうじ》の世態《せたい》人《にん》情《じょう》との関係《かんけい》を回顧《かいこ》するも、蓋《けだ》し思《おも》い半《なか》ばに過《す》ぐるものがあるではないか。

さて我国《わがくに》の記録《きろく》に存《そん》するものゝみにても、大小《だいしょう》一千有余《ゆうよ》の震災《しんさい》を数《かぞ》えることが出来《でき》る。その中《なか》でも最《もっと》も大地震《だいじしん》と称《しょう》されておるものが、百二十三回《かい》、鎌倉時代《かまくらじだい》の如《ごと》きは平均《へいきん》五年目《ねんめ》毎《ごと》に大震災《だいしんさい》があったのである。覇府時代《はふじだい》には大小《だいしょう》三十六回《かい》の震災《しんさい》があった。しかも我国《わがくに》の発展《はってん》が、何時《いつ》もこれらの地震《じしん》に負《お》うところが多《おお》いのも、不思議《ふしぎ》な現象《げんしょう》である。

奈良《なら》が滅《ほろ》び、京都《きょうと》が衰《おとろ》え、そして江戸《えど》が発展《はってん》した歴史《れきし》の過程《かてい》をたどって見《み》れば、その間《かん》の消息《しょうそく》がよく窺《うかが》われるのである。

全体《ぜんたい》我国《わがくに》の文化《ぶんか》そのものは全《まった》く地震《じしん》から咲《さ》き出《だ》した花《はな》のようにも思《おも》われる。天祖《てんそ》、国祖《こくそ》の大神《おほかみ》の我国《わがくに》を見捨《みす》て玉《たま》わぬ限《かぎ》り、国民《こくみん》の生活《せいかつ》が固定《こてい》し、腐敗堕落《ふはいだらく》の極《きょく》に達《たっ》した度毎《たびごと》に、地震《じしん》の浄火《じょうか》が忽焉《こつえん》と見舞《みま》って来《き》て、一切《さい》の汚穢《おえ》を洗浄《せんじょう》するのは、神国《しんこく》の神国《しんこく》たる所以《ゆえん》である。

古語《こご》に「小人《しょうじん》をして天下《てんか》を治《おさ》めしむれば天禄《てんろく》（＝天の恵み。）永《なが》く絶《た》えむ、国家混乱《こっかこんらん》すれば、天災地妖《てんさいちよう》到《いた》る」とあるのは、自然《しぜん》と人生《じんせい》の一体《たい》たることを語《かた》ったものである。

人間《にんげん》が堕落《だらく》して奢侈隠逸《しゃしいんいつ》に流《なが》れた時《とき》、自然《しぜん》なる母《はは》は、その覚醒《かくせい》を促《うなが》すために、諸種《しょしゅ》の災《さい》害《がい》を降《くだ》し玉《たま》うものであった。而《しか》も地震《じしん》はその極罰《きょくばつ》である。

我国《わがくに》に地震《じしん》の多《おお》いのも神《かみ》の寵児《ちょうじ》なるが故《ゆえ》である。自然否天神地祇《しぜんいなてんしんちぎ》の恩寵《おんちょう》を被《こうむ》ることの多《おお》いだけ、それだけにその恩寵《おんちょう》に背《そむ》いた時《とき》の懲罰《ちょうばつ》は、一層《そう》烈《はげ》しい道理《どうり》である。もし地震《じしん》が起《おこ》らなければ、人震《じんしん》が発《おこ》りてその憤怒《ふんど》を漏《も》らすに至《いた》る。近《ちか》くは天草四郎《あまくさしろう》や由井民部之介《ゆいみんぶのすけ》、大《おお》塩平八郎《しおへいはちろう》、西郷隆盛《さいごうたかもり》などの如《ごと》き皆《みな》この人震《じんしん》に属《ぞく》するものである。

（『惟神の道』昭和10年12月5日、第二次大本弾圧事件3日前発行。
『月鏡』「日本人の抱擁性」）

二、小　三　災

末法《まっぽう》の世《よ》に起《おこ》る小三災《しょうさんさい》というのは、飢《き》・病《びょう》・戦《せん》であるが、飢《き》というのは食糧《しょくりょう》の欠乏《けつぼう》とのみ取《と》ってはならぬ。経済上《けいざいじょう》の飢饉《ききん》もある。病気《びょうき》というのも、単《たん》に体《からだ》が病《や》むと解《かい》するのは誤《あやま》りである。思想的《しそうてき》の病気《びょうき》もこの中《うち》に入《はい》るので、皇道《こうどう》（＝惟神の道。スサノオの道。）の正中《せいちゅう》を歩《あゆ》むのが健康者《けんこうしゃ》であって、左傾《さけい》だの右傾《うけい》だのというのは思想上《しそうじょう》の病人《びょうにん》である。………。戦《いくさ》も兵器《へいき》をもっての戦《いくさ》の意味《いみ》だけではない。政戦《せいせん》、商戦等々種々《しょうせんとうとうしゅじゅ》ある。議員選挙《ぎいんせんきょ》においても、あの人《ひと》に是非出《ぜひで》てもらわねばならぬと選挙人《せんきょにん》の方《ほう》から懇望《こんもう》するのがあたりまえで、候補名告《こうほなの》りをあげて逐鹿場裡《ちくろくじょうり》（＝政権地位を争う。）に鎬《しのぎ》を削《けず》るのは即《すなわ》ち戦争《せんそう》である。名誉餓鬼《めいよがき》、屈従外道等《くつじゅうげどうとう》によって善《よ》い政治《せいじ》は出来《でき》ない。

大《だい》三災《さい》の風《ふう》、水《すい》、火《か》についてはいうまい。ただこれは人力《じんりょく》の如何《いかん》ともすることも出来《でき》ない天然現象《てんねんげんしょう》である。ひたすら神様《かみさま》に祈《いの》って惨禍《さんか》の少《すこ》しにても少《すく》なからむことを希《こいねが》わねばならぬ。火《ひ》というのは火事《かじ》だけのことではない、大地火《だいちひ》を噴《ふ》く地震《じしん》のことである。

（『玉鏡』）

三、流行性感冒

本年《ほんねん》（昭和《しょうわ》九（1934）年《ねん》）も大分流行性感冒《だいぶりゅうこうせいかんぼう》がはやるようであるが、戦争《せんそう》と流行性感冒《りゅうこうせいかんぼう》とはつきものである。あれは霊《れい》の仕業《しわざ》である。近年満州事変《きんねんまんしゅうじへん》、上海事件等《シャンハイじけんなど》で多《おお》くの戦死者《せんししゃ》を出《だ》したが、それに対《たい》して、禊《みそ》ぎの行事《ぎょうじ》が行《おこな》われていない。禊《みそ》ぎの行事《ぎょうじ》の大切《たいせつ》なることは『霊界物語《れいかいものがたり》』に詳《くわ》しく示《しめ》して置《お》いたが、昔《むかし》はこの行事《ぎょうじ》が厳格《げんかく》に行《おこな》われたから、戦争《せんそう》などで沢山《たくさん》の死者《ししゃ》があっても地上《ちじょう》は時々《じじ》に清《きよ》められて、流行性感冒《りゅうこうせいかんぼう》の如《ごと》き惨害《さんがい》から免《まぬが》れることを得《え》たが、今《いま》の人達《ひとたち》は霊界《れいかい》のことが一切《さい》分《わ》からず、禊《みそ》ぎの行事《ぎょうじ》などのあることをすら知《し》らぬ人達《ひとたち》のみなるが故《ゆえ》に、邪気《じゃき》充満《じゅうまん》して地上《ちじょう》は曇《くも》りに曇《くも》り、濁《にご》りに濁《にご》り、爛《ただ》れに爛《ただ》れて、眼《め》を開《あ》けて見《み》ておられぬ惨状《さんじょう》を呈《てい》している。気《き》の毒《どく》にもこうした事情《じじょう》を知《し》らぬ世間《せけん》の人々《ひとびと》は、医師《いし》の薬《くすり》にのみ重《おも》きを置《お》いて焦心《しょうしん》しておるのであるが、霊《れい》より来《く》る病気《びょうき》を体的《たいてき》にのみ解《かい》せんとするは愚《ぐ》である。禊《みそ》ぎの行事《ぎょうじ》の偉大《いだい》なる効果《こうか》を知《し》る人《ひと》は、凶事《きょうじ》あるごとに常《つね》にこれを行《おこな》うべきである。そうすれば一家《か》は常《つね》に朗《ほが》らかに病気《びょうき》などに罹《かか》らぬものである。

（『玉鏡』）

◆ペストの由来《ゆらい》　堕落《だらく》した人霊《じんれい》が邪神《じゃしん》となり死海《しかい》の黒玉《こくぎょく》を爆発《ばくはつ》させ邪気《じゃき》を発生《はっせい》せしめ億兆《おくちょう》無数《むすう》の病魔神《やまいがみ》となり、神軍《しんぐん》に憑依《ひょうい》し大熱《だいねつ》を発《はっ》して多数《たすう》が死滅《しめつ》する。この病魔《びょうま》が世界《せかい》に拡《ひろ》がりペストとなる。佐倉姫《さくらひめ》は天《てん》に祈《いの》り、榊《さかき》の一枝《いっし》が天《てん》から与《あた》えられると、これに神霊《しんれい》を取《と》りかけて「左右左《さゆうさ》」に打《う》ち振《ふ》ると邪気《じゃき》は遠《とお》く散逸《さんいつ》し消滅《しょうめつ》してしまった。
（『霊界物語』第2巻・第5章「黒死病《ペスト》の由来」より。本書　第3編・第9章「大蛇の解脱」参照）

◆**瓜生石《うりゅういし》**　愛善苑《あいぜんえん》で京都現地研修会《きょうとげんちけんしゅうかい》が開《ひら》かれ大勢《おおぜい》が参加《さんか》された。その一つに京《きょう》の都《みやこ》に疫病《えきびょう》（貞観《じょうがん》5（863）年《ねん》、天然痘《てんねんとう》）が流行《はや》り、空海《くうかい》（弘法大師《こうぼうだいし》）が「神泉苑《しんせんえん》」（現《げん》在《ざい》の京都二条城《きょうとにじょうじょう》の南側《みなみがわ》の池《いけ》。昔《むかし》は広《ひろ》かった。）で七日《か》七夜《や》の祈祷《きとう》を行《おこな》うが治《おさ》まる気《け》配《はい》がない。その時神《ときかみ》が顕《あらわ》れ祇園《ぎおん》に行《ゆ》けとのお告《つ》げで瓜生山《うりゅうやま》（華頂山《かちょうざん》、大将軍《だいしょうぐん》）の麓《ふもと》、現在《げんざい》の総本山《そうほんざん》知恩院《ちおんいん》の境内《けいだい》にある「瓜生石《うりゅういし》」（牛頭石《ごずいし》とも云《い》われる）に小《ちい》さな祠《ほこら》がありそこで祈祷《きとう》を行《おこな》うと忽《たちま》ち疫病《えきびょう》は鎮《おさ》まった、との伝承《でんしょう》がある。それ以来《いらい》、祇園社《ぎおんしゃ》（素盞嗚尊《すさのおのみこと》・牛頭天王《ごずてんのう》）は疫病《えきびょう》、厄除《やくよ》けの神《かみ》として有名《ゆうめい》になり、神苑《しんえん》は拡大《かくだい》され祇《ぎ》園《おん》さんの名《な》で全国《ぜんこく》に祀《まつ》られる様《よう》になった。

因《ちな》みに八坂神社《やさかじんじゃ》（明治《めいじ》の神仏分離令《しんぶつぶんりれい》により改称《かいしょう》）の御神紋《ごしんもん》は、「左三巴紋《ひだりみつどもえもん》」と「五《ご》瓜《か》に唐花紋《からはなもん》」の二つを掲《かか》げる。

三巴紋《みつどもえもん》は、出口聖師《でぐちせいし》の実家《じっか》・上田家《うえだけ》（元藤原家《もとふじわらけ》）の家紋《かもん》と同《おな》じ「霊《れい》・力《りょう》・体《たい》」、三《み》ツの御霊《みたま》、素盞嗚尊及《すさのおのみことおよ》び牛頭天王《ごずてんのう》の神紋《しんもん》を表《あらわ》し、瓜紋《うりもん》も同《おな》じく素尊《すそん》・牛頭天王《ごずてんのう》を表《あらわ》すと云《い》われる。

◆京都東山《きょうとひがしやま》には、素尊《すそん》を祭祀《さいし》する神社《じんじゃ》が多《おお》い。これは琵琶湖《びわこ》を天真名井《あまのまない》として天照大《あまてらすおほ》神《かみ》は湖《みずうみ》の東側《ひがしがわ》、素尊《すそん》は比叡山《ひえいざん》、坂本《さかもと》、大津《おおつ》の太神山《たなかみやま》など西側《にしがわ》を領有《りょうゆう》し、東西《とうざい》に分《わ》かれて「誓約《うけい》」が行《おこな》われた。その後《のち》「天《あま》の岩戸開《いわとびら》き」が行《おこな》われ、素尊《すそん》は大国主命《おほくにぬしのみこと》に日《に》本《ほん》をまかせ、万人《ばんにん》の罪《つみ》を一身《しん》に受《う》けて、雨《あめ》のそぼ降《ふ》る寂《さび》しい夜《よる》にトボ〱と、朝鮮《ちょうせん》半島《はんとう》始《はじ》め世界《せかい》救済《きゅうさい》の旅《たび》に出掛《でか》ける。それまで素尊《すそん》の文化《ぶんか》領域《りょういき》は遥《はる》かに広《ひろ》かった。

(『素盞鳴尊と近江の神々』。牛頭天王《ごずてんのう》の説明《せつめい》は『素盞鳴尊《すさのおのみこと》と朝鮮半島《ちょうせんはんとう》』を参照下《さんしょうくだ》さい。)

四、牛頭天王と午頭天王

『水鏡《みずかがみ》』「牛頭《ごづ》天王《てんのう》と午頭《ごづ》天王《てんのう》」の記述《きじゅつ》には、「牛頭《ごづ》天王《てんのう》は素盞鳴命《すさのをのみこと》の御事《おんこと》であり、午頭《ごづ》天王《てんのう》はマッソンの事《こと》である。牛頭《ごづ》天王《てんのう》とはソシモリと云《い》う事《こと》であり、ソシは朝鮮語《ちょうせんご》の牛《うし》の事《こと》である。モリは頭《あたま》と云《い》う事《こと》である。頭《あたま》はまん丸《まる》くもり上《あが》って居《お》るから、そういう意味《いみ》で「もり」と云う。牛頭《そしもり》これは素盞鳴《すさのを》の大神様《おほかみさま》の事《こと》であるが、マッソンは大神様《おほかみさま》の名《な》を僭《せん》して、まぎらわしい午頭《ごづ》天王《てんのう》などと云《い》うたのである。牛《うし》と午《うま》との違《ちが》いである。」と示《しめ》される。

(『素盞鳴尊と朝鮮半島』みいづ舎刊参照。)

五、日本の五節句

（『神霊界』「随筆」大正9年2月1日号に）

平田篤胤《ひらたあつたね》（＝江戸後期の国学者・神道家・医者・思想家。）、嘗《かつ》て『午頭天王歴神辯《ごづてんのうれきしんべん》』を著《あら》わして曰《いわ》く、

「世《よ》に午頭天王《ごづてんのう》と申《もう》すのは建速須佐之男命《たけはやすさのをのみこと》に坐《ましま》し、暦法家《れきほうか》に所謂天道神《いわゆるてんどうしん》も須佐之男命《すさのをのみこと》、歳徳神《さいとくじん》は稲田姫命《いなだひめのみこと》、八将神《はっしょうじん》はこの二神《しん》の御子《みこ》に坐《ましま》すなどと言《い》えども、皆家相方位家《みなかそうほういか》の人《ひと》迷《まよ》いにして、片腹痛《かたはらいた》きことなり」といえるは、最《もつと》もなる所説《しょせつ》というべし。

午頭天皇《ごづてんのう》とは、言霊学上《ことたまがくじょう》、午頭天王《マッソン》と成《な》るのである。世俗誤《せぞくあやま》り伝《つた》えて、午頭天王《ごづてんのう》を素《す》盞嗚尊《さのをのみこと》と為《な》すは、大神《おほかみ》に対《たい》して、実《じつ》に不敬《ふけい》の甚《はなは》だしきものである。古伝《こでん》に曰《いわ》く、

「午頭天皇《ごづてんのう》、龍王《りゅうおう》の娘《むすめ》頗梨菜女《ばりぬめ》を妻《つま》とし、以《もっ》て八王子《はちおうじ》を得《え》たり。其《その》一は總光大王大歳《そうこうてんのうだいさい》神《しん》、二は魔王天王大将軍《まおうてんのうだいしょうぐん》、三は倶摩天王大陰神《ぐまらてんのうだいをんしん》、四は得達神天王歳刑神《とくたつしんてんのうさいけいしん》、五は良侍大王《りょうじてんのう》歳破神《さいはしん》、六は侍神相天王歳殺神《じしんそうてんのうさいさつしん》、七は宅神相天王黄幡神《たくしんそうてんのうおうはんしん》、八は蛇毒気神豹尾神《だどくきしんひょうびしん》、以上《いじょう》は八将軍《しょうぐん》。（八尾八頭《やつおやつがしら》）也《なり》。その眷属《けんぞく》八万四千六百五十四神《しん》あり。午頭天王《マッソン》、后妃及《こうひおよ》び八王子《おうじ》諸眷属《しょけんぞく》を率《ひき》いて、廣遠国《ひろとうのくに》（日本国）に到《いた》り、彼《か》の鬼館《おにやかた》に入《い》り、諸々《もろもろ》の眷属《けんぞく》と共《とも》に乱入《らんにゅう》し

て巨旦《きょたん》を滅《ほろ》ぼす。」

とあるのは、大日本国《だいにほんこく》の国祖《こくそ》、艮《うしとら》の大金神《だいこんじん》を征伐《せいばつ》した事《こと》の意義《いぎ》である。

天地開闢《てんちかいびゃく》の太初《はじめ》より、八尾八頭《やつおやつがしら》と邪鬼《じゃき》と、金毛九尾《きんもうきゅうび》の悪神《あくがみ》が現《あらわ》れ、天下《てんか》を魔《ま》の世界《せかい》に為《せん》として、天《てん》の大神《おほかみ》へ種々《しゅじゅ》の奏問《そうもん》を成《な》し、終《つい》には根《ね》の国《くに》へと神退《かむやら》いに退《やら》い、なお飽《あ》き足《た》らずして、艮《うしとら》の鬼門大神《きもんのおほかみ》の神館《かむやかた》に乱入《らんにゅう》して、巨旦大王《きょたんだいおう》（＝艮の金神）の屍《しかばね》を切断《せつだん》し、各々五《おのおのご》節《せつ》に配当《はいとう》し、神事《しんじ》、仏事《ぶつじ》ともに、金神調伏《こんじんちょうふく》の儀式《ぎしき》を行《おこな》い、廣遠国《ひろとうのくに》をソミコンに預《あず》けておいて、誓《ちか》って曰《い》う、

「我末代《われまつだい》に疫病《えきびょう》を流行《りゅうこう》する神《かみ》と成《な》らん。しかし「ソミコン（抹損《マッソン》の眷属《けんぞく》の子《こ》）と曰《い》わば、妨害《ぼうがい》すべからず」と、「我《が》が在《あ》る」（＝ガガール）の味方《みかた》のみを助《たす》け、他《た》の種族《しょぞく》はこれを疫病《えきびょう》にて滅《ほろ》ぼすという。虫《むし》の良《よ》い誓言《せいげん》である。

また彼《かれ》は末代《まつだい》の衆生《しゅじょう》が寒熱《かんねつ》の二病《びょう》を受《う》けるは、即《すなわ》ち午頭天王《マッソン》の眷属《けんぞく》の行為《こうい》であるから、

若《も》しこの病《やまい》を退《さ》けんと欲《ほっ》せば、即《すなわ》ち外《ほか》に五節《せつ》の祭礼《さいれい》を違《たが》えず、内《うち》に二六の秘文《ひもん》を収《おさ》めて、須《すべか》らく敬神《けいしん》せよと言《い》って、天下《てんか》の衆生《しゅじょう》を、一々《いちいち》「我《が》が在《あ》る」の奸策《かんさく》に曳《ひ》き入《い》れ来《き》たったのである。「二六の秘文《ひぶん》とは、ソミコンの子孫《しそん》」と唱《とな》えることである。

今日《こんにち》までに神事《しんじ》、仏事《ぶつじ》に五節《せつ》の祭礼《さいれい》を執行《しっこう》していたのは、甘々《うまうま》午頭天王《まつそん》の悪神《あくがみ》に誑惑《たぶらか》されて、気《き》が付《つ》かなかったのである。

五節《せつ》の祭礼《さいれい》の一なる正月元旦《しょうがつがんたん》の赤白《せきはく》の鏡餅《かがみもち》は、巨旦《きょたん》の骨肉也《こつにくなり》。

三月《がつ》三日《か》の蓬莱《ほうらい》の草餅《くさもち》は、巨旦《きょたん》の皮膚也《ひふなり》。

五月《がつ》五日《か》の菖蒲《しょうぶ》の結粽《ちまき》は、巨旦《きょたん》が鬢髪也《びんはつなり》。

七月《がつ》七日《か》の小麦《こむぎ》の索麺《そうめん》は、巨旦《きょたん》が繼《すじ》（＝筋）也《なり》。

九月《がつ》九日《か》の黄菊《きぎく》の酒水《さかみづ》は巨旦《きょたん》が血脈也《ちしおなり》。

又鞠《またまり》は巨旦《きょたん》の頭《あたま》なり。弓《ゆみ》の的《まと》は巨旦《きょたん》の眼《め》なり。門松《かどまつ》は巨旦《きょたん》の墓験《はかしるし》（＝墓標。）なりと唱《とな》えしめ、みな是《これ》艮《うしとら》の金神調伏《こんじんちょうふく》の儀式《ぎしき》として、今日《こんにち》まで神仏《しんぶつ》の儀式《ぎしき》に用《もち》いて来《き》たので在《あ》るから、天下《てんか》に真《しん》の神《かみ》の守護《しゅご》が絶無《ぜつむ》となり、悪魔《あくま》の横行闊歩《おうこうかっぽ》したのも無理《むり》はないので在《あ》る。

○

然《しか》るに有難《ありがた》き事《こと》には天運《てんうん》こゝに循《めぐ》り来《き》たって、艮《うしとら》の金神大国常立尊《こんじんおほくにとこたちのみこと》が、地《ち》の高天原《たかあまはら》に、変性男子《へんじょうなんし》の身魂《みたま》に依《よ》りて顕現《けんげん》せられ、天下《てんか》の悪鬼邪神《あっきじゃしん》を言向和《ことむけやわ》し玉《たま》う神代《かみよ》が到来《とうらい》したので在《あ》るから、今《いま》までの五節《せつ》の祭礼《さいれい》も、自然《しぜん》に改《あらた》めなければならぬ事《こと》に成《な》ったのである。

【附言】

午頭天王《ごづてんのう》を素盞嗚尊《すさのをのみこと》なりと唱《とな》え出《だ》したのは、吉備真備公《きびのまきびこう》（＝６９３～７７５。奈良時代の学者。７１７年、阿倍仲麻呂等と入唐。７３５年、帰国。再び渡唐、後右大臣、吉備大臣となる。）が唐《とう》より帰朝《きちょう》の際《さい》、従《したが》い来《き》たりし、金毛九尾《きんもうきゅうび》、白面《はくめん》の悪狐《あっこ》に何《い》時《つ》の間《ま》にか我精霊魅《わがせいれいみ》せられて、遠方《とほう》も無《な》き説《せつ》を暦法《れきほう》に加《くわ》えられたのが、日本人《にほんじん》のマッソンの霊魂《みたま》に誑惑《きょうわく》された初《はじ》めである。

午頭天王邪鬼神《まつそんじゃきしん》の奸計成功《かんけいせいこう》し、愈々節分《いよいよせつぶん》の夜《よる》を期《き》して、巨旦大王《きょたんだいおう》、即《すなわ》ち艮《うしとら》の金神大国《こんじんおほくに》常立尊《とこたちのみこと》は隠身《かくれみ》となり玉《たも》うさえ気《き》の毒《どく》に堪《た》えざる次第《しだい》なるに、午頭天王《まつそん》の暴悪無道《ぼうあくむどう》なる巨旦《きょたん》の霊魂《れいこん》を、根本的《こんぽんてき》に滅亡《めつぼう》せしめんとし、節分《せつぶん》の儀式《ぎしき》にもまた調伏《ちょうふく》の行事《ぎょうじ》を敢《あえ》てせり。即《すなわ》ち巨旦大王《きょたんだいおう》の眼《め》を潰《つぶ》さんがために、鬼《おに》の眼突《めつ》きと称《しょう》して、柊《ひいらぎ》の針《はり》の鋭《するど》きを、戸壁《とかべ》に刺《さ》しかざさしめ、巨旦《きょたん》の頭《あたま》を梟《きょう》すべく、鰯《いわし》の頭《あたま》を串刺《くしさ》しとなして、門戸《もんこ》に挿《さ》し、煎豆《いりまめ》を人家《じんか》の内外《うちと》に撒《ま》きて、鬼《おに》の眼潰《めつぶ》しと称《しょう》し、「鬼《おに》は外《そと》、福《ふく》は内《うち》」と年男《としおとこ》に謳《うた》わせ、「煎豆《いりまめ》に花《はな》が咲《さ》くまでは、日本《にほん》の国《くに》に入《はい》るべからず」と言《い》って、日本《にほん》の人民《じんみん》が知《し》らず知《し》らずに、地《ち》の先祖《せんぞ》の大神《おほかみ》を、悪魔邪神呼《あくまじゃしんよ》ばわりをして来《き》たのである。……

しかし知《し》らぬ神《かみ》に祟《たた》りなし、大神《おほかみ》の広《ひろ》き厚《あつ》き大御心《おおみこころ》にて、今日《こんにち》までは見直《みなお》し、聞《き》き直《なお》し詔《の》り直《なお》して赦《ゆる》してくださったのであれども、最早時節到来《もはやじせつとうらい》して、艮《うしとら》の大金神《だいこんじん》の御教示《ごきょうじ》を聞《き》かして頂《いただ》いた以上《いじょう》は、今迄《いままで》の不調法《ぶちょうほう》を全部御詫《ぜんぶおわび》して、一切万事《いっさいばんじ》を五六七《みろく》の神政《しんせい》の行《や》り方《かた》に改復《かいふく》せなければならぬのである。

—◆八王子《はちおうじ》について、素盞鳴尊《すさのをのみこと》と天照大神《あまてらすおほかみ》の「誓約《うけい》」により生《う》まれた三女神《さんにょしん》（＝田紀理姫命、市杵—

島姫命、多岐津姫命。）と五男神《ごなんしん》（＝正哉吾勝々速日天之忍穂耳命、天之菩日命、天津彦根命、生津彦根命、熊野楠日命。）の「八王子《はちおうじ》」と、午《ご》頭天王《づてんのう》と頗梨菜女《ばりぬめ》の間《あいだ》に生《う》まれた八将軍《はちしょうぐん》の「八王子《はちおうじ》」とは、全《まった》く別物《べつもの》でまぎらわしい。

◆**伝染病根治法《でんせんびょうこんちほう》**　『水鏡』に、伝染病《でんせんびょう》は総《すべ》て悪霊《あくれい》のなす作用《さよう》であるから、それを根絶《こんぜつ》しようと思《おも》えば、年《ねん》に一度《ど》くらい餓鬼《がき》に供養《くよう》してやるとよい。団子《だんご》を作《つく》り河辺《かわべ》において丁寧《ていねい》に慰霊祭《いれいさい》をすれば、決《けっ》して悪病《あくびょう》は蔓延《まんえん》せぬものである。

六、救世の神

●古《いにしえ》は、この世《よ》の救主《すくいぬし》として瑞《みづ》の御霊《みたま》・速素盞鳴天使《はやすさのおのかみ》が現《あらわ》れ給《たま》いて、天津罪《あまつつみ》、国津罪《くにつつみ》許々多久《ここたく》の罪穢《つみけがれ》を御身独《おんみひと》りに引受《ひきう》け、世界《せかい》を救《すく》い給《たも》うたのである。その有難《ありがた》き情《なさ》けの深《ふか》き吾《われ》らの救主《すくいぬし》たることを知《し》らずして、素盞鳴尊《すさのおのみこと》を猛悪《もうあく》なる天使《かみ》と思《おも》うものは実《じつ》に罪深《つみふか》き恐《おそ》れ多《おお》きことである。この神《かみ》は今《いま》も厄神《やくじん》として人《ひと》の災難《さいなん》を救《すく》い給《たも》う神《かみ》である。人々《ひとびと》の如何《いか》なる重《おも》き罪穢《つみけがれ》も、大神《おほかみ》の贖《あがな》いによりて救《すく》わせたもう。

●速素盞嗚尊《はやすさのおのみこと》は瑞《みづ》の御霊《みたま》、厄除《やくよけ》の天使《かみ》にして「この世《よ》の救主《すくいぬし》」なり。この神《かみ》の御身代《おんみがわ》りにより天津罪《あまつつみ》、国津罪《くにつつみ》、許々多久《ここたく》の罪《つみ》を許《ゆる》さるるなり。人《ひと》はこの神《かみ》の御陰《おかげ》によりて厳《きび》しき天《てん》の懲戒《いましめ》を逃《のが》れきたるものなり。

●国《くに》と国《くに》との戦《たたか》いが起《おこ》るのも、人《ひと》と人《ひと》との争《あらそ》いが起《おこ》るのも、みな欲《よく》からである。神心《かみごころ》にならずして世界《せかい》のためを思《おも》わずして、我国《わがくに》さえよければ人《ひと》の国《くに》はどうでもよい、吾身《わがみ》さえよければ人《ひと》の身《み》はどうなってもよいという自己愛《じこあい》（一国主義《いっこくしゅぎ》。）から、戦《たたか》いや争《あらそ》いが起《おこ》るのである。これらはみな悪《あく》の行為《こうい》である。

●軍備《ぐんび》なり、戦《たたか》いは、みな地主《じぬし》と資本主《しほんぬし》とのためにこそあるべけれ。貧《まず》しき者《もの》には限《かぎ》りなき苦《くる》しみの基《もとい》となるものなり。

●日本魂《やまとだましい》とは、平和《へいわ》、文明《ぶんめい》、自由《じゆう》、独立《どくりつ》、人権《じんけん》をやぶる者《もの》にむかって、あくまで戦《たたか》う精《せい》神《しん》をいうなり。無理非道《むりひどう》なる強《つよ》き悪魔《あくま》をたおして、弱《よわ》き者《もの》の権利《けんり》を守《まも》る精神《せいしん》なり。

（『道の栞』明治37年）

【造化三神の経緯】

高皇産霊神《たかみむすひのかみ》（神漏岐系《かむろぎけい》・霊素《れいそ》・火《ひ》）…国常立尊《くにとこたちのみこと》（艮《うしとら》の金神《こんじん》）…伊邪那岐大神《いざなぎのおほかみ》

…経魂《けいこん》（荒魂和魂《あらみたまにぎみたま》）…厳《いづ》の御魂《みたま》…父《ちち》なる神《かみ》（アオウエイ五大父音《だいふおん》の経《たて》の言霊《ことたま》）

…天照大御神《あまてらすおほみかみ》…日天使《にってんし》

天之御中主神《あめのみなかぬしのかみ》・神素盞嗚大神《かむすさのおおほかみ》（造化三神《ぞうかさんしん》）・伊都能売大神《いづのめのおほかみ》（一霊《れい》四魂《こん》・弥勒最勝如来《みろくさいしょうにょらい》）・身変定《ミカエル》（七十五声《せい》の言霊《ことたま》）の降臨《こうりん》・主神《すしん》ヤウエイ・メシヤの再臨《さいりん》・天《てん》の弥勒《みろく》、地《ち》の弥勒《みろく》、人《ひと》の弥勒《みろく》を合《あ》わせて「王《おう》ミロク」の下生《げしょう》（天地人《てんちじん》三才《さい》の世《よ》、ミロクが金剛宝座《こんごうほうざ》に座《すわ》り、竜華樹《りゅうげじゅ》の下《した》で三度《ど》の説法《せっぽう》を行《おこな》うということは、七十五声《せい》の言霊《ことたま》を宣《の》ることの意《い》）・阿弥陀《あみだ》・観音《かんのん》・薬師《やくし》・大日如来《だいにちにょらい》・地蔵《じぞう》……

神皇産霊神《かむみむすひのかみ》（神漏美系《かむろみけい》・体素《たいそ》・水《みず》）…豊雲野尊《とよくもぬのみこと》（坤《ひつじさる》の金神《こんじん》）…伊邪那美大神《いざなみのおほかみ》

…緯魂《いこん》（奇魂幸魂《くしみたまさちみたま》）…瑞《みづ》の御魂《みたま》…母《はは》なる神《かみ》（カサタナハマ……九大母音《だいぼおん》の緯《よこ》の言霊《ことたま》）…素盞嗚尊《すさのおのみこと》…月天使《がってんし》

○天《あま》津《つ》祝《のり》詞《と》

高天原《たかあまはら》に元津御祖皇大神《もとつみおやすめおほかみ》『数多《あまた》の天使《かみがみ》を集《つど》へて永遠《とことは》に神留《かみつま》ります。神漏岐神漏美《かむろぎかむろみ》の御《み》言以《ことも》ちて神伊邪那岐尊《かむいざなぎのみこと》九天《つくし》の日向《ひむか》の立花《たちばな》の小戸《をど》の阿波岐ヶ原《あはぎがはら》に。御禊祓《みそぎはら》ひ玉《たま》ふ時《とき》に成《な》り坐《ま》せる。祓戸《はらひど》の大神等諸々《おほかみたちもろもろ》の曲事罪穢《まがことつみけがれ》を。祓《はら》ひ玉《たま》へ清《きよ》め賜《たま》へと申《まを》す事《こと》の由《よし》を天津神《あまつかみ》、国津神《くにつかみ》、八百万《やほよろづ》の神等共《かみたちとも》に天《あめ》の斑駒《ふちこま》の耳振立《みみふりた》て聞食《きこしめ》せと恐《かしこ》み恐《かしこ》みも白《まを》す。

(『霊界物語』第六〇巻・第十四章「三五教の祝詞」「天津祝詞」)

○天津祝詞

言霊「アオウエイ」による音律。①は低い音～⑤は高い音。

⑤⑤⑤⑤⑤⑤①④④③①④⑤②②④④⑤①『⑤⑤⑤④⑤①⑤①④③④②②④④④⑤①⑤

たかあまはらにもとつみおやすめおほかみ『あまたのかみがみをつどへてとことはにか

①③⑤①⑤③。
みつまります。
⑤③④①⑤③④①④①④④④①②、⑤③①⑤⑤①④①④④③③①④①③⑤④⑤①⑤⑤④④
かむろぎかむろみのみこともちて、かむいざなぎのみことつくしのひむかのたちはなのお
④④⑤⑤①②⑤⑤①。①④①⑤⑤①⑤⑤③④①①⑤①⑤②③。⑤⑤①④④④④⑤①⑤①、
どのあはぎケはらに。みそぎはらひたまふときになりませる。はらひどのおほかみたち、
④④④④④⑤⑤④④③①②⑤②④。⑤⑤①⑤⑤②①④②⑤⑤②④⑤④③④④④④①④、
もろもろのまがことつみけがれを。はらひたまへきよめたまへともをすことのよしを、
⑤⑤③⑤①、③①③⑤①、⑤④④④③④⑤①⑤①④④①、⑤②④③①④⑤④①①③①⑤②
あまつかみ、くにつかみ、やほよろづのかみたちともに、あめのふちこまのみみふりたて
②①④①②④④、⑤①④①⑤①④①④⑤④③。
てきこしめせと、かしこみかしこみもまをす。

あとがき

出口聖師は、「神の黙示」「霊・力・体」を宇宙の根本の神、造化三神、三位一体、三一の神、三ツの御魂、瑞の御魂と称し、『霊界物語』では言霊学上・神素盞鳴大神と奉称する。

この大霊魂は、広大無辺無限絶対慈悲慈愛の御心・言霊を有し、霊妙な配合度合いにより剛体素（鉱物）・柔体素（植物）・流体素（動物）の「三元」が動静解凝引弛合分「八力」の結びにより「精気」を発生し極微の物質が産まれ、宇宙は拡大する。

明治三十一年高熊山一週間の修業の後、静岡の本田《ほんだ》親徳《ちかあつ》、長澤《ながさわ》雄楯《かつたて》との出会いから、師の哲学に大いに感銘し、「神の黙示」は洋の東西思想を超越する大思想であることを自覚し、自信を深められる。

この真の神は目にも見えず測られず、この神霊を民衆に伝えるにはどうすればよいか、苦心の結果幽斎修業を始めるが、神がかりはバタバタし過ぎるし、本当の神を伝えるには無理があることを知る。

それ以来出版に力をそそがれ、大正10（1921）年52才の時（仏典『法滅尽経』に52歳の月光菩薩の下生記述がある。）第一次大本弾圧事件が起り、綾部本宮山蓮華台上の神殿破壊の騒音を聞きながら『霊界物語』（81巻、83冊、神素盞鳴大神の経綸の書。）の口述を開始する。

私達人間自身には霊魂・心が賦与され、この霊魂・心は目には見えない。しかし自分自身に心があり、感情や慣性、勇気や親しみ、友愛や智慧等があることは自覚出来る。この心、霊魂の発動は、言語を発し、意志を相手に伝え世界をも動かす原動力となる。

人間の心は、神の分霊として「一霊四魂」や「五情」から構成され、体は分体として霊妙な「三元・八力」の結びにより神と同じ姿として造られている。

人の心により善悪の行動は自由になるもので、本来人間の心は「霊主体従」即ち善に働き、悪に作用したものが「体主霊従」の悪となる。五情は即ち、省みる、恥じる、悔いる、畏れる、覚るは霊魂中に包有される。

人間は、宇宙の縮図小宇宙と云われ、心臓は太陽、肺臓は月、細胞は星、動脈は暖流、静脈は寒流、毛細血管は地下水に相応する。地球は陸が三分で海が七分、人間の体も固体が一分水が四分に出来ている。呼吸音、食道管、血液（=霊は血液を機関とする。）の流れ、腸胃の動く音、心臓より上半身の体内音響は五大父音、内臓部の音響は九大母音、下体部は地中の神音と同一に鳴り渡っている。また身体には、自然界と同じように祓戸四柱大神による小潔斎の機能が備わり、呼吸し新陳代謝、祓いが常に行われ清潔が保たれる「小宇宙」そのものです。

神と人間の関係は、

○「宇宙の本源は活動力にして即ち神なり、人は天地経綸の主体なり」

○「上帝一霊四魂を以て心を造り給ひ、これを世の中のあらゆる活物に配り与え給うのである。一霊とは直日の霊である。四魂とは荒魂、和魂、幸魂、奇魂の四つの魂である。地主即ち大国魂は三元八力を以て体を造りこれを万有に与え給う。三元とは剛柔流にして、八力とは動静解凝引弛合分の八力である。故に人の霊を守る所のものはその人の体である。その人の体を守るものはまたその人の霊である。他に神がありてこれを守り給うのではないのである。これ即ち上帝の命ずる所の真理である。」（『道之大本』参照。）

○「人は霊止《ひと》であって、天地経綸の司宰者であるが、人間は天地経綸を行うことは出来ない、人間は天地経綸の一機関である。」（『月鏡』「霊止と人間」）

それ故、人は神の子、神の宮として、一人一人独立した尊い存在で、惟神《かむながら》のまにまに、神の流れのままに「四大主義」である積極主義、楽天主義、清潔主義、統一主義によって社会に努めるのが神様の御教です。

かって日本は、政治経済教育文化芸術武術等、天道、人道を守り、「心技体」を重んじる、精神性が強調されていた。しかし世界の近代化、資本主義、民主的グローバル化が拡大し結局弱肉強食、資本主義物質的競争社会を現出し、格差が広がり民衆の不満から、世界は何度も過激な闘争を繰返し、その都度巨費を投じて軍事力を増強し多大な犠牲者、難民を排出し、寧ろ逆方向の様相を呈して来た。

相手国と条約を結び政治的解決を諮っても、国と国の関係は複雑で治まらず容易なことではない。この悪根を断ち切る世界の新しい指導原理、新しい思想、宗教、哲学、人類主義が生れない限り、世界の緊張は今後も絶えることはない。

人間には神から永遠の魂が賦与されていると同様に、国々には那岐那美《なぎなみ》二神の「神生み」「国生み」により、国魂神を配置され、それぞれが独立している。この国魂神を八王、その部下を八頭と云い、この国魂神を犯す行為は許されない。勿論人間には豊さを求める本能（名位寿富）が備わり世界は発展して来たのだが。物質本位から人類本位の世界に切替える時期が来ている。

宇宙開闢につき、科学ではインフレーション、ビックバン説が報道され、地球はある銀河系の中の一つの星とされる。

一方出口聖師は宇宙原初にスの言霊から渾沌鶏子《こんとんけいし》の神霊原子・霊素体素（＝10億年間の極微世界、ガス体。）から結びにより天も一つ、地も一つとしてドロ〳〵の宇宙が誕生し、それが縮小して、進左退右の運動により螺旋状に飛び出したのが星の誕生で、最後に太陽と月が生れて現在の宇宙が完成するまでが五十六億七千万年、地球は酒を搾った跡のしぼりかすと指摘する。さて宇宙の太初は、果して科学説でしょうか、それとも出口聖師説でしょうか。科学と宗教よく似ています。

日本の宇宙航空開発機構（ＪＡＸＡ）は、ロケット「ハヤブサ２」により、46億年前の小惑星「リュウグウ」の鉱物を採取して帰りの途次《とじ》にある。出口聖師は明治、大正の時代に提唱された「霊力体」、「三元八力」の原理が「リュウグウ」からの物質、剛体素（鉱物）の中には柔体素（植物）、流体素（動物）の本質が含まれているはずですが。

さて、このＪＡＸＡは２０２１年には「宇宙作戦隊」に編入され、産官学の鉄の三角が予算も豊富にパワーアップされる。戦前日本の陸海軍が原爆開発を急いでいた例があるだけに、宇宙の軍事化には憂慮される。

天地の初め高皇産霊神（霊素）、神皇産霊神（体素）の結びの活動は、日蓮の大万陀羅（＝曼陀羅。）「……「妙法蓮華経」は梵語に「サダルマ、フンダリキャ、ソラタン」という。これは「タカアマハラの言葉」という語の転訛である。釈迦、多宝の二仏併座は、高天原の、神漏岐命《かむろぎのみこと》（霊系）、神漏美命《かむろみのみこと》（体系）を伝えたもので、『法華経《ほけきょう》』「宝塔品《ほうとうぼん》」の「三変土田《さんべんどでん》」とは、大八洲（＝世界五大州。）の国生みの本義（言霊の活動）を伝えたもので、神漏岐系は精神系統、神漏美系は物質系統を示している。真言宗には「金剛界」「胎蔵界」の二大万陀羅をたてるのだが、これまた神漏岐神漏美二系の系統であり、御神慮を伝えたもの。弘法大師の本地垂迹説は、主客本末を誤ったもので『法華経』、『大日経』みなその本源は、高天原の教に出でたることは明白である。」（『世界宗教統一』「第二十三章」）に示され、宗教は「時・所・位」により出現されたもので、根源は同じ神さまであり、諸教の同根、万教は同根です。従って、宇宙説も同じ原理を説かれているはずですが。

両部神道で天冠に「五輪塔」を頭に頂き地球に下生する御姿を「雨宝童子《うほうどうじ》」と称する。この五輪塔《ごりんとう》は上から「天火結水地」（仏教では、空、風、火、水、地。）の大宇宙、左手の「如意宝珠」は如意のままに七十五声の言霊、右手の「金剛宝棒」は悪を祓い地球の統一を象徴する。「天降天照皇大神聖像」、「弥勒下生」の御姿で、この聖像の中に宇宙の曼陀羅《まんだら》と救世のメッセージが描かれている。

京都では戦後、昭和21年10月12日京都西本願寺の「飛雲閣」で「国際宗教懇談会」が開催され、つづいて翌年5月3日東京築地本願寺で「日本宗教平和会議」を開催、戦後の復興に大きな精神的役割を果してきた。
(『素盞嗚尊の平和思想』『愛善主義と平和』参照)

その延長とも云える平和の祭典が、毎年8月天台宗・比叡山で国際的な「比叡山宗教サミット」が開かれ、「世界平和の祈りと、諸宗教の対話」が30数年に亘り行われている。

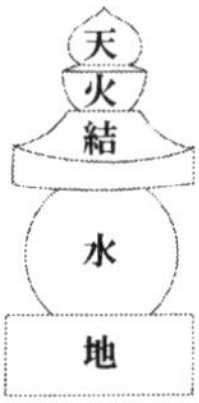

五輪塔

(仏教では、空、風、火、水、地)

【天降天照皇大神聖像】

大日如来（雨宝童子）

宗教の宗の字には、宇宙一切の経緯《けいい》を明らかに示すという云う意味がある。それ故、宗教は教典の根本思想を国際的に統一し、現代社会になくてはならない新しい人類主義の立場に立って、弥勒の思想、哲学により世界にわだかまる軍備や宗教間の垣根の撤去に努力し、指導するところに宗教としての大きな意義がある。またそれが各宗派の祖師の願いではないだろうか。

戦後日本は、朝鮮戦争後、日米安保が結ばれ60年になる。この安保は、当時の元ダレス国務長官との間に結ばれたもので、「望むだけの軍隊を、望む場所に、望むだけの期間駐留させる権利がある」とされ、日本はこれを守る義務がある、と云った考えで日米同盟が成り立ってきた。それ以来世界情勢は変り、米国は鉄の国であるが、時の勢いは失われつつある。

また大軍備を整え、兵の多き国が勝つのではない。ベトナム戦争に敗退し、アフガニスタンで手を焼き、中東でゲリラを生み、難民を出した。戦争とは悲惨なもので、国の強きは、国民が平和を望む信念と、人類主義の言霊の清き国ではないか。言霊とは、神であり、心であり、魂であって、惟神の道のこと。これはたよりない様に見えるが実際は強い。………。日米安保、欧州のＮＡＴＯにしても、軍事力の偏重は過激思想を生み真の平和の道ではない。神の黙示「霊力体」、「言霊」の原則に従わない限り、平和の実現はない。本書第3編・第9章「言向和せ」スサノオの深雪姫、及び第4編「馬鹿の代名詞・ガーター勲章」を参照下さい。

言霊について、出口聖師はスから始り、ウ声となり、ウ声が上ってア声となる。経《たて》（父音。父なる神。）の音律アオウエイの「天・火・結・水・地」に、緯《よこ》（母音。母なる神。）の音律カサタナハマヤラワ……が結ばれて子音（子なる神。）となり七十五声となる。

日本の言霊は、吉備真備（奈良時代・695～775、遣唐留学。）や空海（弘法大師、平安時代初期・774～835　遣唐留学。）の説く「アイウエオ」からとされるが、これはインドの悉曇《しったん》の仏教語からきていることは、本書の第五編・第七章「言霊と宇宙」からして明白です。

神の言霊には声音の外に、広義的に音、響き、振動等がある。この言霊を宇宙太初に「極微《コゴ》点《コ》の神霊分子《しんれいぶんし》が撒霧《サギリ》に撒散《サギリ》面、至大浩々《カガ》霊《ダ》々湛《タ》々たる極微点分子《こごこ》が玄々《ク》漠々《ク》妙々《ズ》たり……」と極微の世界を表現する。

宇宙科学物理学は量子学等極微の研究が進み、出口聖師の提唱する宇宙原初の経緯、陰陽、火水二元の言霊の説明が、科学の進歩によりおぼろげながら理解出来るのではないかと推察されます。

宇宙に飛び交う言霊をより一層拡大解釈して、これを電波電磁波等に置き換えると長波、短波、ＦＭ波、マイクロ波（=水にマイクロ波を照射するとH2O、水素と酸素が振動し熱が起きる。テレビ・電子レンジ、レーダーなどに使用。）、紫外線、赤外線、エックス線、ガンマ線、中性子波、ニュートリノ、宇宙背景放射、重力波……現代科学の新素粒子、反粒子、光学等量子の世界、そして振動のＰ波Ｓ波、電子陽子等、耳に聞えず目に見えない波、振動を神または人間科学の「言霊」と考えたい。

巨大化した人類は、これらを応用して5G、6G、4k、8k、AI、自動運転自動車、リニア新幹線など益々便利な世の中になろうとしている。しかし如何なる時代が来ても、必ず出口聖師提唱の「霊力体」、「三元八力」、「万物同言」、「天地人三才」の調和による「人類主義」が平和の基本になることに変わりはない。

宇宙間には、「神霊原子《しんれいげんし》」というものがあり、また単に「霊素《れいそ》」、「火素《かそ》」とも云う。「火素」は万物一切の中に包含され、空中にも沢山に充実している。また「体素《たいそ》」というものがあって単に「水素《すいそ》」ともいう。火素水素相抱擁帰一《かそすいそあいほうようきいつ》して、「精気《せいき》」（＝万物根元の気。生命の源泉である気。万物を生成する天地の気。魂。精神。霊気。）なるもの宇宙に発生する。これは火素水素が最も完全に活用を始めて発生したもので、この「精気」より電子が生れ、電子は発達して宇宙間に電気を発生し、一切の万物活動の原動力となる。

この二大原動力より発生した電気の応用は進み、無線電信や、電話やラジオが活用されて来たのは五六七《みろく》の神政の魁《さきがけ》として、結構なことであるが、しかし、物には一利一害をともなうもので、…便利になればなるほど、一方にまたそれに匹敵《ひってき》する不便な事が出来る。…。電気の濫用のために、宇宙の霊妙な「精気」を費消すればするだけ、反対に邪気を発生せしめて、宇宙の「精気」を抹消し、ために人間その他一切の生物を軟弱ならしめ、精神的に退化せしめ、邪悪の気宇宙に充れば満ちるほど、空気は濁り悪病発生し害虫が増加する。……。

電気は五六七神政出現《みろくしんせいしゅつげん》の過渡時代においては、最も有益にして必要なものとなっている。モ一歩進んで「不増不減の霊気をもって電気電話に代える様になれば、宇宙に忌まわしき邪気の発生を防ぎ、至粋至純の精気に由って、世界は完全に治まって来る」、この域に達するにも今日のような浅薄なものを捨て、「神霊」に目覚めねばならぬ。と本書第二編・第五章「神示の宇宙」に示される。

霊素・火素そして体素・水素が相抱擁帰一して精気を発生し、万物活動の原動力となる。気が垂れるという北極の気を昔の人は敏感に感じることが出来た。満潮になると子供が生れ、干潮になり気が枯れると息を引き取る。渡り鳥もこの天地の気を感じて自分の故郷を知り、群れをなして一斉に数千キロも飛んで行く。

京都の由良川に遡上し産卵する鮭も、海洋を回遊し秋になると再び故郷に帰って来る。大平洋を泳ぐマグロやカツオの魚族も宇宙の気・言霊を感じて故郷に帰ってくる。動物植物しかり、天地の経綸を遵守しそれに従う。これを「惟神の道」といい、天地は神により創造された統一体に出来ている。ただ人間は将来、言霊、一霊四魂の心、五情の感情を与えられながら、その魂が軽く小さくなると物語に示される。

人間は、自分の心や身体を認めても、主神の「神霊」に目覚めることは容易ではない。心の発作、言霊は人々の魂を揺り動かし、動植物までも動かし、世界を統一することも出来る。

「愛善道の根本義」に、「アインシュタインの相対性原理説では足りないものが一つある。その一つは実に宗教と科学とを結合し完成するところの「天啓の教理」である。この「霊・力・体」の三元説を見出さなければ、地上に思想的争闘の絶えることなく、思想争闘が絶えねば、体的、即ち物質的争闘の絶える筈はない」、と『惟神の道』に啓示され、軍備によらず神素盞鳴大神様による人類主義の言霊の重要性を提言します。

二〇二〇年六月一二日　　みいづ舎編集　山口勝人

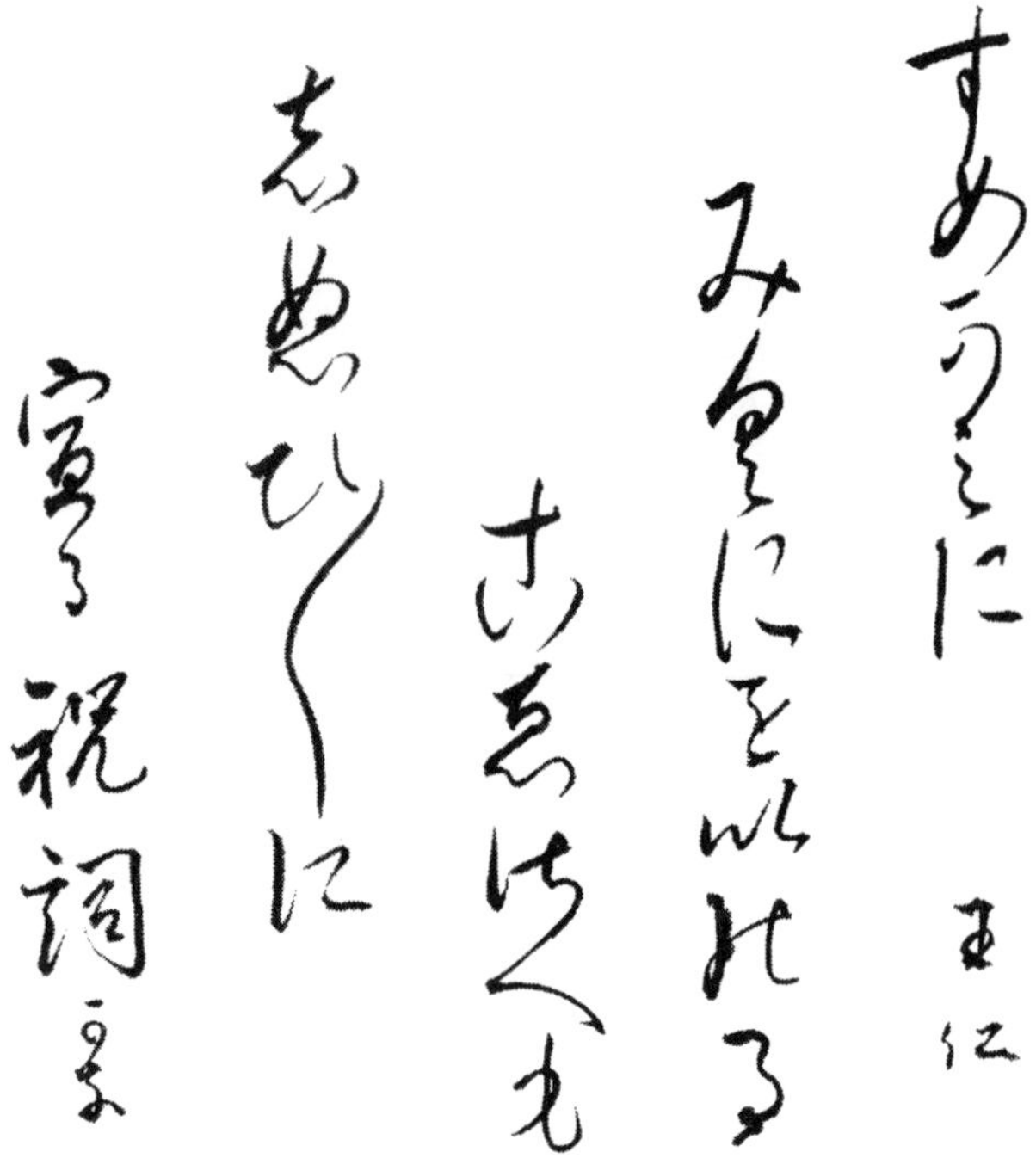

すめかみに
み皇《く》にを以《い》のる
こゑ御《ご》へも
志《し》怒《ぬ》ひくに
宣《の》る祝詞《のりと》かな

王仁

出口王仁三郎　神と宇宙の真相

発　行　2020年7月12日　第1版
　　　　2024年2月22日　第3版

著　者　出口王仁三郎

編　集　山口勝人

発　行　みいづ舎
〒621-0855 京都府亀岡市中矢田町岸の上27-6
TEL 0771(21)2271　FAX 0771(21)2272
http://www.miidusha.jp/

ISBN978-4-908065-14-9 C0014

出口王仁三郎聖師

善言美詞 祝詞解説

みいづ舎編集

●人は神の子、宇宙の縮図！
祝詞は古い、難解だ！だが「言霊学」により
新解すると、天地の理法が容易に真解される。

宇宙の原理である一霊《ひと》四魂、八力《ふた》、三元《み》、世《よ》、出《いつ》、燃《むゆ》、地成《なな》、弥《や》、凝《ここの》、足《たり》「……天の数歌《かずうた》の神秘を解明し、神々のご活動、太祓《おおはらい》の真意義、神と人との関係、人生の目的、人類救済への政治経済教育宗教科学等の大源泉を凝縮する。「天津祝詞《あまつのりと》」、「神言《かみごと》」、「感謝祈願詞《みやびのことば》」の解説書。

B六判／234頁／定価（本体1400円＋税）

出口王仁三郎著

古事記 言霊解

間違った古今の学者説をくつがえし、王仁三郎思想の真髄を提起する。著者の深き思いを込め、アマテラス（国家）とスサノオの関係を次世代に送るメッセージが読み取れる。

B六判／270頁／定価（本体1800円＋税）

出口王仁三郎

愛善主義と平和

みいづ舎編集

●スサノオ尊に神習《かむなら》い、治《おさ》めるのではなく、治まる世の
中を創造する。戦前の法律へのプレイバックは危険！

地球は一つ。人口増加に伴い生存競争、愛国、自己欲のため戦争や闘争の歴史は繰返されて来た。日本が選択する道は平和か戦争か、いや平和か滅亡か。真理は一つ、大海原《おおうなばら》を知食《しろしめ》すスサノオ尊の平和経綸《けいりん》（教）を考察する。

B六判／309頁／定価（本体2000円＋税）